智能制造设备技术

主　编　刘彦伯
副主编　张娟飞　马颖化

北京理工大学出版社
BEIJING INSTITUTE OF TECHNOLOGY PRESS

内 容 简 介

机械加工设备相关课程为高校机械类专业的必修课程之一。本教材遵循机械类高职规划教材的总体要求，以专业应用型人才的培养目标制定教材内容，符合专业知识与技能的要求。本教材内容循序渐进，定位准确，重点突出，基于工作过程进行编排，以工作过程为导向，以机械加工工艺为引，对各类设备的特点、传动系统、工装和附件、典型结构和应用做了详细的说明。针对机床选用、机床调整与加工、机床常见故障诊断与排除和机床维护保养等方面也做了详细的介绍。

全书紧跟技术发展方向，共分为七个项目，内容包括车削加工设备的使用、铣削加工设备的使用、镗削加工设备的使用、磨削加工设备的使用、钻削加工设备的使用、齿轮加工设备的使用和智能柔性制造系统的使用。

在本书编写的过程中，充分体现了校企合作，很多应用案例出自企业生产实践。教材编写以典型零件为项目载体，符合工学结合的职业教育理念，适用于高等院校、高职院校技术教育机械类专业使用，也可供相关技术人员和操作人员使用。

图书在版编目（CIP）数据

智能制造设备技术／刘彦伯主编 . -- 北京：北京
理工大学出版社，2022.12
ISBN 978 - 7 - 5763 - 1995 - 8

Ⅰ.①智… Ⅱ.①刘… Ⅲ.①智能制造系统—机械设
备 Ⅳ.①TH166

中国国家版本馆 CIP 数据核字（2023）第 003938 号

出版发行／北京理工大学出版社有限责任公司
社　　址／北京市海淀区中关村南大街 5 号
邮　　编／100081
电　　话／（010）68914775（总编室）
　　　　　（010）82562903（教材售后服务热线）
　　　　　（010）68944723（其他图书服务热线）
网　　址／http://www.bitpress.com.cn
经　　销／全国各地新华书店
印　　刷／北京侨友印刷有限公司
开　　本／787 毫米 × 1092 毫米　1/16
印　　张／19.75　　　　　　　　　　　　　责任编辑／王玲玲
字　　数／508 千字　　　　　　　　　　　　文案编辑／王玲玲
版　　次／2022 年 12 月第 1 版　2022 年 12 月第 1 次印刷　责任校对／刘亚男
定　　价／89.00 元　　　　　　　　　　　　责任印制／李志强

前　言

　　机械加工设备相关课程为高校机械类专业的必修课程之一。本书遵循机械类高职规划教材的总体要求，以专业应用型人才的培养目标制订教材内容，符合专业知识与技能的要求。本书内容循序渐进，定位准确，重点突出，基于工作过程进行编排，以工作过程为导向，以机械加工工艺为引领，对各类设备的特点、传动系统、工装和附件、典型结构和应用做了详细的说明。针对机床选用、机床调整与加工、机床常见故障诊断与排除和机床维护保养等方面也做了详细的介绍。

　　全书紧跟技术发展方向，共分为 6 个项目，内容包括车削加工设备的使用、铣削加工设备的使用、镗削加工设备的使用、磨削加工设备的使用、齿轮加工设备的使用和油缸套智能制造加工设备使用。

　　本书由陕西国防工业职业技术学院刘彦伯任主编，张娟飞、马颖化任副主编，上海圣尧智能科技有限公司梁明任参编，陕西国防工业职业技术学院李会荣任主审。项目一、项目二任务 2.1和项目四由刘彦伯编写，项目二任务 2.2、项目三任务 3.2 和项目五由张娟飞编写，项目三任务 3.1 和项目六由马颖化编写，附录由上海圣尧智能科技有限公司高工梁明编写。

　　在本书编写的过程中，得到了兄弟院校老师和企业技术人员的大力支持与热情帮助，他们提出了宝贵意见和建议，在此衷心表示感谢！

　　本书以典型零件为项目载体，符合工学结合的职业教育理念，适合高等职业技术教育机械类专业使用，也可供相关技术人员和操作人员使用。

　　由于编者水平有限，书中难免出现疏漏和不妥之处，殷切希望读者批评指正。

编　者

目　　录

项目一
车削加工设备的使用

任务 1.1 实心轴车削加工设备的使用

任务描述

　　某企业需要加工一批台阶轴，它是某仪器上的传动轴，与齿轮和轴承装配，主要起传递动力的作用。企业现有卧式车床若干台，为了让设备更好地服务于企业生产运作，请查阅相关资料，按机械加工工序卡片完成零件的车削加工，并对常见故障进行诊断。

任务要求

　　读懂工序卡片，选择适合的机床类型及型号，完成工件的装夹，完成刀具和夹具的安装，调整操作机床并完成实心轴的车削加工。

学习目标

素质目标：

1. 培养学生爱岗敬业、业务精干、吃苦耐劳的职业道德与素养；
2. 培养学生良好的学习习惯，具备积极的学习态度和浓厚的学习兴趣；
3. 培养学生对信息的处理能力，能查阅资料，能看懂机床说明书和操作维护手册；
4. 培养学生团结协作的能力；
5. 培养学生独立分析问题和处理问题的能力；

6. 培养学生具有动手操作机床设备的能力，掌握一定的劳动技能；

7. 培养学生尊重事实和证据，有实证意识和严谨的求知态度，能根据具体情况对机床故障作出准确判断；

8. 培养学生自觉遵守标准，了解国家职业技能标准（车工）及其他相关标准。

知识目标：

1. 了解机械加工工序卡片相关内容；

2. 掌握车床的加工工艺范围与分类；

3. 了解车床常用的工装；

4. 了解车床主运动及进给运动系统；

5. 掌握车床典型结构及其工作原理；

6. 了解车床维护保养相关内容。

技能目标：

1. 能根据工艺要求合理选择机床类型并确定机床型号；

2. 能根据工艺要求确定适合的加工方法；

3. 了解车床整体布局和主要技术参数；

4. 会分析车床的主运动传动系统和进给运动传动系统等；

5. 能对卧式车床进行调试，完成工件、刀具和夹具的安装；

6. 能操作卧式车床进行零件车削加工与检验；

7. 能根据机床结构及特点对常见故障进行诊断与排除；

8. 能完成车床的维护保养工作和安全文明生产。

工艺分析

机械加工工序卡片		产品型号		零件图号		
		产品名称		零件名称	台阶轴	共 页 第 页

车间	工序号	工序名称	材料牌号
机加	001	车外圆	45钢
毛坯种类	毛坯外形尺寸	每毛坯可制件数	每台件数
棒料	$\phi75$	1	1
设备名称	设备型号	设备编号	同时加工件数
卧式车床	CA6140		1
夹具编号	夹具名称		切削液
	通用夹具		水溶液
工位器具编号	工位器具名称		工序工时/min
			准终 / 单件

工步号	工 步 内 容	工 艺 装 备	主轴转速 r·min⁻¹	切削速度 m·min⁻¹	进给量 mm·r⁻¹	切削深度 mm	进给次数	工步工时 机动 辅助
1	装夹							
2	车右端面	三爪卡盘45°车刀	400	89.8	0.29			
2	粗车外圆 $\phi71.5_{-0.19}^{0}$ 及 $\phi41.5_{-0.16}^{0}$	三爪卡盘外圆车刀卡尺	400	89.8	0.29			
3	半精车外圆 $\phi70_{-0.074}^{0}$ 及 $\phi40_{-0.062}^{0}$	三爪卡盘外圆车刀千分尺	560	123.8	0.1			
4	倒角C2	45°车刀	560	66.3	0.1			
5	车槽4×2	切槽刀	320	123.1	手动			

设计（日期）	校对（日期）	审核（日期）	标准化（日期）	会签（日期）

1. 加工精度分析

根据零件图可知，加工部位主要是圆柱表面、轴肩及端面，主要加工表面的公差等级是IT7 级。

2. 表面粗糙度分析

工件主要表面的粗糙度为 Ra 6.3 μm 和 Ra 3.2 μm，车削加工可以满足加工要求。

3. 材料分析

45 钢为优质碳素结构钢，硬度不高，易切削加工，切削性能好，一般可选用硬质合金刀具进行加工。

4. 形体分析

该零件为圆柱体形状的坯件，外形尺寸不大，宜采用三爪自定心卡盘装夹。

问题引导

问题 1：如何选择合适的机床类型与型号？

问题 2：刀具和夹具如何安装？

问题 3：操作机床的步骤是什么？

问题 4：普车常见故障有哪些？应如何处理？

问题 5：加工工件时，存在哪些安全隐患？应如何避免？

任务 1.1.1 机床选用

一、机床选型及型号确定

1. 加工工艺范围的认识

车床是一种用途很广泛的机床。它的工艺范围较为广泛，适用于加工各种轴类、套筒类和盘类零件上的回转表面，如内圆柱面、圆锥面、环槽及成形回转表面，端面及各种常用螺纹；还可以进行钻孔、扩孔、铰孔和滚花等。车床工艺范围如图 1.1.1 所示。

滚花

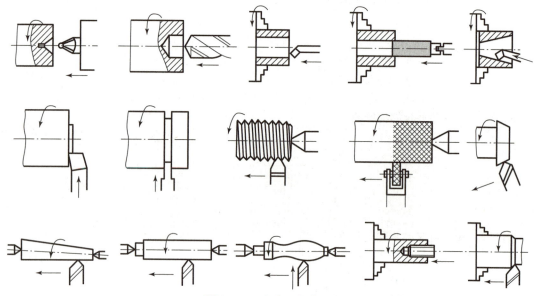

图 1.1.1 车床工艺范围

2. 车床类型的选择

车床属于金属切削机床的范畴。金属切削机床是通过金属切削刀具，采用切削的方法把金属毛坯（或半成品）表面多余的金属切除，让这些多余的金属变成切屑，从而形成零件图纸要求的形状、尺寸、精度及表面粗糙度的机械零件的机器。因为它是生产机器的机器，所以也称它为"工作母机"，通常把金属切削机床简称为机床。

车内锥面

机床的类型按照传统方法分类时，主要是按加工性质和所用的刀具进行分类，根据我国制定的机床型号编制方法进行。在上述基本分类方法的基础上，还可根据机床其他特征进一步进行区分。

同类型机床按工艺范围可分为通用机床、专门化机床和专用机床。

通用机床可用于加工多种零件的不同工序，加工范围较广，通用性较大，但结构比较复杂。这种机床主要适用于单件小批生产，如卧式车床、万能升降台铣床等。

专门化机床的工艺范围较窄，专门用于加工某一类或几类零件的某道（或几道）特定工序，如曲轴车床、凸轮轴车床等。

专用机床的工艺范围最窄，只能用于加工某一种零件的某一道特定工序，适用于大批量生产。如机床主轴箱的专用镗床、车床导轨的专用磨床等，汽车、拖拉机制造中使用的各种组合机床也属于专用机床。

同类型机床按精度等级，可分为普通精度机床、精密机床和高精度机床。

同类型机床按自动化程度，分为手动、机动、半自动和自动机床。

同类型机床可按重量与尺寸，分为仪表机床、中型机床（一般机床）、大型机床（大于 10 t）、重型机床（大于 30 t）和超重型机床（大于 100 t）。

随着机床的发展，其分类方法也将不断发展。现代机床正向数控化、智能化的方向发展，数控机床的功能日趋多样化，工序更加集中。现在一台数控机床集中了越来越多的传统机床的功能。例如，数控车床在卧式车床功能的基础上，又集中了转塔车床、仿形车床、自动车床等多种车床的功能；车削加工中心出现以后，在数控车床功能的基础上，又加入了钻、铣、镗等机床的功能。

车床主要用于加工各种回转表面（内外圆柱面、圆锥面及成形回转表面）和回转体的端面，有些车床可以加工螺纹面。由于多数机器零件具有回转表面且车床的通用性较好，因此，在机械制造中，车床的应用极为广泛，在金属切削机床中所占的比例最大，占机床总台数的 25% 左右。在车床上使用各种车刀，有些车床上还可以使用加工各种孔的钻头、扩孔钻、铰刀、丝锥和板牙等。车床的主运动是由工件的旋转运动实现的，车床进给运动则由刀具的直线移动完成。车床种类繁多，按其用途和结构的不同，主要分为卧式车床及落地车床、立式车床、转塔车床、仪表车床、单轴自动和半自动车床、多轴自动和半自动车床、仿形车床及多刀车床、专门化车床等。

（1）卧式车床

卧式车床主要加工轴类零件和直径不太大的盘套类零件，故采用卧式布局。其主要组成部件及功用如图 1.1.2 所示。

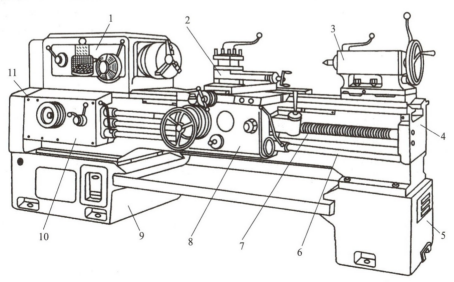

1—主轴箱；2—刀架；3—尾座；4—床身；5，9—床腿；6—光杠；7—丝杠；
8—溜板箱；10—进给箱；11—挂轮变速机构。

图 1.1.2　卧式车床

（2）立式车床

立式车床一般用于加工直径较大、长度较短且质量较大的工件。按照其结构特点，可分为单柱式和双柱式两类。立式车床工作台的台面是水平面，主轴的轴心线垂直于台面，工件的装夹与矫正比较方便。工件和工作台的重量均匀地作用在工作台下面的圆导轨上。其外形结构如图1.1.3所示，图1.1.3（a）为单柱式立式车床，图1.1.3（b）为双柱式立式车床。

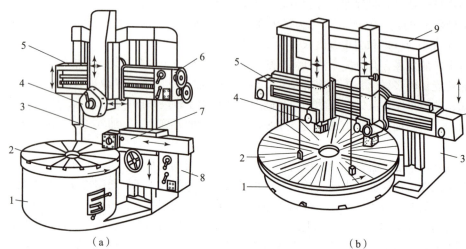

（a）　　　　　　　　　　　　　　　（b）

1—底座；2—工作台；3—立柱；4—垂直刀架；5—横梁；6—垂直刀架进刀箱；
7—侧刀架；8—侧刀架进刀箱；9—顶梁。

图1.1.3　立式车床
（a）单柱式立式车床；（b）双柱式立式车床

（3）转塔车床

与卧式车床相比较而言，转塔车床除了有前刀架外，还有一个转塔刀架。转塔刀架有六个装刀位置，可以沿床身导轨做纵向进给，每一个刀位加工完毕后，转塔刀架快速返回，转动60°更换到下一个刀位进行加工。滑鞍转塔车床外形结构如图1.1.4所示，图1.1.4（a）为转塔车床外形，图1.1.4（b）为转塔刀架。

滑鞍转塔车床

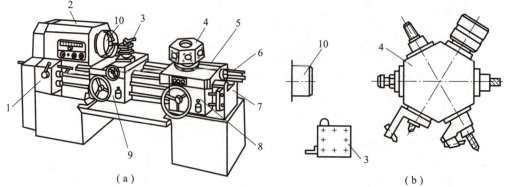

（a）　　　　　　　　　　　　　　　（b）

1—进刀箱；2—主轴箱；3—前刀架；4—转塔刀架；5—纵向溜板；6—定程装置；7—床身；
8—转塔刀架溜板箱；9—前刀架溜板箱；10—主轴。

图1.1.4　滑鞍转塔车床
（a）转塔车床外形；（b）转塔刀架

3. 机床型号的确定

机床的类型按照传统分类方法，主要按加工性质和所用的刀具进行分类。根据我国制定的机床型号编制方法，目前将机床共分为 11 大类：车床、钻床、镗床、磨床、齿轮加工机床、螺纹加工机床、铣床、刨插床、拉床、锯床及其他机床。在每一类机床中，又按工艺范围、布局形式和结构等，分为 10 个组，每一组又细分为 10 个系列。

机床的型号是赋予每种机床的一个代号，用于简明地表示机床的类型、通用和结构特性、主要技术参数等。我国的机床型号，现在是按 2008 年颁布的标准 GB/T 15375—2008《金属切削机床型号编制方法》编制的。此标准规定，机床型号由大写汉语拼音字母和阿拉伯数字按一定的规律组合而成，它适用于各类通用机床和专用机床及自动线，不包括组合机床和特种加工机床。

通用机床型号由基本部分和辅助部分组成，中间用"/"隔开，读作"之"。前者需统一管理，后者纳入型号与否由企业自定。通用机床型号的构成如图 1.1.5 所示。

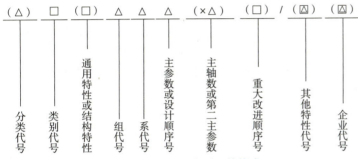

通用机床型号编制

图 1.1.5　通用机床型号的构成

型号表示法中，有"（ ）"的代号或数字，当无内容时，则不表示，若有内容，则不带括号；有"□"符号者，为大写的汉语拼音字母；有"△"符号者，为阿拉伯数字；有"△"（方框）符号者，为大写的汉语拼音字母，或阿拉伯数字，或两者兼而有之。例如，1 组 4 系最大磨削直径 320 mm 经第一次重大改进的高精度磨床类机床型号为 MG1432A。

机床的类别代号用汉语拼音首字母大写表示。例如，"车床"的汉语拼音是"Chechuang"，所以用"C"表示。

当需要时，每类又可分为若干分类。分类代号用阿拉伯数字表示，在类代号之前，它居于型号的首位，但第一分类不予表示，例如，磨床类分为 M、2M、3M 三个分类。

机床的类别代号和分类代号见表 1.1.1。

表 1.1.1　机床的类别代号和分类代号

类别	车床	钻床	镗床	磨床			齿轮加工机床	螺纹加工机床	铣床	刨插床	拉床	锯床	其他机床
代号	C	Z	T	M	2M	3M	Y	S	X	B	L	G	Q
读音	车	钻	镗	磨	二磨	三磨	牙	丝	铣	刨	拉	割	其

机床的特性代号表示机床所具有的特殊性能，包括通用特性和结构特性。当某类型机床除有普通型外，还具有表 1.1.2 所列的某种通用特性，则在类别代号之后加上相应的特性代号。例如"CK"表示数控车床。如同时具有两种通用特性时，则可用两个代号同时表示，如"MBG"表示半自动高精度磨床。如某类型机床仅有某种通用特性，而无普通型，则通用特性不必表示。

如 C1312 型单轴转塔自动车床，由于这类自动车床没有"非自动"型，所以不必用"Z"表示通用特性。

表 1.1.2　机床的通用特性代号

通用特性	高精度	精密	自动	半自动	数控	加工中心自动换刀	仿形	轻型	加重型	简式或经济型	柔性加工单元	数显	高速
代号	G	M	Z	B	K	H	F	Q	C	J	R	X	S
读音	高	密	自	半	控	换	仿	轻	重	简	柔	显	速

为了区分主参数相同而结构不同的机床，在型号中用结构特性代号表示。结构特性代号为汉语拼音字母。例如 CA6140 型卧式车床型号中的"A"，可理解为这种型号车床在结构上区别于 C6140 型车床。结构特性的代号字母是根据各类机床的情况分别规定的，在不同型号中的意义可以不一样。

机床的组别代号和系别代号用两位阿拉伯数字表示。每类机床按其结构性能及使用范围划分为 10 个组，用数字 0~9 表示。每组机床又分为 10 个系（系列），系的划分原则是在同一类机床中，主要布局或使用范围基本相同的机床，即为同一组。在同一组机床中，主参数相同，主要结构及布局型式相同的机床，即划为同一系。

机床的主轴数适用于多轴车床、多轴钻床和排式钻床等机床，此类机床的主轴数应以实际数值列入型号，置于主参数之后，用"×"分开，读作"乘"。单轴可省略，不予表示。

机床的第二主参数（多轴机床的主轴数除外）一般不予表示。如有特殊情况，需在型号中表示，应按一定手续审批。在型号中表示的第二主参数，一般以折算成两位数为宜，最多不超过三位数。以长度、深度值等表示的，其折算系数为 1/100；以直径和宽度值等表示的，其折算系数为 1/10；以厚度和最大模数值等表示的，其折算系数为 1。当折算值大于 1 时，则取整数；当折算值小于 1 时，则取小数点后第一位数，并在前面加"0"。

机床的重大改进顺序号适用于机床的性能及结构布局有重大改进时，并按新产品重新设计、试制和鉴定时，在原机床型号的尾部，加重大改进顺序号，以区别于原机床型号。序号按 A、B、C、…字母（I、O 除外）的顺序选用。重大改进设计不同于完全的新设计，它是在原有机床的基础上进行改进设计。但对原机床的结构性能没有作重大的改变，则不属于重大改进，其型号不变。

机床的其他特性代号置于辅助部分之首。其中，同一型号机床的变形代号，也应放在其他特性代号的首位。其他特性代号主要用于反映各类机床的特性，如对于数控机床，可用于反映不同的控制系统等；对于加工中心，可用于反映控制系统自动交换主轴头和自动交换工作台等；对于柔性加工单元，可用于反映自动交换主轴箱；对于一机多能机床，可用于补充表示某些功能；对于一般机床，可以反映同一机床的变型等。

其他特性代号可用汉语拼音字母（I、O 除外）表示，当单个字母不够用时，可将两个字母组合起来使用，如 AB、AC、AD、…、BA、CA、DA、…。此外，其他特性代号还可以用阿拉伯数字表示，也可以用阿拉伯数字和汉语拼音字母组合表示。用汉语拼音字母读音，如有需要，也可以用相对应的汉字字意读音。

机床的企业代号包括机床生产厂及机床研究单位代号。企业代号置于辅助部分的尾部，用"—"分开，读作"之"。若在辅助部分中仅有企业代号，则不加"—"。

除了通用机床型号编制办法外，还需要掌握专用机床型号编制办法。专用机床型号表示方法一般由设计单位代号和设计顺序号组成，型号构成如下：

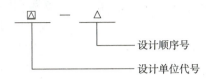

设计顺序号

设计单位代号

专用机床型号编制

专用机床设计单位代号包括机床生产厂和机床研究单位代号（位于型号之首）。专用机床设计顺序号按该单位的设计顺序号排列，由 001 起始，位于设计单位之后，并用"—"隔开，读作"之"。

车床主要用于加工各种回转表面（内、外圆柱面，圆锥面和成形回转表面）、回转体的端面和螺纹面。根据工艺分析、车床工艺范围和分类，通过机床选型，选择卧式车床较为合适，根据零件最大回转直径，可以选择 CA6140 型卧式车床。其机床型号的含义是："C"为类别代号，代表其为"车床"；"A"为结构特性代号，代表其在结构上区别于 C6140 型车床；"6"是组别代号；"1"为系别代号；"40"为主参数，其含义是床身上最大回转直径 400 mm。车床型号见表 1.1.3。

表 1.1.3　车床型号表

类别	代号	机床名称	组别	系别	主参数名称	折算系数
车床	C	单轴纵切自动车床	1	1	最大棒料直径	1
		单轴横切自动车床	1	2	最大棒料直径	1
		单轴转塔自动车床	1	3	最大棒料直径	1
		多轴棒料自动车床	2	1	最大棒料直径	1
		多轴卡盘自动车床	2	2	卡盘直径	1/10
		立式多轴半自动车床	2	6	最大车削直径	1/10
		回轮车床	3	0	最大棒料直径	1
		滑鞍转塔车床	3	1	卡盘直径	1/10
		滑枕转塔车床	3	3	卡盘直径	1/10
		曲轴车床	4	1	最大工件回转直径	1/10
		凸轮轴车床	4	6	最大工件回转直径	1/10
		单柱立式车床	5	1	最大车削直径	1/100
		双柱立式车床	5	2	最大车削直径	1/100
		落地车床	6	0	最大工件回转直径	1/100
		卧式车床	6	1	床身上最大回转直径	1/10
		马鞍车床	6	2	床身上最大回转直径	1/10
		卡盘车床	6	4	床身上最大回转直径	1/10
		球面车床	6	5	刀架上最大回转直径	1/10
		仿形车床	7	1	刀架上最大回转直径	1/10
		多刀车床	7	5	刀架上最大回转直径	1/10

续表

类别	代号	机床名称	组别	系别	主参数名称	折算系数
车床	C	卡盘多刀车床	7	6	刀架上最大回转直径	1/10
		轧辊车床	8	4	最大工件直径	1/10
		铲齿车床	8	9	最大工件直径	1/10

二、结构布局及主要参数的认识

1. 机床结构布局的认知

机床由本体、传动系统及操纵、控制机构等几个基本部分组成。

机床本体：包括主轴、刀架、工作台等执行件，床身、导轨等基础件。执行件是安装刀具或工件并带动它们做规定运动，直接执行切削任务的部件。

传动系统：驱动执行件及其他运动部件做各种规定运动的传动装置。由各种传动机构组成，一般安装在机床本体内部。

操纵、控制机构：使机床各运动部件启动、停止、改变速度、改变运动方向等的机构。

它还有一些使加工能正常、顺利进行，减轻工人劳动强度等辅助装置，如安全装置，冷却、润滑装置等。

根据不同切削方式及运动形式确定各执行件应具有的相对位置，并按照有利于操作、调整、美观的原则将组成机床的其他部件及操作手柄等加以合理配置和布局，于是形成了具有一定外形特征的各种类型的机床。

CA6140 型卧式车床结构布局如图 1.1.2 所示。其主要加工轴类零件和直径不太大的盘套类零件，故采用卧式布局。其主要由主轴箱、溜板箱、进给箱、丝杠、光杠、刀架、尾座、床身和床腿等几个部件组成。

主轴箱：主轴箱 1 固定在床身 4 的左上部，内部装有主轴和变速传动机构。工件通过夹具装夹在主轴前端。主轴箱的功用是支承主轴，并把动力经变速机构传给主轴，使主轴带动工件按规定的转速旋转，以实现主运动。

刀架：刀架 2 可沿床身 4 上的刀架导轨做纵向移动。刀架部件是多层结构，它的功用是装夹车刀，实现纵向、横向和斜向运动。

尾座：尾座 3 安装在床身 4 右端的尾座导轨上，可沿导轨纵向调整位置。它的功用是用后顶尖支撑长工件，也可以安装钻头、铰刀等孔加工刀具进行孔加工。

进给箱：进给箱 10 固定在床身 4 的左前侧。进给箱内装有进给运动的变速机构，用于改变机动进给的进给量或所加工螺纹的导程。

溜板箱：溜板箱 8 与刀架 2 的最下层——纵向溜板相连，与刀架一起做纵向进给运动，它的功用是把进给箱传来的运动传给刀架，使刀架实现纵向和横向进给，或快速运动，或车螺纹。溜板箱上装有各种操作手柄和按钮。

床身：床身 4 固定在左、右床腿 9 和 5 上。在床身上安装着车床的各个主要部件，使它们在工作时保持相对位置或运动轨迹。

2. 机床主要参数的认识

机床的技术参数是表示机床尺寸大小及其工作能力的各种技术数据。它是用户选择和使用机床的重要技术资料，在每台机床的说明书中均详细列出。它一般包括以下几个方面内容：

①主参数和第二主参数

主参数是机床最主要的一个参数，它直接反映机床的加工能力，并影响机床其他参数和基本结构的大小。对于通用机床和专门化机床，主参数通常以机床的最大加工尺寸（最大工件尺寸或最大加工面尺寸），或与此有关的机床部件尺寸来表示。例如，卧式车床为床身上最大工件回转直径，摇臂钻床为最大钻孔直径，升降台铣床为工作台面宽度等。有些机床，为了更完整地表示出它的工作能力和加工范围，还规定有第二主参数。例如，卧式车床的第二主参数为最大工件长度，摇臂钻床的第二主参数为主轴轴线至立柱母线之间的最大跨距等。

②主要工作部件的结构尺寸

这是一些与工件尺寸大小以及工、夹、量具标准化有关的参数。例如，主轴前端锥孔尺寸、工作台面尺寸等。

③主要工作部件移动行程范围。如卧式车床刀架纵向、横向移动最大行程，尾座套筒最大行程等。

④主运动、进给运动的速度和变速级数，快速空行程运动速度等。

⑤主运动、进给电动机和各种辅助电动机的功率。

⑥机床的轮廓尺寸（长×宽×高）和重量。

在机械制造业的不同生产部门中，需在同一类型机床上加工的工件及其尺寸相差悬殊。为了充分发挥机床的效能，每一类型机床应有大小不同的几种规格，以便不同尺寸范围的工件可以对应地选用相应规格的机床进行加工。

机床的规格大小，常用主参数表示。某一类型不同规格机床的主参数数列，便是该类型机床的尺寸系列。为了既能有效地满足国民经济各部门使用机床的需要，又便于机床制造厂组织生产，某一类型机床尺寸系列中不同规格应作合理的分布。通常是按等比数列的规律排列。例如，中型卧式车床的尺寸系列为250、320、400、500、630、800、1 000、1 250（单位为mm），即不同规格卧式车床的主参数为公比等于1.26的等比数列。

CA6140型卧式车床主要技术参数见表1.1.4。

表1.1.4　CA6140型卧式车床主要技术参数

项目名称	机床参数
床身上最大工件回转直径/mm	400
最大工件长度/mm	750、1 000、1 500、2 000
刀架上最大工件回转直径/mm	210
主轴正转转速24级/(r·min^{-1})	10～1 400
主轴反转转速12级/(r·min^{-1})	14～1 580
纵向进给量64级/(mm·r^{-1})	0.028～6.33
横向进给量64级/(mm·r^{-1})	0.014～3.16
车削米制螺纹44种	$P = 1 \sim 192$ mm
英制螺纹20种	$\alpha = 2 \sim 24$ 牙/in
车削模数螺纹39种	$m = 0.25 \sim 48$ mm
车削径节螺纹37种	DP $= 1 \sim 96$ 牙/in
主电动机功率/kW	7.5

任务 1.1.2 机床调整与加工

一、机床的运动分析

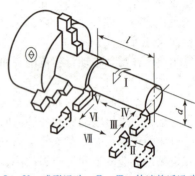

机床运动的分类

由金属切削机床的概念可知，各种类型的机床在进行切削加工时，应使刀具和工件做一系列的运动。这些运动的最终目的是保证刀具与工件之间具有正确的相对运动，以便刀具按一定规律切除毛坯上多余金属，而获得具有一定几何形状、尺寸、精度和表面粗糙度的工件。如图 1.1.6 所示，以车床车削圆柱表面为例，在工件安装于三爪自定心卡盘并启动之后，首先通过手动将车刀在纵、横向靠近工件（运动 Ⅱ 和 Ⅲ）；然后根据所要求的加工直径 d，将车刀横向切入一定深度（运动 Ⅳ）；接着通过工件旋转（运动 Ⅰ）和车刀的纵向直线运动（运动 Ⅴ），车削出圆柱表面；当车刀纵向移动所需长度为 l 时，横向退离工件（运动

Ⅰ、Ⅴ—成形运动；Ⅱ、Ⅲ—快速趋近运动；Ⅳ—切入运动；Ⅵ、Ⅶ—快速退回运动。

图 1.1.6 车削圆柱面过程中的运动

Ⅵ），并纵向退回至起始位置（运动 Ⅶ）。除了上述运动外，尚需完成开车、停车和变速等动作。

机床在加工过程中所需的运动，可按其功用不同，分为表面成形运动和辅助运动两类。

1. 表面成形运动

机床在切削过程中，使工件获得一定表面形状所必需的刀具和工件间的相对运动称为表面成形运动。如图 1.1.6 所示，工件的旋转运动 Ⅰ 和车刀的纵向运动 Ⅴ 是形成圆柱表面的成形运动。机床加工时所需表面成形运动的形式、数目与被加工表面形状、所采用的加工方法及刀具结构有关。如图 1.1.7（a）所示，采用单刃刨刀刨削成形面，所需的成形运动为工件直线纵向移动 v 和刨刀的横向及垂向运动 x_1 及 x_2；如采用成形刨刀加工，则成形运动只需纵向直线移动 v，如图 1.1.7（b）所示。

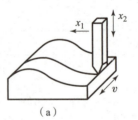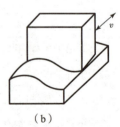

（a）　　　　　　　　（b）

图 1.1.7 刨削成形面

根据切削过程中所起的作用不同，表面成形运动又可分为主运动和进给运动。直接切除毛坯上的被切削层，使之变为切屑的运动（形成切削速度的运动），称为主运动。例如，车床上工件的旋转，钻、镗床上刀具的旋转及牛头刨床上刨刀的直线运动等都是主运动。主运动速度高，消耗大部分机床动力。进给运动是保证将被切削层不断地投入切削，以逐渐加工出整个工件表面的运动。如车削外圆柱表面时车刀的纵向直线运动、钻床上钻孔时刀具的轴向运动、卧式铣床工作台带动工件的纵向或横向直线移动等都是进给运动。进给运动速度较低，消耗机床动力很少，如卧式车床的进给功率仅为主电动机功率的 1/30 ~ 1/25。

机床在进行切削加工时，至少有一个主运动，但进给运动可能有一个或几个主运动，也可能没有主运动，如图 1.1.7（b）所示，成形刨刀刨削成形面的加工中，就只有主运动 v，而没有进

给运动。

2. 辅助运动

除了表面成形运动以外，机床在加工过程中还需完成一系列其他的运动，即辅助运动。如图 1.1.6 中，除了工件旋转和刀具直线移动这两个成形运动外，还有车刀快速靠近工件、径向切入、快速退离工件、退回起始位置等运动。这些运动与外圆柱表面形成无直接关系，但也是整个加工过程中必不可少的。上述这些运动均属于辅助运动。辅助运动的种类很多，主要包括：刀具接近工件、切入、退离工件、快速返回原点的运动，为使刀具与工件保持相对正确位置的对刀运动，多工位工作台和多工位刀架的周期换位，以及逐一加工多个相同局部表面时，工件周期换位所需的分度运动等。另外，机床的启动、停车、变速、换向以及部件和工件的夹紧、松开等的操纵控制运动，也属于辅助运动。总之，除了表面成形运动外，机床上其他所需的运动都属辅助运动。

二、机床传动系统分析

CA6140 型卧式车床传动系统图如图 1.1.8 所示，机床传动系统由主运动传动链、车螺纹传动链、纵向进给运动传动链、横向进给运动传动链及快速运动传动链组成。

机床传动系统图

主运动传动链：两个末端分别是主电动机和主轴，它的功用是把动力源（电动机）的运动及动力传给主轴，使主轴带动工件旋转实现主运动，并满足卧式车床主轴变速和换向的要求。

进给运动传动链：两个末端分别是主轴和刀架，其功用是使刀架实现纵向或横向移动及变速与换向。

1. 主运动传动链分析

主运动传动链的两末端件是主电动机与主轴，它的功用是把动力源（电动机）的运动及动力传给主轴，使主轴带动工件旋转实现主运动，并满足卧式车床主轴变速和换向的要求。主运动的动力源是电动机，执行件是主轴。运动由电动机经 V 带轮传动副 $\phi130/\phi230$ 传至主轴箱中的轴 I。轴 I 上装有双向多片摩擦离合器 M1，离合器左半部接合时，主轴正转；右半部接合时，主轴反转；左、右都不接合时，轴 I 空转，主轴停止转动。轴 I 运动经 $M_1 \rightarrow$ 轴 II $\rightarrow$ 轴 III，然后分成两条路线传给主轴，当主轴 VI 上的滑移齿轮（$Z=50$）移至左边位置时，运动从轴 III 经齿轮副 63/50 直接传给主轴 VI，使主轴得到高转速；当主轴 VI 上的滑移齿轮（$Z=50$）向右移，使齿轮式离合器 M2 接合时，则运动经轴 III $\rightarrow$ IV $\rightarrow$ V 传给主轴 VI，使主轴获得中、低转速。主运动传动路线表达如下：

$$
\text{电动机} - \frac{\phi130}{\phi230} - \text{I} - \begin{bmatrix} M_1 \text{左（正转）} - \begin{bmatrix} \dfrac{56}{38} \\ \dfrac{51}{43} \end{bmatrix} \\ M_1 \text{右（反转）} - \dfrac{50}{34} - \text{VII} - \dfrac{34}{30} \end{bmatrix} - \text{II} - \begin{bmatrix} \dfrac{39}{41} \\ \dfrac{30}{50} \\ \dfrac{22}{58} \end{bmatrix}
$$

$$
\text{III} - \begin{bmatrix} M_2 \text{啮合} - \begin{bmatrix} \dfrac{20}{80} \\ \dfrac{50}{50} \end{bmatrix} - \text{IV} - \begin{bmatrix} \dfrac{20}{80} \\ \dfrac{51}{50} \end{bmatrix} - \text{V} - \dfrac{26}{58} \\ M_2 \text{脱开} - \dfrac{63}{50} \end{bmatrix} - \text{VI（主轴）}
$$

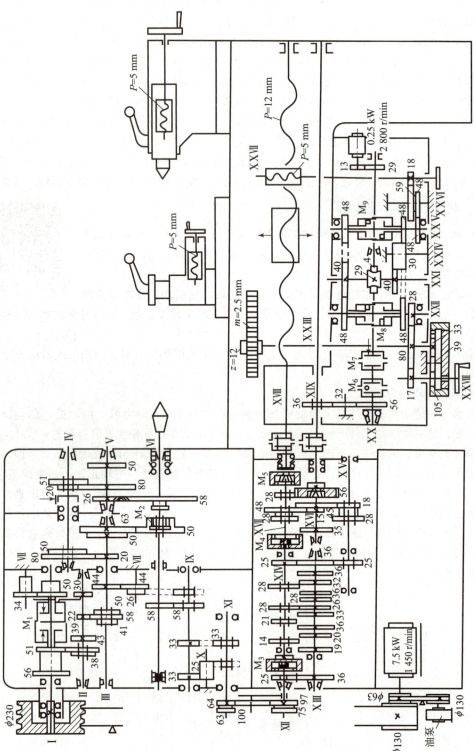

图1.1.8 CA6140 型卧式车床传动系统图

由传动系统图和传动路线表达式可以看出，主轴正转时，轴Ⅱ上的双联滑移齿轮可有两种啮合位置，分别经56/38或51/43使轴Ⅱ获得两种速度。其中，每种转速经轴Ⅲ的三联滑移齿轮39/41或30/50或22/58的齿轮啮合，使轴Ⅲ获得三种转速，因此，轴Ⅱ的两种转速可使轴Ⅲ获得 $2×3＝6$ 种转速。经高速分支传动路线时，由齿轮副63/50使主轴Ⅵ获得6种高转速。经低速分支传动路线时，轴Ⅲ的6种转速经轴Ⅳ上的两对双联滑移齿轮，使主轴Ⅵ得到 $6×2×2＝24$ 种低转速。因为轴Ⅲ到轴Ⅴ间的两个双联滑移齿轮变速组得到的四种传动比中，有两种重复，即：

$$u_1 = \frac{50}{50} × \frac{51}{50} ≈ 1, u_2 = \frac{50}{50} × \frac{20}{80} = \frac{1}{4}, u_3 = \frac{20}{80} × \frac{51}{50} ≈ \frac{1}{4}, u_4 = \frac{20}{80} × \frac{20}{80} = \frac{1}{16}。$$

其中 u_2、u_3 基本相等，因此经低速传动路线时，主轴Ⅵ获得的实际只有 $6×(4-1)=18$ 级转速，其中有6种重复转速。所以，主轴总转速级数为 $2×3+2×3(2×2-1)=24$ 级，这24级主轴转速可分解为4段6级，即1段高转速、3段中低转速，每段6级。

这24级正转转数分别为10 r/min、12.5 r/min、16 r/min、20 r/min、25 r/min、32 r/min、40 r/min、50 r/min、63 r/min、80 r/min、100 r/min、125 r/min、160 r/min、200 r/min、250 r/min、320 r/min、400 r/min、450 r/min、500 r/min、560 r/min、710 r/min、900 r/min、1 120 r/min、1 400 r/min。

同理，主轴反转时，只能获得 $3+3×(2×2-1)=12$ 级转速。

主轴的转速可按下列运动平衡式计算：

$$n_主 = n_电 × \frac{\phi130}{\phi230} × (1-\varepsilon) u_{Ⅰ-Ⅱ} × u_{Ⅱ-Ⅲ} × u_{Ⅲ-Ⅳ}$$

式中，ε 为V带轮的滑动系数，可取 $\varepsilon=0.02$；$u_{Ⅰ-Ⅱ}$ 为轴Ⅰ和轴Ⅱ间的可变传动比，其余类推。

例如，图1.1.7所示的齿轮啮合情况（离合器M2拨向左侧），主轴的转速为：

$$n_主 = 1\ 450 × \frac{\phi130}{\phi230} × (1-0.02) × \frac{51}{43} × \frac{22}{58} × \frac{63}{50} ≈ 450 \ r/min$$

主轴反转主要用于车螺纹，在不断开主轴和刀架间传动联系的情况下，使刀架退回到起始位置。

2. 车螺纹进给运动传动链分析

进给运动传动链的两个末端件分别是主轴和刀架，其作用是实现刀具纵向或横向移动及变速与换向。它包括车螺纹进给运动传动链和机动进给运动传动链。

CA6140型普通车床可以车削米制、英制、模数和径节四种螺纹。车削螺纹时，主轴与刀架之间必须保持严格的传动比关系，即主轴每转一转，刀架应均匀地移动一个导程 L（mm），CA6140型普通车床上用的丝杠是米制丝杠。由此可列出车削螺纹传动链的运动平衡方程为：

$$1_{(主轴)} × u_{主轴-丝杠} × L_丝 = L$$

式中，$u_{主轴-丝杠}$ 为从主轴到丝杠之间全部传动副的总传动比；$L_丝$ 为机床丝杠的导程，CA6140型车床 $L_丝=12$ mm；L 为被加工工件的导程（mm）。

（1）车削米制螺纹

米制螺纹反映螺纹形状的主参数是螺纹的导程（螺距）L，而CA6140型普通车床采用米制螺纹的丝杠螺母机构驱动刀架。

①车削米制螺纹的传动路线。

车削米制螺纹时，运动由主轴Ⅵ经齿轮副58/58至轴Ⅸ，再经圆柱齿轮换向机构33/33（车左螺纹时，经 $33/25×25/33$）传动轴Ⅺ，再经挂轮 $63/100×100/75$ 传到进给箱中轴Ⅻ，进给箱中的离合器M3和M4脱开，M5接合，再经移换机构的齿轮副25/36传到轴ⅩⅢ，由轴ⅩⅢ和ⅩⅣ间的基本变速组、移换机构的齿轮副 $25/36×36/25$ 将运动传到轴ⅩⅤ，再经增倍变速组传至轴ⅩⅧ，最后经齿式离合器 M_5、传动丝杠ⅩⅧ，经溜板箱带动刀架纵向运动，完成米制螺纹的加工。其传动路线表达如下：

$$主轴\ VI—\frac{58}{58}—IX—\left\{\begin{array}{l}\dfrac{33}{33}(右螺纹)\\[2mm]\dfrac{33}{25}\times\dfrac{25}{33}(左螺纹)\end{array}\right\}—XI—\frac{63}{100}\times\frac{100}{75}—XII—\frac{25}{36}—XIII—u_基—$$

$$XIV—\frac{25}{36}\times\frac{36}{25}—XV—u_倍—XVII—M_5—XVIII(丝杠)—刀架$$

②车削米制螺纹的运动平衡式。

由传动系统图和传动路线表达式，可以列出车削米制螺纹的运动平衡式：

$$L=kP=1_{(主轴)}\times\frac{58}{58}\times\frac{33}{33}\times\frac{63}{100}\times\frac{100}{75}\times\frac{25}{36}\times u_基\times\frac{25}{36}\times\frac{36}{25}\times u_倍\times12\ \text{mm}$$

式中，L 为螺纹导程（对于单头螺纹为螺距 P），单位为 mm；$u_基$ 为轴 XIII—XVI 间基本螺距机构的传动比；$u_倍$ 为轴 XV—XVII 间增倍机构的传动比。

将上式化简后得：

$$L=7u_基 u_倍$$

进给箱中的基本变速组为双轴滑移齿轮变速机构，由轴 XIII 上的 8 个固定齿轮和轴 XIV 上的四个滑移齿轮组成，每个滑移齿轮可分别与邻近的两个固定齿轮相啮合，共有 8 种不同的传动比：

$$u_{基1}=\frac{26}{28}=\frac{6.5}{7};u_{基2}=\frac{28}{28}=\frac{7}{7};u_{基3}=\frac{32}{28}=\frac{8}{7};u_{基4}=\frac{36}{28}=\frac{9}{7};$$

$$u_{基5}=\frac{19}{14}=\frac{9.5}{7};u_{基6}=\frac{20}{14}=\frac{10}{7};u_{基7}=\frac{33}{21}=\frac{11}{7};u_{基8}=\frac{36}{21}=\frac{12}{7}$$

不难看出，除了 $u_{基1}$ 和 $u_{基5}$ 外，其余的 6 个传动比组成一个等差数列。改变 $u_基$ 的值，就可以车削出按等差数列排列的导程组。上述变速机构是获得等差数列螺纹导程的基本变速机构，故通常称其为基本螺距机构，简称基本组。进给箱中的增倍变速组由轴 XV—XVII 轴间的三轴滑移齿轮机构组成，可变换 4 种不同的传动比：

$$u_{倍1}=\frac{28}{35}\times\frac{35}{28}=1;u_{倍2}=\frac{18}{45}\times\frac{35}{28}=\frac{1}{2}$$

$$u_{倍3}=\frac{28}{35}\times\frac{15}{48}=\frac{1}{4};u_{倍4}=\frac{18}{45}\times\frac{15}{48}=\frac{1}{8}$$

它们之间依次相差 2 倍，改变 $u_倍$ 的值，可将基本组的传动比成倍地增加或缩小，这个变速机构用于扩大机床车削螺纹导程的种数，一般称其为增倍机构或增倍组。把 $u_基$ 和 $u_倍$ 的值代入上式，得到 $8\times4=32$ 种导程值，其中符合标准的有 20 种，见表 1.1.5。可以看出，表中的每一行都是按等差数列排列的，而行与行之间成倍数关系。

③扩大导程传动路线。

从表 1.1.5 可以看出，此传动路线能加工的最大螺纹导程是 12 mm。如果需车削导程大于 12 mm 的米制螺纹，应采用扩大导程传动路线。这时，主轴 VI 的运动（此时 M2 接合，主轴处于低速状态）经斜齿轮传动副 58/26 到轴 V，背轮机构 80/20 与 80/20 或 50/50 至轴 III，44/44、26/58（轴 IX 滑移齿轮 z_{58} 处于右位与轴 VIII $z=26$ 啮合）传到轴 IX，其传动路线表达式为：

$$主轴\ VI\left[\begin{array}{l}(扩大导程)\dfrac{58}{26}—V—\dfrac{80}{20}—IV—\left[\begin{array}{l}\dfrac{80}{20}\\[1mm]\dfrac{50}{50}\end{array}\right]—III—\dfrac{44}{44}—VIII—\dfrac{26}{58}\\[6mm](正常导程)—\dfrac{58}{58}\end{array}\right]—IX—\begin{array}{l}(接正常\\导程传动\\路线)\end{array}$$

表 1. 1. 5　CA6140 型普通车床米制螺纹导程 L　　　　mm

$u_{倍}$	$u_{基}$							
	$\dfrac{26}{28}$	$\dfrac{28}{28}$	$\dfrac{32}{28}$	$\dfrac{36}{28}$	$\dfrac{19}{14}$	$\dfrac{20}{14}$	$\dfrac{33}{21}$	$\dfrac{36}{21}$
$\dfrac{18}{45} \times \dfrac{15}{48} = \dfrac{1}{8}$	—	—	1	—	—	1. 25	—	1. 5
$\dfrac{28}{35} \times \dfrac{15}{48} = \dfrac{1}{4}$	—	1. 75	2	2. 25	—	2. 5	—	3
$\dfrac{18}{45} \times \dfrac{35}{28} = \dfrac{1}{2}$	—	3. 5	4	4. 5	—	5	5. 5	6
$\dfrac{28}{35} \times \dfrac{35}{28} = 1$	—	7	8	9	—	10	11	12

从传动路线表达式可知，扩大螺纹导程时，主轴Ⅵ到轴Ⅸ的传动比为：

当主轴转速为 40 ~ 125 r/min 时，$u_1 = \dfrac{58}{26} \times \dfrac{80}{20} \times \dfrac{50}{50} \times \dfrac{44}{44} \times \dfrac{26}{58} = 4$

当主轴转速为 10 ~ 32 r/min 时，$u_2 = \dfrac{58}{26} \times \dfrac{80}{20} \times \dfrac{80}{20} \times \dfrac{44}{44} \times \dfrac{26}{58} = 16$

而正常螺纹导程时，主轴Ⅵ到轴Ⅸ的传动比为 $u = \dfrac{58}{58} = 1$，所以，通过扩大导程传动路线，可将正常螺纹导程扩大 4 倍或 16 倍，通常将这套机构称作扩大螺距机构。CA6140 型车床车削大导程米制螺纹时，最大螺纹导程为：

$$L_{\max} = 12 \times 16 = 192 \text{（mm）}$$

（2）车削非标准螺纹和较精密螺纹

所谓非标准螺纹，是指利用上述传动路线无法得到的螺纹。这时需将进给箱中的齿式离合器 M_3、M_4、M_5 全部啮合，被加工螺纹的导程依靠调整挂轮的传动比 $\dfrac{a}{b} \times \dfrac{c}{d}$ 来实现。其运动平衡式为：

$$L = 1_{（主轴）} \times \dfrac{58}{58} \times \dfrac{33}{33} \times \dfrac{a}{b} \times \dfrac{c}{d} \times 12$$

所以，挂轮的换置公式为

$$\dfrac{a}{b} \times \dfrac{c}{d} = \dfrac{L}{12}$$

适当地选择挂轮 a、b、c 及 d 的齿数，就可车出所需的非标准螺纹。同时，由于螺纹传动链不再经过进给箱中任何齿轮传动，减少了传动件制造和装配误差对被加工螺纹导程的影响，若选择高精度的齿轮作挂轮，则可加工精密螺纹。

3. 机动进给运动传动链分析

机动进给传动链主要用来加工圆柱面和端面，为了减少螺纹传动链丝杠及开合螺母磨损，保证螺纹传动链的精度，机动进给是由光杠经溜板箱传动的。其传动路线表达式如下：

主轴 Ⅵ—$\left[\begin{array}{l} 米制螺纹传动路线 \\ 英制螺纹传动路线 \end{array} \right]$—Ⅶ—$\dfrac{28}{56}$—Ⅸ（光杠）—$\dfrac{36}{32} \times \dfrac{32}{36}$—

M_6（超越离合器）—M_7（安全离合器）—ⅩⅩ—$\dfrac{4}{29}$—ⅩⅪ—

$$\left. \begin{array}{l} -\left[\begin{array}{l} \dfrac{40}{48}-M_8 \uparrow \\[2mm] \dfrac{40}{30} \times \dfrac{30}{48}-M_8 \downarrow \end{array} \right] -XXII-\dfrac{28}{80}-XXIII-z_{12}- 齿条 - 刀架（纵向进给）\\[8mm] -\left[\begin{array}{l} \dfrac{40}{48}-M_9 \uparrow \\[2mm] \dfrac{40}{30} \times \dfrac{30}{48}-M_9 \downarrow \end{array} \right] -XXV-\dfrac{48}{48} \times \dfrac{59}{18}-XXVII（丝杠）- 刀架（横向进给） \end{array} \right.$$

溜板箱中由双向牙嵌式离合器 M_8、M_9 和齿轮副 $\dfrac{40}{48}$、$\dfrac{40}{30} \times \dfrac{30}{48}$ 组成的两个换向机构，分别用于变换纵向和横向进给运动的方向。利用进给箱中的基本螺距机构和增倍机构，以及进给传动链的不同传动路线，可获得纵向和横向进给量各 64 种。

纵向和横向进给传动链两端件的计算位移为：

纵向进给：主轴转 1 转，刀架纵向移动 $f_{纵}$（mm）；

横向进给：主轴转 1 转，刀架横向移动 $f_{横}$（mm）。

（1）纵向机动进给传动链

CA6140 型车床纵向机动进给量有 64 种。

正常进给量：当运动由主轴经正常导程的米制螺纹传动路线时，可获得正常进给量（0.08 ~ 1.22 mm/r）32 种。这时的运动平衡式为：

$$f_{纵} = 1_{（主轴）} \times \dfrac{58}{58} \times \dfrac{33}{33} \times \dfrac{63}{100} \times \dfrac{100}{75} \times \dfrac{25}{36} \times u_{基} \times \dfrac{25}{36} \times \dfrac{36}{25} \times u_{倍} \times$$

$$\dfrac{28}{56} \times \dfrac{36}{32} \times \dfrac{32}{56} \times \dfrac{4}{29} \times \dfrac{40}{48} \times \dfrac{28}{80} \times 2.5 \times 12\pi$$

将上式化简可得：

$$f_{纵} = 0.71 u_{基} u_{倍}$$

较大进给量：当运动由主轴经英制螺纹传动路线时，可获得较大进给量（0.86 ~ 1.59 mm/r）8 种。这时的运动平衡式为：

$$f_{纵} = 1_{（主轴）} \times \dfrac{58}{58} \times \dfrac{33}{33} \times \dfrac{63}{100} \times \dfrac{100}{75} \times \dfrac{1}{u_{基}} \times \dfrac{36}{25} \times u_{倍} \times$$

$$\dfrac{28}{56} \times \dfrac{36}{32} \times \dfrac{32}{56} \times \dfrac{4}{29} \times \dfrac{40}{48} \times \dfrac{28}{80} \times 2.5 \times 12\pi$$

将上式化简可得：

$$f_{纵} = 1.474 \dfrac{u_{倍}}{u_{基}}$$

加大进给量：当主轴转速为 10 ~ 125 r/min（12 级低转速）时，运动经扩大螺距机构及英制螺纹传动路线传动，可获得 16 种供强力切削或宽刀精车用的加大进给量，1.71 ~ 6.33 mm/r。

精细进给量：当主轴转速为 450 ~ 1 400 r/min（6 级高转速其中 500 r/min 除外）时（此时 M_2 脱开，主轴由轴 III 经齿轮副 $\dfrac{63}{50}$ 直接传动），运动经缩小螺距机构 $\left(\dfrac{50}{63} \times \dfrac{44}{44} \times \dfrac{26}{58} \right)$ 及米制螺纹传动路线传动，可获得 8 种供高速精车用的细进给量，0.028 ~ 0.054 mm/r。

（2）横向机动进给传动链

由传动系统图分析可知，当横向机动进给与纵向进给的传动路线一致时，所得到的横向进给量是纵向进给量的一半，横向与纵向进给量的种数相同，都为 64 种。

三、机床的调整与操作

1. 车床的操作

车床在操作前应先熟悉卧式车床的传动系统框图，如图1.1.9所示。电动机输出的动力，经变速箱通过带传动传给主轴，更换变速箱和主轴箱外的手柄位置，得到不同的齿轮组啮合，从而得到不同的主轴转速。主轴通过卡盘带动工件做旋转运动。同时，主轴的旋转运动通过换向机构、交换齿轮、进给箱、光杠（或丝杠）传给溜板箱，使溜板箱带动刀架沿床身做直线进给运动。

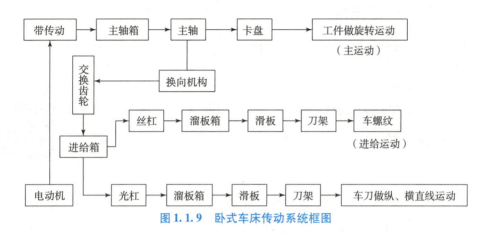

图1.1.9　卧式车床传动系统框图

操作开机前，应先检查各手柄位置是否处于正确的位置，无误后方可进行开车。车床操作步骤及要点如下：

①主轴箱变速的操作。

正确变换主轴转速。拨动变速箱和主轴箱外面的变速手柄，可得到各种相对应的主轴转速。当手柄拨动不顺利时，用手稍转动卡盘即可。

②进给箱的操作。

正确变换进给量。按所选的进给量查看进给箱上的标牌，再按标牌上的指示变换进给手柄位置，即得到所选定的进给量。

③溜板箱的操作。

熟悉和掌握纵向与横向手动进给手柄的转动方向。左手握纵向进给手轮，右手握横向进给手轮。分别顺时针和逆时针旋转手轮，操纵刀架和溜板箱的移动方向。

熟悉和掌握纵向或横向机动进给的操作。光杠或丝杠接通手柄位于光杠接通位置上，将纵向机动进给手柄压下即可纵向进给，如将横向机动进给手柄向上提起即可横向机动进给。机动进给手柄复位后，则可停止纵、横向机动进给。

熟悉和掌握床鞍、中滑板、小滑板的刻度值。床鞍一小格为0.5 mm，中滑板一小格为0.02 mm，小滑板一小格为0.05 mm。

④刀架的操作。

当刀架上同时安装多把刀具时，应熟练掌握其换刀方法，逆时针转动刀架手柄，刀架可旋转；顺时针转动，则锁紧刀架。

⑤尾座的操作。

尾座在床身导轨面上移动，通过螺栓螺母固定。调整上下螺母位置，使尾座的锁紧力适当。

转动尾座套筒手轮，可使套筒在尾架内移动，CA6140 型卧式车床尾座套筒手轮转动一周，套筒进给 5 mm。转动尾座锁紧手柄，可将套筒固定在尾座内。

2. 实心轴的加工与检验

车削实心轴零件的具体操作步骤如下：

①用三爪卡盘夹持工件，夹持长度约 35 mm，稳定可靠；

②将 45°车刀安装在方刀架上，调整刀尖与车床主轴中心等高；

③车床开启，主轴转速调到 400 r/min，车右端面；

④粗车外圆 $\phi 71.5_{-0.19}^{\ 0}$ 及 $\phi 41.5_{-0.16}^{\ 0}$；

⑤停车，将主轴转速调到 560 r/min，半精车外圆 $\phi 70_{-0.074}^{\ 0}$ 及 $\phi 40_{-0.062}^{\ 0}$；

⑥倒角 $C2$；

⑦换 4 mm 宽切槽刀，安装在方刀架上，调整刀尖与车床主轴中心等高；

⑧车槽 4×2；

⑨用游标卡尺测量尺寸；

⑩用粗糙度对照样板检验粗糙度。

四、机床的工装

1. 车刀的安装

（1）车刀在刀架上的安装

车削加工示例

采用正确的方法安装车刀，会保证刀具的耐用度，延长刀具使用寿命，从而使切削更加顺利，提高生产效率。具体安装时的注意事项如下：

①车刀伸出刀架的长度要适宜，不能伸出刀架太长。因为车刀伸出过长，刀杆刚性相对减弱，容易在切削中产生振动，影响工件加工精度和表面粗糙度，刀尖磨损加速。若刀杆伸出过短，在切削中不便于清理切屑，甚至由于切屑积塞而影响正常加工。一般车刀伸出的长度不超过刀杆高度的 1～1.5 倍，如图 1.1.10 所示。

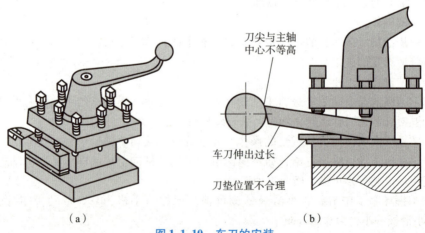

（a）　　　　　　　　　　　　　　　（b）

图 1.1.10　车刀的安装

（a）正确；（b）错误

②车刀在刀架上固定好以后，刀尖应与车床主轴中心线等高（工件中心）。车刀安装得过高或过低都会引起车刀角度的变化而影响切削。如车刀装得太高，后角减小，后刀面与工件加剧摩擦；装得太低，前角减小，切削不顺利，会使刀尖崩碎。根据经验，粗车外圆时，可将车刀装得

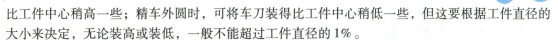

比工件中心稍高一些；精车外圆时，可将车刀装得比工件中心稍低一些，但这要根据工件直径的大小来决定，无论装高或装低，一般不能超过工件直径的1%。

③车刀安装时，刀杆应与刀架外侧对齐，不应贴紧刀架内侧，以避免车削过程中刀架与卡盘相碰撞的事故发生。刀头位置左右倾斜会影响车刀角度，当刀头向左倾斜时，主偏角变小，副偏角增大；若刀头向右倾斜，则主偏角增大，副偏角变小。在安装车刀时，应根据情况进行调整。

④车刀下面用的垫片要平整、规范，长短应一致；并尽可能用厚垫片，以减少垫片数量，一般只用2~3片即可。如垫片数量太多或不平整，会使车刀产生振动，影响切削。安装时，应注意垫片要与刀架前端面平齐，如图1.1.10所示。

⑤车刀装上后，要紧固刀架螺钉，至少要紧固两个螺钉。紧固时，用刀架扳手轮换逐个拧紧。

（2）对刀方法

①试切法。

试切法一般在粗车时经常采用，首先凭经验通过目测使刀尖对正工件中心，然后紧固刀具，在端面上进行试切。不论刀尖位置高低，都会在近工件中心处留有凸台，再调整刀尖的位置，使凸台平直地被切去，刀尖便对正了工件的中心。

②尾座顶尖法。

在尾座上安装好顶尖后，顶尖中心与主轴中心等高，因此，常采用刀尖对正顶尖中心的方法安装车刀，如图1.1.11所示。

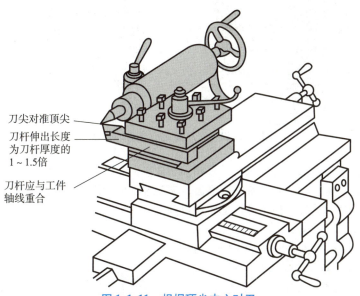

刀尖对准顶尖

刀杆伸出长度
为刀杆厚度的
1~1.5倍

刀杆应与工件
轴线重合

图1.1.11　根据顶尖中心对刀

③测量法。

通过钢直尺等量具，测量好车床主轴中心至中滑板导轨面的高度，安装车刀时，用钢直尺测量刀尖高度，以保证车刀刀尖对正主轴中心。

④其他方法。

除上述几种方法外，还可采用画线法、辅助工具对中心等方法进行车刀安装。

总之，车刀对中心的方法很多，在安装时，应根据具体情况灵活运用。

（3）尾座上工具的安装

尾座可用于安装顶尖、钻夹头、钻头等工具及刃具。安装时，应注意所安装工具、刃具锥柄锥度规格是否与尾座套筒锥孔的锥度规格相同，若相同，便可直接把其装入尾座锥孔内；当两者规格不同时，可在锥柄处装一个与尾座套筒相同的过渡锥套，再将其装入尾座中。

2. 夹具的安装

（1）三爪自定心卡盘装卸

三爪自定心卡盘是连接并安装在主轴上的，用来装夹工件并带动工件随主轴一起旋转，从而实现车床的主运动。三爪自定心卡盘是车床上的常用夹具，常用的公制三爪自定心卡盘的规格为 150 mm、200 mm、250 mm。

①三爪自定心卡盘的构造及装夹原理。

三爪自定心卡盘主要由壳体、三个卡爪、三个小锥齿轮、一个大锥齿轮、防尘盖板、定位螺钉及紧围螺钉等零件组成。利用卡盘扳手，转动圆周上的三个锥齿中的任一个时，通过啮合关系带动大锥齿轮旋转，大锥齿轮背面是平面螺纹，它又和卡爪端面的螺纹啮合，从而带动三个卡爪同时向中心移动，起到自定心装夹工件作用或远离中心移动退出，如图 1.1.12 所示。

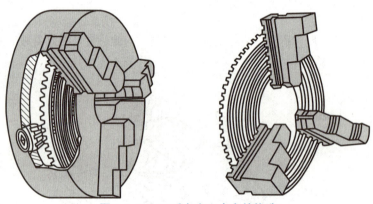

图 1.1.12　三爪自定心卡盘的构造

从机械结构上看，卡盘的三个锥齿具有相同功能，但是经过仔细检测，三个锥齿装夹工件的精度并不一样，相差也较大。其中有一个锥齿装夹工件的精度既高又稳定。在精度要求较高的机械加工中，应利用这一特性，使工件加工质量得到进一步保证。

②卡盘爪与卡盘的拆装。

三爪自定心卡盘有正、反两副卡爪，如图 1.1.13 所示，还有一种装配式卡爪，只要拆下卡爪上的螺钉，即可调换正反爪。正卡爪用于装夹外圆直径较小或内孔直径较大的工件，一般卡爪伸出卡盘圆周不应超过卡爪长度的 1/3；否则，会因卡爪背面螺纹与平面螺纹啮合较少，从而发生事故。反卡爪用于装夹外圆直径较大的工件，如图 1.1.14 所示。但三爪自定心卡盘由于夹紧力不大，所以一般只适用于质量较小的工件，当质

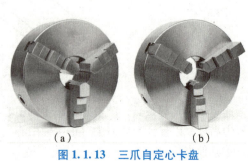

（a）　　　　　（b）
图 1.1.13　三爪自定心卡盘
(a) 正爪；(b) 反爪

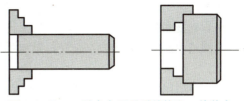

量较大的工件进行装夹时，宜用四爪单动卡盘或其他专用夹具。

③卡盘爪的安装方法。

卡盘爪上标有号码，安装卡爪时，要按号码1、2、3的顺序依次进行装配，若卡爪号码已看不清楚，可把三个卡爪并排放在一起，比较卡爪

图 1.1.14　三爪卡盘正反爪结构和工件装夹

端面的螺纹，螺纹牙形高低不一，1 号爪螺纹牙形较低，3 号爪螺纹牙形较高。

将卡盘扳手的方榫插入卡盘外壳圆柱面上的方孔中旋转，带动大锥齿轮背面的平面螺纹转动，当观察到平面螺纹的第一条螺旋槽转到接近壳体上的牙槽时，将 1 号卡爪装到槽 1 内。

接顺时针方向转动卡盘扳手，使平面螺纹与卡盘爪背面的螺纹啮合后，继续转动卡盘扳手，观察平面螺纹的第二条螺旋槽转到壳体上的牙槽时，将 2 号卡爪放入，之后依次放入 3 号卡爪。三爪自定心卡盘的拆卸方法如图 1.1.15 所示。

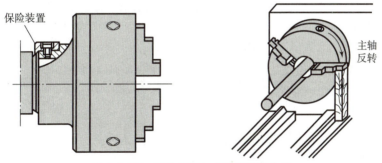

图 1.1.15　三爪自定心卡盘的拆卸方法

（2）三爪自定心卡盘与主轴的连接方式

三爪自定心卡盘与主轴的连接方式通常有两种：一种是螺纹连接，另一种是法兰连接。拆装时，应看清后再进行拆卸。

①拆装时，应在床身导轨上垫木板，在主轴和卡盘中放置一根铁棒，防止拆卸时卡盘不慎掉下，砸伤机床表面。

②卸卡盘时，在卡爪与导轨面之间放置一定高度的硬木板或软金属，然后将卡爪移至水平位置，慢速倒车冲撞，当卡盘松开后，应立即停车。

③卡盘卸下后，松开卡盘外壳上的三个定位螺钉，取出三个小锥齿轮。

④松开三个紧固螺钉，取出防尘盖板和带有平面螺纹的大锥齿轮。

任务 1.1.3　机床常见故障诊断与排除

一、典型结构的认知

1. 主轴箱主要结构的认知

主轴箱的主要作用是支承主轴和传动其旋转，并使其实现启动、停止、变速和换向等。因此，主轴箱中通常包含有主轴及其轴承、传动机构、启停及换向装置、制动装置、操纵机构和润

滑装置等。

（1）传动机构

主轴箱中的传动机构包括定比传动机构和变速机构两部分。定比传动机构仅用于传动运动和动力，一般采用齿轮传动副；变速机构一般采用滑移齿轮变速机构，因其结构简单紧凑，传动效率高，传动比准确。但当变速齿轮为斜齿或尺寸较大时，则采用离合器变速。为了便于了解主轴箱中各传动件的结构、形状和装配关系以及传动轴的支承结构等，常采用主轴箱展开图。它是按主轴箱中各传动轴传动运动的先后顺序，沿其轴线取剖切面展开而绘制成的平面装配图。图 1.1.16 所示为 CA6140 型卧式车床的主轴箱展开图，它是沿轴Ⅳ—Ⅰ—Ⅱ—Ⅲ（Ⅴ）—Ⅵ—Ⅹ—Ⅸ—Ⅺ的轴线剖切展开的。图 1.1.16 所示中，轴Ⅶ和轴Ⅷ是另外单独取剖切面展开的，如图 1.1.17 所示。

卧式车床外形结构

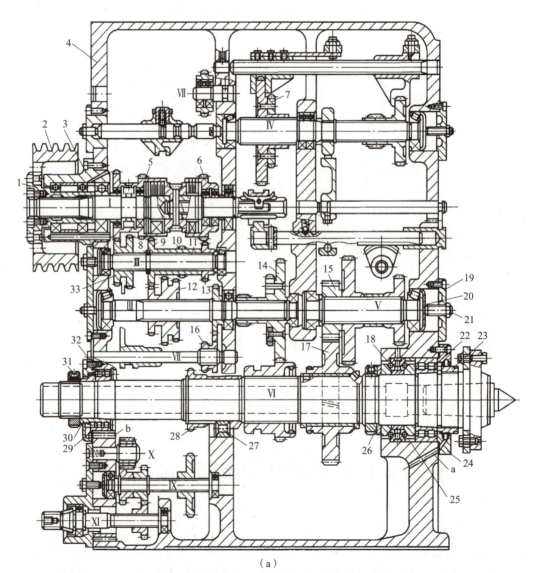

（a）

图 1.1.16　CA6140 型卧式车床主轴箱展开图

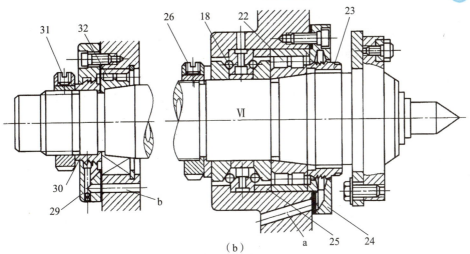

键套；2—皮带轮；3—法兰；4—主轴箱体；5、16—双联空套齿轮；6—空套齿轮；7、33—双联滑移齿轮；

8—半圆环；9、10、13、28—固定齿轮；11、25—隔套；12—三联滑移齿轮；14—双联固定齿轮；

15、17—斜齿轮；18—双列推动力向心轴承；19—盖板；20—轴承盖板；

21—调整螺钉；22、32—双列短圆柱滚子轴承；23、26、31—螺母；24、29—轴承端盖；

27—向心短圆柱滚子轴承；30—套筒。

图 1.1.16　CA6140 型卧式车床主轴箱展开图（续）

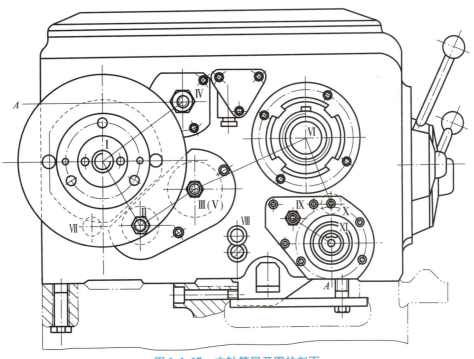

图 1.1.17　主轴箱展开图的剖面

　　由于展开图是把立体的传动结构展开在一个平面上绘制成的，其中有些轴之间的距离被拉开了，如轴Ⅶ和轴Ⅰ、轴Ⅳ和轴Ⅲ、轴Ⅸ和轴Ⅵ等，从而使某些原来啮合的齿轮副分开了，利用展开图分析传动件的传动关系时，应予注意。下面结合图 1.1.16，将主轴箱传动机构的结构择要说明如下：

①卸荷式皮带轮。

主轴箱的运动由电动机经皮带传入，为改善主轴箱运动输入轴的工作条件，使传动平稳，主轴箱运动输入轴上的皮带轮常用卸荷式结构。皮带轮 2 与花键套 1 用螺钉连成一体，支撑在法兰 3 内的两个向心球轴承上，而法兰 3 则固定在主轴箱体 4 上。这样皮带轮 2 可通过花键套 1 带动轴 I 旋转，而皮带的张力经法兰 3 直接传至主轴箱体 4 上，轴 I 不受此径向力的作用，弯曲变形减少，并可提高传动的平稳性。

②传动齿轮。

主轴箱中的传动齿轮大多数是直齿的，为了使传动平稳，也有采用斜齿的，轴 V—VI 间的一对齿轮 15 和 17 就是斜齿轮。多联滑移齿轮有的由整块材料制成，如轴 II 上的双联滑移齿轮 33 和轴 III 上的三联滑移齿轮 12；有的则由几个齿轮拼装而成，如轴 III 上的双联固定齿轮 14 和轴 IV 上的双联滑移齿轮 7。齿轮和传动轴的连接情况有固定的、空套的和滑移的三种。固定齿轮、滑移齿轮与轴常采用花键连接，固定齿轮有时也采用平键连接，如主轴 VI 后部的齿轮 28。固定齿轮和空套齿轮的轴向固定，常采用弹性挡圈、轴肩、隔套、轴承内圈和半圆环等。如轴 II 上的三个固定齿轮 9、10 和 13，是由左边的卡在轴上环槽中并由固定齿轮 9 箍住的两个半圆环 8、中间隔套 11、右边的圆锥滚子轴承内圈来固定它们的轴向位置；轴 VIII 上的空套齿轮 16 由左、右两边的弹性挡圈限定其轴向位置。为了减少零件的磨损，空套齿轮和传动轴之间装有滚动轴承或铜套，如轴 I 上的两个空套齿轮 5 和 6 装有滚动轴承，轴 VI、VIII 上的齿轮 17 和 16 则装有铜套。空套齿轮的轮毂上钻有油孔，以便润滑油流进摩擦面之间。

③传动轴的支承结构。

主轴箱中的传动轴由于转速较高，一般采用向心球轴承或圆锥滚子轴承支承。常用的是双支承结构，即在轴的两端各有一个支承，但对于较长的传动轴，为了提高其刚度，则采用三支承结构。如轴 III、IV 的两端各装有一个圆锥滚子轴承，在中间还装有一个（两个）向心球轴承作为附加支承。传动轴通过轴承在主轴箱体上实现轴向定位的方式，有一端定位和两端定位两种。轴 I 为一端定位，其左轴承内圈固定在轴上，外圈固定在法兰 3 内。作用于轴上的轴向力通过轴承内圈、滚球和轴承外圈传至法兰 3，然后传至主轴箱体，使轴实现轴向定位。轴 II、III、IV 和 V 等则都是两端定位。以轴 V 为例，向左的轴向力通过左边的圆锥滚子轴承直接作用于箱体轴承孔台阶上，向右的轴向力由右端轴承盖板 20、调整螺钉 21 和盖板 19 传至箱体。利用调整螺钉 21 可调整左、右两个圆锥滚子轴承外圈的相对位置，使轴承保持适当间隙，以保证其正常工作。

（2）主轴及其轴承

主轴及其轴承是主轴箱最重要的部分。主轴前端可装卡盘，用于夹持工件，并由其带动旋转。主轴的旋转精度、刚度和抗震性等对工件的加工精度和表面粗糙度有直接影响，因此，对主轴及其轴承要求较高。

卧式车床的主轴支承大多采用滚动轴承，一般为前、后两点支承。为了提高刚度和抗振性，有些车床特别是尺寸较大的车床主轴，也有采用三点支承的。例如 CA6140 型车床的主轴部件，前、后支承处各装有一个双列短圆柱滚子轴承 22（NN3021K/P5）（即 D3182121）和 32（NN3015K/P6）（即 E3182115），中间支承处则装有一个单列向心短圆柱滚子轴承 27（N3216P6）（即 E32216），用于承受径向力。由于双列短圆柱滚子轴承的刚度和承载能力大，旋转精度高，且内圈较薄，内孔是精度为 1∶12 的锥孔，可通过相对主轴轴颈轴向移动来调整轴承间隙，因而可保证主轴有较高的旋转精度和刚度。前支承处还装有一个 60° 角接触的双列推力向心球轴承 18，用于承受左、右两个方向的轴向力。向左的轴向力由主轴 VI 经螺母 23、轴承 22 的内圈、轴承 18 传至箱体；向右的轴向力由主轴经螺母 26、轴承 18、隔套 25、轴承 22 的外圈和轴承端盖 24 传至箱体。轴承的间隙直接影响主轴的旋转精度和刚度，因此，使用中如发现因轴承磨损致使间隙增大时，需及时进行调整。前轴承 22 可用螺母 23 和 26 调整。调整时，先拧松螺母 23，然后拧紧带锁紧螺母 26，使轴承 22 的内圈相对主轴锥形径向移动。由于锥面的作用，薄壁的轴承内圈产生径向弹性变形，将滚子与内、外圈滚道之间的间隙消除。调整妥当后，再将螺母 23 拧紧。后轴承 32 的间隙可用螺母 31 调整，调整原理同前轴承。中间轴承 27 的间隙不能调整，一般情况下，只调整前轴承即可，只有当调整前轴承后仍不能达到要求的旋转精度时，才需要调整后轴承。主轴的轴承由油泵供给润滑油进行充分的润滑。为防止润滑油外漏，前、后支承处都有油沟式密封装置。在螺母 23 和套筒 30 的外圆上有锯齿形环槽，主轴旋转时，依靠离心力的作用，把经过轴承向外流出的润滑油甩到轴承端盖 24 和 29 的接油槽里，然后经回油孔 a、b 流回主轴箱。

　　卧式车床的主轴是空心阶梯轴。其内孔用于通过长棒料以及气动、液压等夹紧驱动装置（装在主轴后端）的传动杆，也用于穿入钢棒卸下顶尖。主轴前端有精密的莫氏锥孔，供安装顶尖或心轴之用。主轴前端结构采用短锥法兰式结构，如图 1.1.18 所示，它以短锥和轴肩端面作定位面。卡盘、拨盘等夹具通过卡盘座 4，用四个螺栓 5 固定在主轴上，由装在主轴轴肩端面上的圆柱形断面键 3 传递扭矩。安装卡盘时，只需将预先拧紧在卡盘座上的螺栓 5 连同螺母 6 一起从主轴轴肩和锁紧盘 2 上的孔中穿过，然后将锁紧盘转过一个角度，使螺栓进入锁紧盘上宽度较窄的圆弧槽内，把螺母卡住（如图 1.1.18 中所示位置），接着在把螺母 6 拧紧，就可把卡盘等夹具紧固在主轴上。这种主轴轴端结构的定心精度高，连接刚度好，卡盘悬伸长度小，装卸卡盘比较方便。

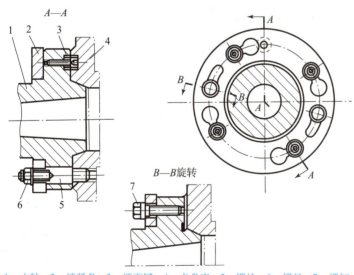

正反转控制
操作机构

1—主轴；2—锁紧盘；3—端面键；4—卡盘座；5—螺栓；6—螺母；7—螺钉。

图 1.1.18　主轴前端结构及盘类夹具安装

（3）换向操纵机构

　　双向多片式摩擦离合器装在轴Ⅰ上，如图 1.1.19 所示。摩擦离合器由内摩擦片 3、外摩擦片 2、止推片 10 及 11、压块 8 及空套齿轮 1 等组成。离合器左、右两部分结构是相同的。左离合器用来传动主轴正转，用于切削加工，需传递的转矩较大，所以片数较多；右离合器传动主轴反转，主要用于退刀，片数较少。

　　图 1.1.19 中表示的是左离合器。图中内摩擦片 3，其内孔为花键孔，装在轴Ⅰ的花键部位，与轴Ⅰ一起旋转。外摩擦片 2 外圆上有四个凸起，卡在空套齿轮 1（展开图中件号 6）的缺口槽中；外片内孔是光滑圆孔，空套在轴Ⅰ的花键外圆上。内、外摩擦片相间安装，在未被压紧时，

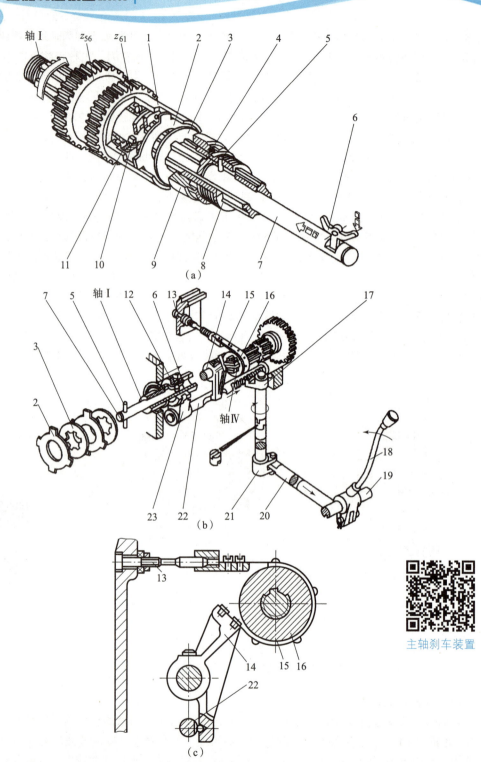

1—空套齿轮；2—外摩擦片；3—内摩擦片；4—弹簧销；5—销；6—元宝销；7，20—杆；8—压块；
9—螺母；10、11—止推片；12—滑套；13—调节螺钉；14—杠杆；
15—制动带；16—制动盘；17—齿扇；18—操纵手柄；19—操纵杆；21—曲柄；22—齿条；23—拨叉。

图 1.1.19　摩擦离合器、制动器及其操纵机构

（a）Ⅰ轴组件；（b）双向多片离合器操纵机构；（c）制动器及操纵机构

内、外摩擦片互不联系。当杆7（展开图中件号16）通过销5（展开图中件号7）向左推动压块8（展开图件号8）时，使内片3与外片2相互压紧，于是轴Ⅰ的运动便通过内、外摩擦片之间的摩擦力传给齿轮1（即展开图中件号6），使主轴正向转动。同理，当压块8向右压时，运动传给轴Ⅰ右端的齿轮（展开图中件号10），使主轴反转。当压块8处于中间位置时，左、右离合器都处于脱开状态，这时轴Ⅰ虽然转动，但离合器不传递运动，主轴处于停止状态。

离合器的左、右接合或脱开（即压块8处于左端、右端或中间位置）由手柄18来操纵。当向上扳动手柄18时，杆20向外移动，使曲柄21及齿扇17（展开图中件号是18）做顺时针转动，齿条22（展开图中件号15）向右移动。齿条左端有拨叉23（展开图件号17），它卡在空心轴Ⅰ右端的滑套12（展开图件号11）的环槽内，从而使滑套12也向右移动。滑套12内孔的两端为锥孔，中间为圆柱孔。当滑套12向右移动时，就将元宝销（杠杆）6（展开图件号12）的右端向下压，由于元宝销6的回转中心轴装在轴Ⅰ上，因而元宝销6做顺时针转动，于是元宝销下端的凸缘便推动装在轴Ⅰ内孔中的拉杆7向左移动，并通过销5带动压块8向左压紧。主轴正转。同理，将手柄18扳至下端位置时，右离合器压紧，主轴反转。当手柄18处于中间位置时，离合器脱开，主轴停止转动。为了操纵方便，在操纵杆19上装有两个操纵手柄18，分别位于进给箱右侧及溜板箱右侧。

摩擦离合器除了靠摩擦力传递运动和转矩外，还能起过载保护的作用。当机床过载时，摩擦片打滑，就可避免损坏机床。摩擦片间的压紧力是根据离合器应传递的额定扭矩来确定的。当摩擦片磨损后，压紧减小，这时可用一字旋具（螺丝刀）将弹簧销4按下，同时拧动压块8上的螺母9，直到螺母压紧离合器的摩擦片。调整好位置后，使弹簧销4重新卡入螺母9的缺口中，防止螺母在旋转时松动。

制动器（刹车）安装在轴Ⅳ上。它的功用是在摩擦离合器脱开时立刻制动主轴，以缩短辅助时间。制动器的结构如图1.1.19所示。它由装在轴Ⅳ上的制动盘16（展开图中件号13）、制动带15、调节螺钉13和杠杆14（展开图中编号也是14）等件组成。制动盘16是一钢制圆盘，与轴Ⅳ用花键连接。制动盘的周边围着制动带，制动带为一钢带，为了增加摩擦面的摩擦系数，在它的内侧固定一层酚醛石棉。制动带的一端与杠杆14连接，另一端通过调节螺钉13等与箱体相连。为了操纵方便，并且不会出错，制动器和摩擦离合器共享一套操纵机构，也由手柄18操纵。当离合器脱开时，齿条22处于中间位置，这时齿条22上的凸起正处于与杠杆14下端相接触的位置，使杠杆14沿逆时针方向摆动，将制动带拉紧，使轴Ⅳ和主轴迅速停止转动。由于齿条轴22凸起的左边和右边都是凹下的槽，所以在左离合器或右离合器接合时，杠杆14向顺时针一方向摆动，使制动带放松，主轴旋转。制动带的拉紧程度由调节螺钉13调整。调整后，应检查在压紧离合器时制动带是否完全松开，否则稍微放开一些。

2. 进给箱主要结构的认知

图1.1.20所示是CA6140型卧式车床的进给箱。它的传动关系以及加工不同螺纹时的调整情况已如前述。进给箱由以下几部分组成：变换螺纹导程和进给量的变速机构（包括基本组1和增倍组2）、变换螺纹种类的移换机构4、丝杠和光杠的转换机构3以及操纵机构等。

3. 溜板箱主要结构的认知

图1.1.21是CA6140型卧式车床的溜板箱，它的传动关系以及实现纵向、横向进给运动和快速移动等情况已如前述。溜板箱主要由以下几部分组成：双向牙嵌式离合器M8和M9以及纵向、横向机动进给和快速移动的操纵机构、开合螺母及其操纵机构、互锁机构、超越离合器和安全离合器等。

1—基本螺距机构；2—增倍机构；3—丝杠、光杠转换机构；4—移换机构；
5、6、7、8—滑移齿轮；9、10、11、12—固定齿轮。

图 1.1.20　CA6140 型车床的进给箱结构图

（1）开合螺母机构

开合螺母的功用是接通或断开从丝杠传来的运动。车螺纹时，将开合螺母扣合于丝杠上，丝杠通过开合螺母带动溜板箱及刀架。

开合螺母的结构如图 1.1.21 中的 A—A 剖视及图 1.1.22 所示。它由下半螺母 18 和上半螺母 19 组成。半螺母 18 和 19 可沿溜板箱中竖直的燕尾形导轨上下移动。每个半螺母上装有一个圆柱销 20，它们分别插入固定在手柄轴上的槽盘 21 的两条曲线槽 d 中（见 C—C 视图）。车削螺纹时，顺时针方向扳动手柄 15，使槽盘 21 转动，两个圆柱销带动上下半螺母互相靠拢，于是开合螺母就与丝杠啮合。逆时针方向扳动手柄，则螺母与丝杠脱开。槽盘 21 上的偏心圆弧槽 d 接近盘中心部分的倾斜角比较小，使开合螺母闭合后能自锁，不会因为螺母上的径向力而自动脱开。螺钉 17 的作用是限定开合螺母的啮合位置。拧动螺钉 17，可以调整丝杠与螺母间的间隙。

（2）纵向、横向机动进给及快速移动的操纵机构

如图 1.1.21 和图 1.1.23 所示，纵向、横向机动进给及快速移动是由一个手柄集中操纵的。当需要纵向移动刀架时，向相应方向（向左或向右）扳动操纵手柄 1。由于轴 14 用台阶 b 及卡环 c 轴向固定在箱体上，因而操纵手柄 1 只能绕销 a 摆动，于是手柄 1 下部的开口槽就拨动杆 3 轴向移动。杆 3 通过杠杆 7 及推杆 8 使鼓形凸轮 9 转动，凸轮 9 的曲线槽迫使拨叉 10 移动，从而操纵轴 XXII 上的牙嵌式双向离合器 M_8 向相应方向啮合。这时，如光杠（轴号 XIX）转动，运动传给轴 XXIII，从而使刀架做纵向机动进给；如按下手柄 1 上端的快速移动按钮，快速电动机启动，刀架就可向相应方向快速移动，直到松开快速移动按钮时为止。如向前或向后扳动操纵手柄 1，可通过轴 14 使鼓形凸轮 13 转动，凸轮 13 上的曲线槽迫使杠杆 12 摆动，杠杆 12 又通过拨叉 11 拨动轴 XXV 上的牙嵌式双向离合器 M_9 向相应方向啮合。这时，如接通光杠或快速电动机，就可使横刀架实现向前或向后的横向机动进给或快速移动。操纵手柄 1 处于中间位置时，离合器 M_8 和 M_9 脱开，这时机动进给及快速移动均被断开。为了避免同时接通纵向和横向运动，在盖 2 上开有十字形槽，以限制操纵手柄 1 的位置，使它不能同时接通纵向和横向运动。

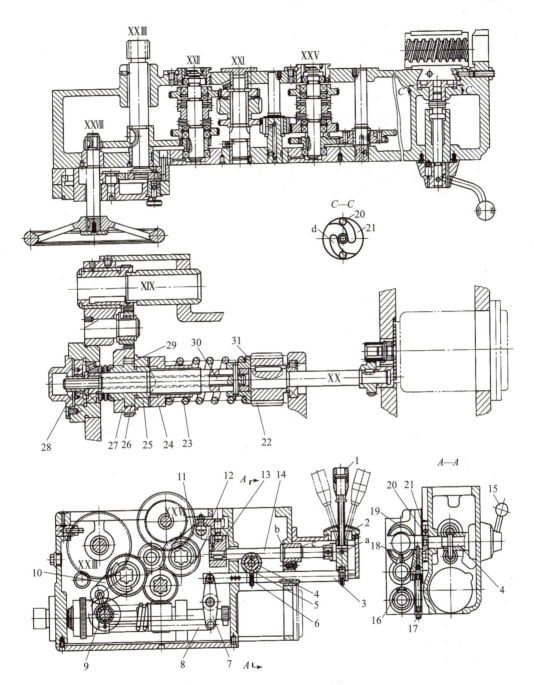

1、15—手柄；2、28—盖；3、8、30—拉杆；4、14—轴；5—支撑套；6、16—销；7、12—杠杆；
9、13—鼓轮；10、11—拨叉；17—限位螺钉；18—下半螺母；19—上半螺母；20—圆柱销；
21—槽盘；22、27—齿轮；23—弹簧；24、25—离合器；26—星形体；29—滚子；31—弹簧压套。

图 1.1.21 CA6140 型卧式车床溜板箱

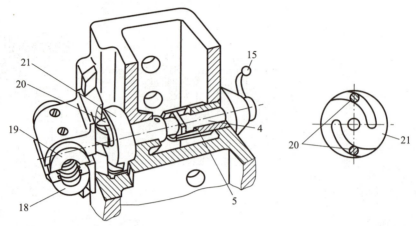

4—轴；5—支承套；15—手柄；18—下半螺母；19—上半螺母；20—圆柱销；21—槽盘。

图 1.1.22　开合螺母机构

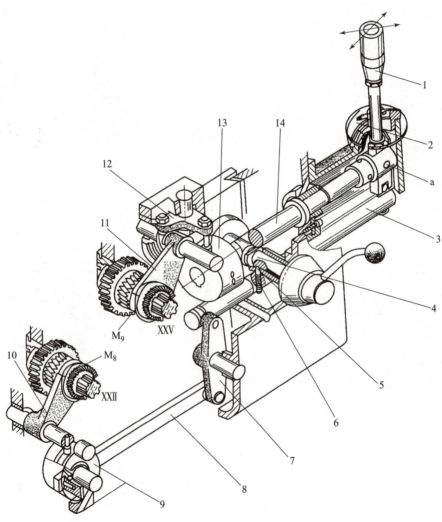

1—操作手柄；2—盖；3、8—拉杆；4、14—轴；5—支撑套；6—销；7、12—杠杆；9、13—凸轮；10、11—拨叉。

图 1.1.23　溜板箱操作机构

二、常见故障诊断与排除

1. 切削负荷大时，主轴转速自动降低或停车

（1）故障原因分析

①摩擦离合器调整过松或磨损。摩擦离合器的内、外摩擦片在松开时的间隙应适当。间隙太大时压不紧，摩擦片之间会出现打滑现象，影响机床功率的正常传递，切削过程中产生"闷车"现象，摩擦片易磨损；间隙太小，机床启动时费力，松开时摩擦片不易脱开，使用过程中会因过热而导致摩擦片烧坏。

②电动机传动带（V带）过松。传动带太松或松紧不一致，使传动带与带轮槽之间摩擦力明显减小，因此，当主轴受到较大切削力作用时，容易造成传动带与带轮槽之间互相打滑，使主轴转速降低或停止转动。

③主轴箱变速手柄定位弹簧过松。由于变速手柄定位弹簧过松，使定位不可靠，当主轴受到切削力作用时，啮合齿轮发生轴向位移，脱离正常啮合位置，使主轴停止转动。

双向多片式
摩擦离合器

（2）故障排除方法

①调整摩擦离合器的间隙，增大摩擦力，若摩擦片磨损严重，则应更换。摩擦离合器的调整方法如图1.1.24所示，先将定位销1按入紧固螺母2和3的缺口中，如正转（顺车）时摩擦片过松，则向左拧紧紧固螺母3调整，过紧则向右拧松紧固螺母3调整；如反转（倒车）时摩擦片过松，则向右拧紧紧固螺母2调整，过紧时则向左拧松紧固螺母2调整。调整完毕后，应使定位销1弹回到紧固螺母2和3的缺口中。

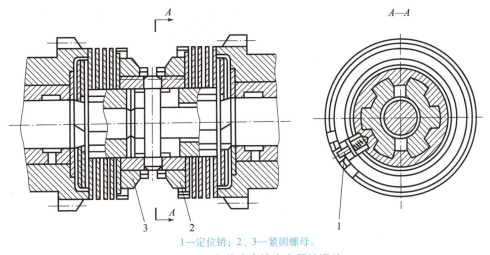

1—定位销；2、3—紧固螺母。

图1.1.24 多片式摩擦离合器的调整

②调整两带轮之间的轴线距离，使4根传动带受力基本均匀，运转时，有足够的摩擦力。但不能把传动带调整得太紧，否则会引起电动机发热。若V带日久伸长，需全部更换。

③调整变速手柄定位弹簧压力，使手柄定位可靠，不易脱开。

2. 停机后主轴仍然转动

（1）故障产生原因

①摩擦离合器调整过紧，停车后摩擦片未完全脱开。当开、停车操纵手柄处于停机位置时，如果摩擦离合器调整过紧，摩擦片之间的间隙过小，内外摩擦片之间就不能立即脱开，或者无法

完全脱开，这时摩擦离合器传递运动转矩的效能并没有随之消失，主轴依然继续旋转。因此，出现停机后主轴仍自转的现象，这样就失去了保险作用，并且操纵费力。

②制动器过松，制动带包不紧制动盘，刹不住车。制动器是与开、停车手柄同时配合刹车的制动机构。制动器太松，停车时主轴（工件）不能立即停止回转，不能起到制动作用，影响生产效率；太紧时，则因摩擦严重，会烧坏制动钢带。

③齿条轴与制动器杠杆的接触位置不对。如图 1.1.25 所示，主轴箱内齿条 13 所处的位置正确与否，将直接影响卧式车床的正常运转与刹车制动。当开、停车手柄 6 处于停机位置时，制动器杠杆 12 应处于齿条轴凸起部分中间（图中盘位置）。正转或反转时，杠杆应处于凸起部分左、右的凹圆弧处。如果此时两者位置不对，就会造成在制动状态下主轴继续运转。

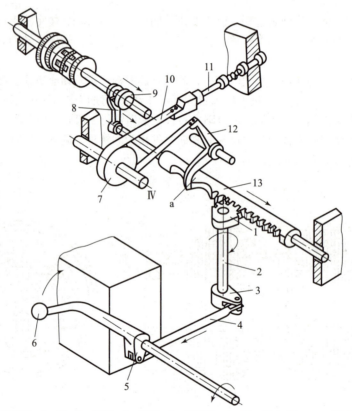

1—扇形齿；2—轴；3—杠杆；4—连杆；5—操纵杆；6—开、停车手柄；7—制动轮；
8—拨叉；9—拨叉滑动环；10—钢带；11—螺钉；12—制动器杠杆；13—齿条。

图 1.1.25　摩擦离合器、制动器的操纵机构

（2）故障解决方案

①调整内、外摩擦片，使其间隙适当，既能保证传递正常转矩，又不至于发生过热现象。

②制动器的调整。调整方法如图 1.1.26 所示，拧紧并紧螺母 5，调整调节螺母 4，使调节螺钉 6 向外侧移动，张紧制动带；反之，调节螺钉 6 向内侧移动，制动带放松。制动带松紧达到要求（当主轴在摩擦离合器松开时，能迅速停止转动）时，紧固并紧螺母 5。

③调整齿条 13 与扇形齿 1 的啮合位置，如图 1.1.25 所示，使齿条处在正确的轴向位置。

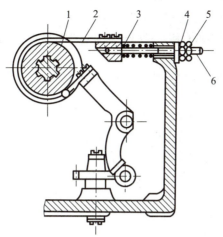

1—制动盘；2—制动带；3—弹簧；4—调节螺母；5—并紧螺母；6—调节螺钉。

图 1.1.26　制动器的调整

3. 主轴过热和主轴滚动轴承噪声

（1）故障产生原因

①主轴轴承间隙过小，装配不精确，使摩擦力、摩擦热增加。

②润滑不良，主轴轴承缺润滑油，造成干摩擦，发出噪声并使主轴发热。

③主轴在长期全负荷车削中，刚度降低，发生弯曲，传动不平稳而使接触部位产生摩擦而发热。

（2）故障解决方案

①提高装配质量，主轴轴承间隙调整适中；主轴前、后轴颈与主轴箱轴承孔保证同轴；轴承磨损或精度偏低，应更换轴承。装配调整后，用手扳动主轴转动，应灵活自如。CA6140 型卧式车床主轴前支撑间隙的调整方法是：松开支撑右端螺母 2，如图 1.1.27 所示，拧紧支撑左端调整螺母 6，使轴承 3 内环相对主轴锥面向右移动。由于轴承内环很薄，内孔与主轴锥面有 1∶12 的锥度，因此内环在向右轴向移动的同时将产生径向的弹性膨胀，从而达到调整轴承径向间隙或预紧的目的。调整后，拧紧右端螺母 2，然后略微松动调整螺母 6，调整推力球轴承 4 和 5 的间隙，以免轴向间

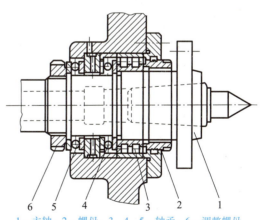

1—主轴；2—螺母；3、4、5—轴承；6—调整螺母。

图 1.1.27　卧式车床主轴轴承间隙的调整

隙过紧。调整好后，拧紧调整螺母 6 上的锁紧螺钉。调整后的主轴径向跳动与轴向窜动允差均为 0.01 mm，并应进行 1 h 的高速回转试验，轴承温度不得超过 60 ℃。

②合理选用润滑油，疏通油路，控制润滑油的注入量，缺油时，应及时加油补充。但不能供油过多，供油过多会造成主轴箱内搅拌现象严重，反而使轴承和主轴发热。

③应尽量避免长期全负荷车削。

4. 精车外圆表面出现混乱波纹、排列无规律

（1）故障产生原因

主要是切削过程中工件和刀具有相对径向或轴向游动引起的。导致游动的因素有以下几点：

①主轴轴向窜动过大。

②主轴滚动轴承的滚动体或滚道点蚀或拉毛。

③主轴箱、进给箱的传动轴弯曲。

④溜板导轨接触精度不良或燕尾面间隙过大。

⑤卡盘法兰与主轴定心轴颈配合不良或卡爪磨损。

⑥卡盘、法兰盘松动或零件夹紧力不够。

⑦用顶尖加工时，尾架套筒未紧固，活动顶尖间隙太大。

（2）故障排除方法

消除切削过程中工件和刀具之间的游动。

①检测主轴轴向窜动，调整推力球轴承。

②更换主轴轴承。

③修理或更换弯曲的传动轴。

④刮研导轨，修刮好斜铁与导轨的间隙及接触点。

⑤修配卡盘法兰和卡爪。

⑥检查并拧紧卡盘及法兰螺钉或夹紧零件。

⑦更换活动顶尖，调整紧固尾架套筒。

5. 主轴箱漏油

（1）故障产生原因

①主轴箱箱体有砂眼、气孔或裂纹。

②密封不严或纸垫破裂。

（2）故障解决方案

①主轴箱箱体缺陷用树脂胶黏剂加细铸铁粉修补。

②刮平接合面或换密封圈、纸垫等。

6. 方刀架转位时复位精度差

（1）故障产生原因

①方刀架定位销磨损。

②小溜板与方刀架接触面拉伤。

（2）故障解决方案

①更换定位销。

②刮研定位面和修复定位孔。

任务 1.1.4　机床维护保养

一、机床维护与保养

1. 车床的维护保养

对于车工来说，不仅仅是操作机床设备，更应爱护它、保养它。车床的保养程度直接影响车床的加工精度、使用寿命和生产效率，因此操作者必须加强对车床的保养和维护。

车床的日常保养工作主要包含如下内容：

工作前，应按机床润滑示意图对各个部位注油润滑，检查各部位是否正常。

工作中，应采用合理的方式操作机床设备，严格禁止非常规操作。

工作后，应切断电源，清空铁屑盘，对机床表面、导轨面、丝杠、光杠、操纵杠和各操纵手柄进行擦洗，做到无油污、黑渍，车床外表面干净、整洁，并注油润滑。

当车床运转 500 h 以后，需进行一级保养。保养工作以操作工人为主，维修工人配合进行。保养时，必须先切断电源，然后对机床设备进行清洗、润滑及维护。

2. 车床的润滑

为使车床的床身及各部件保持正常运转和减少磨损，必须按机床润滑示意图所示经常对车床的所有摩擦部分进行润滑。车床上常用的润滑方式见表1.1.6。

表1.1.6 车床上常用的润滑方式

序号	润滑方式	润滑部位及方法	润滑时间
1	浇油润滑	车床的床身导轨面，中、小滑板导轨面等外露的滑动表面，擦干净后用油壶浇油润滑	每班一次
2	溅油润滑	车床主轴箱内的零件一般是利用齿轮的转动把润滑油飞溅到各处进行润滑	三个月更换一次
3	油绳润滑	将毛线浸在油槽内，利用毛细管的作用把油引到需要润滑的部位，如车床进给箱内的润滑就采用这种方式	每班一次
4	弹子油杯润滑	车床尾座和中、小滑板手柄转动轴承处，一般采用这种方式，润滑时，用壶嘴把弹子掀下，滴入润滑油	每班一次
5	润滑脂（油脂杯）润滑	交换齿轮箱的中间齿轮，一般用黄油杯润滑。润滑时，先在黄油杯中装满工业润滑脂。当拧紧油杯盖时，润滑油就挤入轴承套内	每天一次
6	油泵循环润滑	这种润滑方式是依靠车床内的油泵供应充足的油量来润滑的	

二、安全文明生产

车床操作应遵守规则，坚持安全、文明生产是保障操作人员和设备的安全，防止工伤和设备事故的根本保证，同时也是实训车间科学管理的一项十分重要的手段。它直接影响到人身安全、产品质量和生产效率的提高，影响设备和工、夹、量具的使用寿命和操作人员技术水平的正常发挥。

①工作时要穿好工作服，女同学要戴好工作帽，防止衣角、袖口或头发被车床转动部分卷入。

②用顶尖装夹工件时，要注意顶尖中心与主轴中心孔完全一致，不能使用破损或歪斜的顶尖，使用前应将顶尖、中心孔擦干净，尾座顶尖要顶牢。

③装夹工件和车刀要停机进行。工件和车刀必须装夹牢固，防止其飞出伤人。装刀时，刀头伸出部分不要超出刀体高度的1.5倍，刀具下垫片的形状尺寸应与刀体基本一致，垫片应尽可能少而平。工件装夹好后，卡盘扳手必须立即取下。

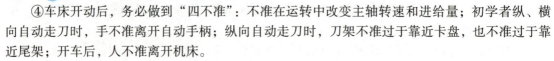

④车床开动后，务必做到"四不准"：不准在运转中改变主轴转速和进给量；初学者纵、横向自动走刀时，手不准离开自动手柄；纵向自动走刀时，刀架不准过于靠近卡盘，也不准过于靠近尾架；开车后，人不准离开机床。

⑤开车前，必须重新检查各手柄是否在正常位置，卡盘扳手是否取下。

⑥运动中严禁变速，必须等停车待惯性消失后再扳动换挡手柄变速。

⑦操作时，手和身体不能靠近卡盘和拨盘，应注意保持一定的距离。

⑧车螺纹时，必须把主轴转速设定在最低挡，不准用中速或高速车螺纹。

⑨切削时产生的切屑，应使用钩子及时清除，严禁用手拉。

⑩测量工件时，要停机并将刀架移动到安全位置后进行。

⑪车削时，操作者必须戴护目镜，以防切屑灼伤眼睛。

⑫需要用砂布打磨工件时，应把刀具移到安全位置，并注意不要让手和衣服接触工件表面。

教学任务单

专业			班级		
学号		姓名		日期	
项目名称	车削加工设备的使用		任务名称	实心轴车削加工设备的使用	

◉【学习步骤】

以实心轴车削加工工序卡片提出任务，在车削实心轴的准备工作中学会分析工序卡片及图样，根据分析选择合适的机床型号，掌握机床的操作方法及工装的使用，最终完成零件加工及检验。掌握机床故障分析与排除的能力，学会机床的维护和保养。

◉【任务实施】

一、读懂工序卡片

请根据任务工序卡填写表1.1.7。

表1.1.7　工序卡识读

序号	项目名称	内容	备注
1	零件的外形特点		
2	主要加工表面及加工精度		
3	生产批量		
4	备选的机床类型		

出现的问题：

_____

_____

解决措施及经验总结：

_____

_____

二、选择合适的机床类型与型号

1. 为什么优先选择车床进行零件的加工？其优点有哪些？

2. 请列出你选择的机床型号并解释其含义。

出现的问题：

_____

_____

解决措施及经验总结：

_____

_____

三、工装的选用

1. 粗加工车削外圆面时，应选用哪种刀具？刀具如何进行安装？步骤有哪些？

2. 加工时，应选择哪种夹具和附件？请说明选择的原因。

出现的问题：

_____

_____

解决措施及经验总结：

_____

_____

四、机床调整与操作

1. 请根据零件加工的步骤，在表 1.1.8 中填写机床调整的内容。

表 1.1.8　机床调整与操作单

序号	内容	备注
1		
2		
3		
4		
5		

2. 切削用量选择不合理时，会出现"闷车"现象，试分析原因并给出解决办法。

出现的问题：

_____

_____

解决措施及经验总结：

_____

_____

五、实心轴的加工

请根据要求完成零件加工，并记录加工过程中出现的问题及解决问题的措施，填入表 1.1.9。

表 1.1.9 主轴转速操作记录表

序号	遇到的问题	解决办法	备注
1			
2			
3			
4			
5			

出现的问题：

_____

_____

解决措施及经验总结：

_____

_____

六、产品检测

请完成实心轴的检验并填写表 1.1.10。

表 1.1.10 检测记录表

序号	检测项目	使用量具	测量数据	备注
1				
2				
3				
4				
5				
6				
7				

出现的问题：

_____

_____

解决措施及经验总结：

_____

_____

【任务考核】

评分标准

序号	考核评价项目		考核内容	学生自检	小组互检	教师终检	配分	成绩
			任务1.1　实心轴车削加工设备的使用					
1	过程考核	素养目标	吃苦耐劳、爱岗敬业；具备动手操作能力和劳动技能；遵守标准及规则等				20	
2		知识目标	了解工艺知识；了解机床传动系统；自主学习、归纳总结等				30	
3		能力目标	能完成零件加工和检验；团队协作与创新进取；安全文明与质量保障等				30	
4	常规考核		作业				10	
5			回答问题				5	
6			其他				5	

【任务总结】

_____

_____

_____

_____

_____

【大国工匠】 王保森

　　1985 年 1 月，王保森从部队转业进入航天科工二院工作。从一开始对车床技术的一无所知到现在的北京市首席技师和航天科工首席技师，这期间巨大的飞跃来源于其三十多年来的孜孜以求。当王保森脱下军装抱着航天报国想法投身航天事业，准备大施拳脚的时候，万万没想到，等待他的是一份磨刀的工作。然而看似平凡的工作，其实与我国的导弹装配和发射技术紧密相连，每一项精密技术的研发，都为我国导弹航天技术的提升做出了卓越贡献。王保森勤奋努力，尊敬师长，车间老师傅都乐意将自己的"看家本领"传授给他。王保森不仅好学，还是一个爱

"较劲"的人。他喜欢跟别人"较劲"。工作中如果有了分歧，他一定据理力争，只为更好地完成工作。他更喜欢跟自己"较劲"，不断挑战自我，甚至"入魔"，只为让自己的工作做得更好。入行时，师傅说："车工不磨刀，手艺没学到。"车工刚入行，主要的工作就是磨刀，对几百根车刀做上万次的修整，就这样将技术夯实打牢。所谓车工一把刀，就是要时时刻刻都在打磨，直到把长条的车刀磨到手里拿不住为止，周而复始。从基本的车刀到复杂的机床，王保森都要把工作原理摸透。2017 年 3 月，刘朝辉在《中国大能手》海选舞台上将一根铁棒车出绣花针，实现了黑黢黢的物料向明闪闪的绣花针的蜕变，以高人气通过网络投票，拿到入场券。近日，刘朝辉更是凭借过硬的本领，突破极限，实现了铁杵成丝。2014 年，刘朝辉斩获了第六届全国数控技能大赛车工组亚军，谱写了一段师徒同为"全国技术能手"的佳话。同时也开启了王保森"金牌教练"的北京市专家组成员的生涯。2017 年刘朝辉成为"不忘初心跟党走，圆梦京华谱新篇"北京市百姓宣讲团成员，到各个企事业宣扬工匠精神，传播正能量。他希望自己可以作为代表为广大"工人兄弟"发出声音。在科技日新月异的时代，工人作为"手艺人"渐渐被时代的浪潮压低了声音。埋头劳作、不善言辞向来是工人的标准形象，但每个人都有自己的故事，"工人"的故事也很精彩，也该被时代铭记、被世人触摸。多年来，除了厂内的"传、帮、带"，王保森还作为北京市的数控总教头，带领选手参加技能大赛。2013 年，在中国航天科工技能竞赛上，他带出来的队员包揽了数控铣工组的前三名。王保森致力于专业技术的研究，钻研出多项操作技能的诀窍：《多刀位刀体》一文解决了复杂工件一次装卡，完成多种切削的过程；《橡胶密封圈加工方法改进》通过分析软性材料在切削加工过程中的变形与回弹机理，设计精巧工装，克服厚橡胶类材料加工中弹性变形问题，实现了橡胶材料的车削加工。现在，他的工装和论文成了以他命名的大师工作室的两套教材，惠及了全集团的一线工人。

任务1.2　阶梯轴数控车削加工设备的使用

 任务描述

　　某企业现有数控车床若干台，需要加工一批带有圆弧曲线的轴类零件。为了让设备更好地服务于企业生产，请按机械加工工序卡片的要求操作机床，完成零件的加工过程，并对机床进行维护保养。

 任务要求

　　读懂工序卡片，选择合适的机床类型与型号，完成工件的装夹，完成刀具和夹具的安装，调整操作机床，完成阶梯轴的数控车削加工过程。

学习目标

　　素质目标：

　　1. 培养学生爱岗敬业、业务精干、乐于奉献、自尊自律、文明礼貌、诚信友善和宽以待人的职业道德与素养；

2. 培养学生具有正确的国家意识，认识到国家正在从制造业大国向制造业强国的转变，了解机床技术等新技术的发展，能自觉维护国家尊严和利益；

3. 培养学生具有数字化生存能力，能主动适应信息化技术的发展趋势；

4. 培养学生具有国际化视野，具备全球意识和开放的心态，了解新技术新技能的进程和发展趋势；

5. 培养学生对新技术、新工艺的钻研热情和渴求新知识、新技术的意愿；

6. 培养学生能正确认识和理解学习的价值，掌握适合自身的学习方法；

7. 培养学生具有对自己的学习状态进行审视的意识和习惯，善于总结经验教训；

8. 培养学生具有机床加工设备操作的能力，掌握一定的劳动技能，并能遵守劳动规范与标准。

知识目标：

1. 掌握机械加工工序卡片相关内容；

2. 了解数控车床的加工工艺范围与特点；

3. 了解车床典型结构及其工作原理；

4. 了解车床维护保养相关内容。

技能目标：

1. 能根据工艺要求合理选择机床类型并确定机床型号；

2. 能对数控车床进行调整操作；

3. 能完成工件、刀具和夹具的安装；

4. 能操作数控车床进行阶梯轴零件的车削加工并检验；

5. 能根据机床结构及特点对常见故障进行诊断与排除。

工艺分析 NEWS!

机械加工工序卡片		产品型号		零件图号				
		产品名称		零件名称	圆弧轴	共 页	第 页	

车间		工序号		工序名称		材料牌号	
机加		002		车外圆		45钢	
毛坯种类		毛坯外形尺寸		每毛坯可制件数		每台件数	
						1	
设备名称		设备型号		设备编号		同时加工件数	
数控车床		CAK6150D					
夹具编号			夹具名称			切削液	
			通用夹具			水溶液	
工位器具编号			工位器具名称			工序工时/min	
						准终	单件

图中标注：$Ra\,3.2$，$R2.5$，$Ra\,3.2$，$SR7$，$\phi22_{-0.021}^{\;0}$，$\phi14_{-0.018}^{\;0}$，$Ra\,3.2$，20，38

工步号	工步内容	工艺装备	主轴转速 $r\cdot min^{-1}$	切削速度 $m\cdot min^{-1}$	进给量 $mm\cdot r^{-1}$	切削深度 mm	进给次数	工步工时 机动	工步工时 辅助
1	装夹								
2	粗车外圆	三爪、卡盘、外圆车刀	800		0.2	1.5			
3	半精车外圆	三爪、卡盘、外圆车刀	1 800	100	0.1				

设计（日期）	校对（日期）	审核（日期）	标准化（日期）	会签（日期）

1. 加工精度分析

根据零件图可知，此工件结构为阶梯轴。加工部位主要是圆弧表面、圆柱表面、轴肩及端面，保证尺寸 $\phi22$、$\phi14$ 和 $SR7$，主要加工表面的公差等级是 7 级。

2. 表面粗糙度分析

工件主要表面的粗糙度为 $Ra\ 3.2\ \mu m$，车削加工基本可以满足要求。

3. 材料分析

45 钢为优质碳素结构钢，硬度不高，切削性能好，一般选用硬质合金刀具进行切削加工。

4. 形体分析

该零件为圆柱体形状的坯件，外形尺寸不大，宜采用三爪自定心卡盘或者四爪卡盘装夹。

5. 工序分析

球头圆弧 $SR7$ 要求在数控车床上一次装夹完成加工，加工时以毛坯外圆面为定位基准，采用先粗后精的加工工艺。

问题引导

问题 1：如何根据零件要求合理选用机床？

问题 2：使用数控车床车削工件的步骤是什么？

问题 3：数控编程时，应注意哪些工艺问题？

问题 4：操作加工时，存在哪些安全隐患？应如何避免？

任务1.2.1　机床选用

一、机床选型及型号确定

1. 加工工艺范围的认识

数控车床和普通车床一样，主要用于加工回转体类零件。它集中了卧式车床、多刀车床、转塔车床、仿形车床、自动和半自动车床的功能，是数控机床中产量最大的品种之一。

数控车床工艺范围很广，它适用于加工各种轴类、套筒类和盘类零件上的回转表面，如内圆柱面、圆锥面、环槽及成形回转表面、端面及各种常用螺纹；还可以进行钻孔、扩孔、铰孔和滚花等工艺。

2. 车床类型的选择

数控车床的分类方法较多，通常采用与普通车床相似的方法进行分类。

（1）按车床主轴位置分类

①立式数控车床。其车床主轴垂直于水平面，并有一个直径很大、供装夹工件用的圆形工作台。这类机床主要用于加工径向尺寸相对较小的大型复杂零件。

②卧式数控车床。卧式数控车床又分为数控水平导轨卧式车床和数控倾斜导轨卧式车床。倾斜导轨结构可以使车床具有更大的刚性，并易于排除切屑。

（2）按数控系统的功能分类

①经济型数控车床。这类数控车床一般采用开环控制，具有CRT显示、程序存储、程序编辑等功能，加工精度较低，功能较简单。

②全功能型数控车床。这是较高档次的数控车床，具有刀尖圆弧半径自动补偿、恒线速、倒角、固定循环、螺纹切削、图形显示、用户宏程序等功能，加工能力强，适于加工精度高、形状复杂、循环周期长、品种多变的单件或中小批量零件。

③精密型数控车床。该类数控车床采用闭环控制，不但具有全功能型数控车床的全部功能，而且机械系统的动态响应较快，适于精密和超精密加工。

（3）其他分类方法

按数控车床的不同控制方式，可以分为直线控制数控车床、两主轴控制数控车床等；按特殊或专门工艺性能，可分为螺纹数控车床、活塞数控车床、曲轴数控车床等多种。

数控机床与一般机床相比，有以下几方面的特点：

①采用数控机床可以获得更高的加工精度和稳定的加工质量。

数控机床是按以数字形式给出的指令脉冲进行加工的。目前脉冲当量基本达到了0.001 mm。进给传动链的反向间隙与丝杠导程误差等均可由数控装置进行补偿，所以可获得较高的加工精度。

当加工轨迹是曲线时，数控机床可以做到使进给量保持恒定。这样，加工精度和表面质量可以不受零件形状复杂程度的影响。

工件的加工尺寸是按预先编好的程序由数控机床自动保证的，加工过程消除了操作者人为的操作误差，使得同一批零件的加工尺寸一致，重复精度高，加工质量稳定。

②具有较强的适应性和柔性。

车成型面

数控机床的加工对象改变时，只需重新编制相应的程序，输入计算机就可以自动加工出新的工件。同类工件系列中不同尺寸、不同精度的工件，只需局部修改或增删零件程序的相应部分。随着数控技术的迅速发展，数控机床的柔性也在不断地扩展，逐步向多工序集中加工方向发展。

使用数控车床、数控铣床和数控钻床等时，分别只限于各种车、铣或钻等加工。然而，在机械工业中，多数零件往往必须进行多种工序的加工。这种零件在制造中，大部分时间用于安装刀具、装卸工件、检查加工精度等，真正进行切削的时间只占30%左右。在这种情况下，单功能数控机床就不能满足要求了，因此出现了具有刀库和自动换刀装置的各种加工中心机床，实现一机多用，如车削加工中心、镗铣加工中心等。车削中心用于加工回转体，且兼有铣（铣键槽、扁头等）、镗、钻（钻横向孔等）等功能。镗铣加工中心用于箱体零件的钻、扩、镗、铰、攻螺纹等工序。加工中心机床具有更强的适应性和更广的通用性。

③具有较高的生产率。

数控机床不需人工操作，四面都有防护罩，不用担心切屑飞溅伤人，可以充分发挥刀具的切削性能。主轴和进给都采用无级变速，可以达到切削用量的最佳值。这就有效地缩短了切削时间。

车螺纹

数控机床在程序指令的控制下可以自动换刀、自动变换切削用量、快速进退等，因而大大缩短了辅助时间。在数控加工过程中，由于可以自动控制工件的加工尺寸和精度，一般只需做首件检验或工序间关键尺寸的抽样检查，因而可以减少停机检验时间。

加工中心进一步实现了工序集中，一次装夹可以完成大部分工序，从而有效地提高了生产效率。

④改善劳动条件，减轻工人的劳动强度。

应用数控机床时，工人不需要直接操作机床，而是编好程序、调整好机床后，由数控系统来控制机床，免除了繁重的手工操作。一人能管理几台机床，提高了劳动生产率。当然，对工人的文化技术要求也提高了。数控机床的操作者，既是体力劳动者，也是脑力劳动者。

⑤便于现代化的生产管理。

用计算机管理生产是实现管理现代化的重要手段。数控机床的切削条件、切削时间等都是由预先编好的程序决定的，都能实现数据化。这就便于准确地编制生产计划，为计算机管理生产创造了有利条件。数控机床适宜与计算机联系，目前已成为以计算机辅助设计、辅助制造和计算机管理一体化的计算机集成制造系统（CIMS）的基础。

⑥数控机床造价高，维护比较复杂，需专门的维修人员，需高度熟练和经过培训的零件编程人员。

3. 机床型号的确定

根据 GB/T 15375—2008《金属切削机床型号编制方法》和加工要求，选择 CAK6150D 型数控车床对项目零件进行加工。CAK6150D 数控车床是一种经济、实用的万能型加工机床，产品结构成熟、性能质量稳定可靠，可进行多次重复循环加工，广泛地应用于汽车、军工等行业的机械加工。可实现轴类、盘类的内外表面，以及锥面、圆弧、螺纹、镗孔、铰孔等加工。

CAK6150D 型数控车床机床型号解读：

C 为机床类型代号，读作"车"，意为车床；

A 为结构特性代号，和 CA6140 型卧式车床中的 A 意义相似；

K 为通用特性代号，读作"控"，意为数控；

6 为组代号，1 为系代号，6 组 1 系的车床为卧式车床；

50 为主参数，由于折算系数为 1/10，查相关国家标准可知，床身上最大回转直径为 500 mm；

D 为重大改进顺序号，CAK6150D 型数控车床经过了第四次重大改进。

二、结构布局及主要参数的认识

1. 机床结构布局的认知

CA6150D 型卧式车床结构布局与一般卧式车床类似。其主要加工轴类零件和直径不太大的盘套类零件，主要部件有主轴箱、进给箱、控制箱、刀架、尾座、床身和床腿等。

数控机床的结构特点及要求与一般机床有一定的差异。由于数控机床的控制方式和使用特点，使数控机床与普通机床在机械传动和结构上有显著的不同，其特点有：

①采用了高性能无级变速主轴及伺服传动系统，机械传动结构大为简化，传动链缩短。

②采用了刚度、抗震性、耐磨性较好及热变形小的机床新结构。如动静压轴承的主轴部件、钢板焊接结构的支承件等。

③采用了在效率、刚度和精度等各方面较优良的传动部件，如滚珠丝杠螺母副、静压蜗杆副及塑料滑动导轨、滚动导轨和静压导轨等。

④采用多主轴、多刀架结构以及刀具与工件的自动夹紧装置、自动换刀装置和自动排屑、自动润滑冷却装置等，以改善劳动条件、提高生产率。

对数控机床机械结构的基本要求见表 1.2.1。

表 1.2.1　数控机床机械结构的基本要求

序号	对结构的要求	目的	采取的措施
1	提高机床的静刚度	使数控机床各处机构，如机床床身、导轨工作台、刀架和主轴箱等产生的弹性变形控制在最小限度内，以保证实现所要求的加工精度与表面质量	提高主轴部件的刚度、支承部件的整体刚度、各部件之间的接触刚度以及刀具部件的刚度等。如采用三支承主轴结构，合理配置滚动轴承，采用刚性高、抗振性好、承载能力大的静压或动压轴承 采用封闭截面的床身，并采取措施提高机床各部件接触刚度，如采用刮研的方法增加单位面积上接触点数及在接合面间预加载荷，以增大接触面积等 提高刀架刚度，如合理设计转台大小和刀具数、增大刀架底座尺寸等
2	提高机床的动刚度	充分发挥数控机床的高效加工性能，稳定切削，在保证静刚度的前提下，还必须提高动态刚度	提高系统的刚度，增加阻尼以及调整构件的自振频率等。如采用钢板焊接结构既可提高静刚度，减小结构质量，又可增加构件本身阻尼；对铸件采用封砂结构也有利于振动衰减，提高抗振性等
3	减少机床的热变形	机床热变形是影响加工精度的重要因素。对于数控机床来说，因为全部加工过程都是由计算机指令控制的，热变形对加工精度的影响更为严重	减少发热：如采用低摩擦因数的导轨和轴承，液压系统中采用变量泵等。控制温升：通过良好的散热、隔热和冷却措施来控制温升，如在机床发热部位强制冷却等。改善机床结构：设计合理的机床结构和布局，如设计热传导对称的结构，使温升一致，以减少热变形；采用热变形对称结构，以减小热变形对加工精度影响等

2. 机床主要参数的认识

（1）典型数控系统简介

数控系统是数控机床的核心。数控机床根据功能和性能要求，配置不同的数控系统。系统不同，其指令代码也有差别，因此，编程时应按所使用数控系统代码的编程规则进行编程。

FANUC（日本）、SIEMENS（德国）、FAGOR（西班牙）、HEIDENHAIN（德国）、MIT – SUBISHI（日本）等公司的数控系统及相关产品，在数控机床行业占据主导地位；我国数控产品以华中数控、航天数控为代表，也已将高性能数控系统产业化。

（2）数控机床的主要参数

①数控机床的可控轴数与联动轴数。

机床的精度

数控机床的可控轴数是指机床数控装置能够控制的坐标数目，即数控机床有几个运动方向采用了数字控制。数控机床可控轴数与数控装置的运算处理能力、运算速度及内存容量等有关。国外最高级数控装置的可控轴数已达到24轴。

数控机床的联动轴数，是指机床数控装置控制的坐标轴同时达到空间某一点的坐标数目。目前有两轴联动、三轴联动、四轴联动和五轴联动等。三轴联动数控机床可以加工空间复杂曲面，实现三坐标联动加工。四轴联动和五轴联动数控机床可以加工飞行器叶轮和螺旋桨等零件。

②数控机床的运动性能指标。

数控机床的运动性能指标主要包括：

主轴转速：数控机床的主轴一般均采用直流或交流调速主轴电动机驱动，选用高速精密轴承支承，保证主轴具有较宽的调速范围和足够高的回转精度、刚度及抗振性。

进给速度：数控机床的进给速度是影响零件加工质量、生产效率以及刀具寿命的主要因素。它受数控装置的运算速度、机床动特性及工艺系统刚度等因素的限制。

坐标行程：数控机床坐标轴 X、Y、Z 的行程大小构成数控机床的空间加工范围，即加工零件的大小。坐标行程是直接体现机床加工能力的指标参数。

摆角范围：具有摆角坐标的数控机床，其转角大小也直接影响到加工零件空间部位的能力。但转角太大又造成机床的刚度下降，因此给机床设计带来许多困难。

刀库容量和换刀时间：刀库容量和换刀时间对数控机床的生产率有直接影响。刀库容量是指刀库能存放加工所需要的刀具数量，目前常见的中小型数控加工中心多为 16～60 把刀具，大型数控加工中心达 100 把刀具。换刀时间指带有自动交换刀具系统的数控机床，将主轴上使用的刀具与装在刀库上的下一工序需用的刀具进行交换所需要的时间。

③数控机床的精度指标。

数控机床的精度指标主要包括定位精度、重复定位精度、分度精度、分辨度与脉冲当量等。

分辨度与脉冲当量：分辨度是指两个相邻的分散细节之间可以分辨的最小间隔。对测量系统而言，分辨度是可以测量的最小增量；对控制系统而言，分辨度是可以控制的最小位移增量。机床移动部件相对于数控装置发出的每个脉冲信号的位移量叫作脉冲当量。坐标计算单位是一个脉冲当量，它标志着数控机床的精度分辨度。脉冲当量是设计数控机床的原始数据之一，其数值的大小决定数控机床的加工精度和表面质量。目前，普通精度级的数控机床的脉冲当量一般采用 0.001 mm/pulse，简易数控机床的脉冲当量一般采用 0.01 mm/pulse，精密或超精密数控机床的脉冲当量采用 0.000 1 mm/pulse。脉冲当量越小，数控机床的加工精度和加工表面质量越高。

（3）CAK6150D 型数控车床的技术参数

CAK6150D 型数控车床的技术参数见表 1.2.2。

表 1.2.2　CAK6150D 型数控车床的技术参数

项目名称	机床参数	项目名称	机床参数
机床型号	CAK6150D	Z 轴行程/mm	外圆：25×25；内孔：$\phi32$、$\phi25$
数控系统	FANUC 0T－D	重复定位精度/mm	250
最大车削长度/mm	850	中心高/mm	距床身：250；距地面：1 130
最大车削直径/mm	500	床身导轨宽度/mm	400
滑板上最大回转直径/mm	300	主电机型号	YD132M－4/2，双速电动机
主轴端部形式及代号	A8	主电机功率/kW	6.5
主轴通孔直径/mm	70	机床净重/kg	2 300
主轴前端锥孔锥度	莫氏 4 号	机床轮廓尺寸/(mm×mm×mm)	2 660×1 265×1 755

任务 1.2.2　机床调整与加工

一、机床传动系统分析

数控车床的传动系统图如图 1.2.1 所示，和普通车床相比，传动系统有了较大的简化。主电动机 M1 是直流电动机，也可安装交流变频调速电动机。主电动机经带轮副和多速变速机构驱动主轴，使主轴得到多段转速。在切削端面和阶梯轴时，随着切削直径的变化，主轴转速也随之而变化，以维持切削速度不变。这时切削不能中断，滑移齿轮不能移动，可以在任意一段转速内由电动机无级变速来实现。

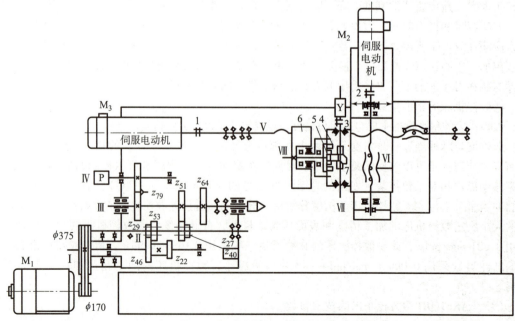

图 1.2.1　数控车床的传动系统

数控车床切削螺纹时，主轴与刀架间为内联系传动链。数控车床是用电脉冲实现的。主轴经一对齿轮驱动主轴脉冲发生器 G，经数控系统根据加工程序处理后，输出一定数量的脉冲，再通过伺服系统，经伺服电动机 M2（Z 轴）或 M3（X 轴）、联轴节 1 或 6 以及滚珠丝杠 V 或 Ⅵ，驱动刀架的纵向或横向运动。这就可切削任意导程的螺纹或进行进给量以 mm/min 计的车削。如果根据加工程序，主轴每转数控系统输出的脉冲数是变动的，就可切削变导程螺纹。如果脉冲同时输往 X 和 Z 轴，脉冲频率又根据加工程序是变化的，则可加工任意回转曲面。螺纹往往需多次车削，一刀切完后刀架退回原处，下一刀必须在上次的起点处开始才不会乱扣。因此，脉冲发生器还发出另一组脉冲，每转一个脉冲，显示工件旋转的相位，以避免乱扣。

金属切削理论

二、机床的调整与操作

使用 CAK6150D 型数控车床、三爪自定心卡盘、93°机夹可转位车刀，对本项目零件进行加工，具体步骤如下：

1. 工件的安装

在工件安装时，首先根据加工工件尺寸选择三爪自定心卡盘，再根据其材料及切削余量的大小调整好卡盘卡爪夹持直径、行程和夹紧力。如有需要，可在工件尾端打中心孔，用顶尖顶紧。使用尾座时，应注意其位置、套筒行程和夹紧力的调整。工件夹紧时，夹紧力要合适，以防夹紧力不够而使工件在车削过程中受力产生位移。装夹完工件后，卡盘扳手随手取下，以防开车后飞出伤人。

2. 刀具的安装

根据零件的加工要求选择 93°机夹可转位车刀和切断刀进行安装。

93°机夹可转位车刀安装要领：车刀装夹在刀架上的伸出部分应尽量短，以增强其刚性，伸出长度约为刀柄厚度的 1~1.5 倍；车刀下面垫片的数量要尽量少，并与刀架边缘对齐；车刀刀杆至少用两个螺钉平整压紧，以防振动；主偏角：91°≤κ_r≤93°；车刀刀尖应与工件中心等高。

切断刀安装要领：切断刀装夹在刀架上的伸出部分不宜过长，以增强其刚性；车刀下面垫片的数量要尽量少，并与刀架边缘对齐；车刀刀杆至少用两个螺钉平整压紧，以防振动；切断刀的中心线必须与工件中心线垂直，以保证两个副偏角对称；切槽刀的主切削刃必须与工件中心等高。

安装过程中要注意的是：安装刀具的刀具位置编号一定要与程序中的调用刀具号相对应，以防自动加工中换刀时发生刀具错误调用。

3. 对刀

在这里选用刀具试切对刀法进行对刀。其通过对刀将刀偏值写入参数，从而获得工件坐标系。这种方法操作简单，可靠性好，通过刀偏与机械坐标系紧密地联系在一起，只要不断电、不改变刀偏值，工件坐标系就会存在且不会变，即使断电，重启后回参考点，工件坐标系还在原来的位置。

对刀过程如下：

①选择实际使用的刀具，用手轮 0.1 方式将刀具快速靠近工件，然后用手轮 0.01 方式继续靠近工件，用 0.001 方式切削工件右端面；

②不移动 Z 轴，仅 X 方向退刀，主轴停止；

③测量从工件坐标系的原点到端面的距离，把该值作为 Z 轴的测量值，设定到指定号的刀偏存储器中，Z 轴即完成对刀。

X 轴对刀过程与 Z 轴相似。要注意的是，X 轴为直径测量值，若把测量值作为几何形状补偿量输入，所有的偏置量都变为几何补偿量，与之相应磨损补偿量为"零"；加工中，刃磨刀具和更换刀具后，要重新对刀。

4. 程序输入

首先应根据加工要求确定各种工艺参数并合理编制加工程序，再把编制好的程序输入机床试加工并完善程序。可在数控车床的控制面板处手动输入程序，为了提高功效，也可利用计算机进行程序的导入。

需要使用到的各种工艺参数：粗车时，每次背吃刀量取 1.5～2 mm，主轴转速 800 r/min，进给量 0.15～0.2 mm/r，给出径向精车余量 0.5～1 mm，轴向精车余量 0.2～0.3 mm。精车最后一次完成，线速度取 100 m/min，主轴最高转速限定 2 000 r/min，进给量为 0.05～0.1 mm/r。切断工件时，主轴转速为 300 r/min，进给量为 0.05～0.1 mm/r。

圆弧轴加工参考程序（FANUC 系统）如下：

O0001　主程序名	
G97 G99 G21 G40;	程序初始化(G97 恒转速)
T0101;	换 1 号外圆车刀
S800 M03;	主轴正转,800 r/min
G00 X100. Z100. M08;	刀具到目测安全位置
X26. Z2.;	切削循环起始点,毛坯直径为 25 mm
G71 U1.5 R1.;	毛坯切削循环
G71 P10 Q20 U0.5 W0.2 F0.15;	
N10 G00 X0;	精加工轮廓描述(精加工路径)
G01 Z0;	
G03 X14. Z - 7. R7.;	
G01 Z - 24.5.;	
G02 X1 9. Z - 27. R2.5.;	
G01 X22.;	
N20 Z - 50.;	
G96;	恒周速加工
G50 S1800;	主轴最高转速限定 1 800 r/min
G70 P10 Q20 S100 F0.08;	精加工外轮廓
G00 X100. Z100.;	换外切槽刀,恒转速加工
T0202 G97 S300;	
X30. Z - 40.;	刀具定位,刀宽 4 mm
G01 X0 F0.05;	切断
G00 X100.;	
Z100.;	
M05 M09;	
M30;	程序结束

5. 零件加工

和普通车床相比较而言，数控车床的操作比较简单，一切准备就绪后，只需按下控制面板上的程序启动键便可进行加工，整个加工过程基本不需要其他手动操作，这样就大大减轻了工人的劳动强度，并且提高了生产效率。

在加工过程中，还应时刻注意机床的报警信息和异常的声响、气味，以保障设备的正常运行。

6. 零件检验

零件的轴向和径向尺寸可用游标卡尺进行检验测量。粗糙度的检验可用对照样板进行比对检验。球头和圆弧可用 R 规进行检验。

三、机床的工装

1. 刀具的安装

装刀与对刀是数控机床加工中极其重要并十分棘手的一项工艺准备工作。特别是对刀的好坏，将直接影响到加工程序的编制及零件的尺寸精度。通过对刀或刀具预调，还可同时测定各号刀的刀位偏差，有利于设定刀具补偿量。

（1）车刀的安装

可直接把车刀装入尾座锥孔内，当两者规格不同时，可在锥柄处装一个与尾座套筒相同的过渡锥套，再将其装入尾座中。

在实际切削中，车刀安装得高低、车刀刀杆轴是否垂直，对车刀工作角度有很大影响。以车削外圆（或横车）为例，当车刀刀尖高于工件轴线时，因车削平面与基面的位置发生变化，使前角增大，后角减小；反之，前角减小，后角增大。车刀安装歪斜，对主偏角、副偏角影响较大，特别是在车螺纹时，会使牙形半角产生误差。因此，正确地安装车刀，是保证加工质量，减少刀具磨损，提高刀具使用寿命的重要步骤。图 1.2.2 所示为车刀安装角度。当车刀安装成负前角时，切削力较大；安装成正前角时，可减小切削力。

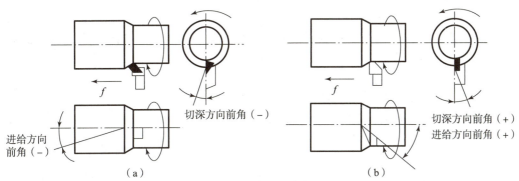

切深方向前角（－）

进给方向
前角（－）

（a）

切深方向前角（＋）
进给方向前角（＋）

（b）

图 1.2.2　车刀安装角度
（a）负前角（切削力大）；（b）正前角（切削力小）

（2）刀位点

刀位点是指在加工程序编制中，用于表示刀具特征的点，也是对刀和加工的基准点。各类车刀的刀位点如图 1.2.3 所示。

（3）对刀

在加工程序执行前，调整每把刀的刀位点，使其尽量重合于某一理想基准点，这一过程称为对刀。对刀是数控加工中的重要操作，结合机床操作说明，掌握有关对刀方法和技巧，具有十分重要的意义。

车刀组成

理想基准点可以设在基准刀的刀尖上，也可以设定在对刀仪的定位中心（如光学对刀镜内的十字刻线交点）上。绝大多数的数控机床（特别是车床）采用手动对刀，其基本方法有定位对刀法、光学对刀法和试切对刀法。

①定位对刀法。

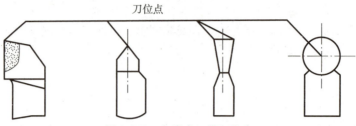

刀位点

图 1.2.3　各类车刀的刀位点

定位对刀法的实质是按接触式设定基准重合原理而进行的一种粗定位对刀方法，其定位基准由预设的对刀基准点来体现。对刀时，只要将各号刀的刀位点调整至与对刀基准点重合即可。该方法简便易行，因而得到广泛的应用，但对刀精度受到操作人员技术熟练程度的影响，一般情况下精度都不高，还须在试切中修正。

②光学对刀法。

这是一种按非接触式设定基准重合原理而进行的对刀方法，其定位基准通常由光学显微镜（或投影放大镜）上的十字基准刻线交点来体现。这种对刀方法比定位对刀法的对刀精度高，并且不会损坏刀尖，是一种广泛采用的方法。

③试切对刀法。

在前几种手动对刀方法中，均因可能受到手动和目测等多种误差的影响，对刀精度十分有限。实际加工中往往通过试切对刀，以得到更加准确和可靠的结果。

（4）对刀点、换刀点位置的确定

对刀点是数控车床加工时刀具相对于工件运动的起点。编程时，应首先选好对刀点的位置。选择对刀点的一般原则如下：

①尽量使加工程序的编制工作简单、方便。

②便于用常规量具在车床上进行测量，便于工件的装夹。

③对刀误差较小或可能引起的加工误差最小。

换刀点是指在编制数控车床多刀加工的加工程序时，相对于机床固定原点而设置的一个自动换刀或换工作台的位置。换刀的具体位置应根据工序内容而定。为了防止在换（转）刀时碰撞到被加工零件、夹具或尾座而发生事故，除特殊情况外，换刀点都设置在被加工零件的外面，并留有一定的安全区。

2. 夹具的安装

（1）数控车床的定位及装夹要求

在数控车床上加工零件，应按工序集中的原则划分工序，在一次装夹下尽可能完成大部分甚至全部表面的加工。根据零件的结构形状不同，通常选择外圆、端面、内孔装夹，并力求设计基准统一，以减小定位误差，提高加工精度。

要充分发挥数控车床的加工效能，工件的装夹必须快速，定位必须准确。数控车床对工件的装夹要求是：首先应具有可靠的夹紧力，以防止工件在加工过程中松动；其次应具有较高的定位精度，并多采用气动或液压夹具，以便迅速、方便地进行装、卸工作。

（2）常用的夹具形式及定位方法

数控车床主要应用通用的三爪自定心卡盘、四爪单动卡盘和为大批量生产中使用的自动控制液压、电动及气动夹具，另外，还有多种相应的实用夹具。其定位主要采用心轴、顶块、缺牙爪等方式，与普通车床的装夹定位方式基本相同。夹具主要分为两大类，即用于轴类工件的夹具和用于盘类工件的夹具。

对于轴类零件，通常以零件外圆柱面和端面作为定位基准定位；对于套类零件，则多以内孔和端面作为定位基准。以下是几种常见的夹具形式。

①圆柱心轴定位夹具。加工套类零件时，常用工件的孔在圆柱心轴上定位，如图1.2.4（a）、（b）所示。

②小锥度心轴定位夹具。将圆柱心轴改成锥度很小的锥体时，就成了小锥度心轴。工件放在小锥度心轴定位，消除了径向间隙，提高了心轴的定心精度。定位时，工件楔紧在心轴上，靠楔紧产生的摩擦力带动工件，不需要再夹紧，且定心精度高；缺点是工件在轴向不能定位。这种方法适用于有较高精度定位孔的工件精加工。

③圆锥心轴定位夹具。当工件的内孔为锥孔时，可用与工件内孔锥度相同的锥度心轴定位。为了便于卸下工件，可在心轴大端配上一个旋出工件的螺母，如图1.2.4（c）、（d）所示。

④螺纹心轴定位夹具。当工件内孔是螺孔时，可用螺纹心轴定位夹具，如图1.2.4（d）、（e）所示。

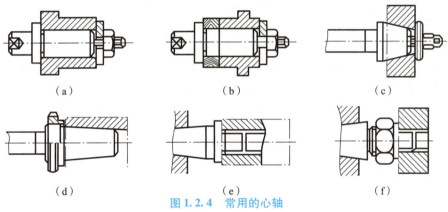

图1.2.4 常用的心轴

（a）减小平面的圆柱心轴；（b）增加球面垫圈的圆柱心轴；（c）普通圆柱心轴；
（d）带螺母的圆锥心轴；（e）简易螺纹心轴；（f）带螺母的螺纹心轴

⑤可调卡爪式卡盘夹具。可调卡爪式卡盘夹具的结构如图1.2.5所示。每个基体卡座2上都对应配有不淬火的卡爪1，其径向夹紧位置可以通过卡爪上的端齿和螺钉单独进行粗调整（错齿移动），或通过差动螺杆3单独进行细调整。为了便于对较特殊的、批量大的盘类零件进行准确定位及装夹，还可按其实际需要，用车刀将不淬火卡爪的夹持面车至所需的尺寸。这种卡盘适合在没有尾座的卡盘式数控车床上使用。还可在车床主轴尾部设置拉紧机构，通过该卡盘上的拉杆4，实现对零件的自动快速松开和夹紧。

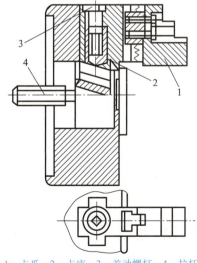

1—卡爪；2—卡座；3—差动螺杆；4—拉杆。
图1.2.5 可调卡爪式卡盘夹具

任务 1.2.3 机床常见故障诊断与排除

一、典型结构的认知

1. 滚珠丝杠副

（1）滚珠丝杠副的结构及特点

滚珠丝杠副：在数控机床上将回转运动转换为直线运动，一般采用滚珠丝杠螺母结构。滚珠丝杠螺母结构的特点是：传动效率高，一般为 0.92 ~ 0.96；传动灵敏，不易产生爬行；使用寿命长，不易磨损；具有可逆性，不仅可以将旋转运动转变为直线运动，也可将直线运动转变成旋转运动；施加预紧力后，可消除轴向间隙，反向时无空行程；成本高，价格高昂；不能自锁，垂直安装时，需有平衡装置。

滚珠丝杠螺母的结构有内循环和外循环两种方式。外循环方式的滚珠丝杠螺母结构如图 1.2.6 所示，它由丝杠 1、滚珠 2、回珠管 3 和螺母 4 组成。

在丝杠 1 和螺母 4 上各加工有圆弧形螺旋槽，将它们套装起来便形成了螺旋形滚道，在滚道内装满滚珠 2。当丝杠 1 相对于螺母 4 旋转时，丝杠 1 的旋转面经滚珠 2 推动螺母 4 轴向移动。同时，滚珠 2 沿螺旋形滚道滚动，使丝杠 1 和螺母 4 之间的滑动摩擦转变为滚珠 2 与丝杠 1 和螺母 4 之间的滚动摩擦。螺母 4 螺旋槽的两端用回珠管 3 连接起来，使滚珠 2 能够从一端重新回到另一端，构成一个闭合的循环回路。

内循环方式的滚珠丝杠螺母结构如图 1.2.7 所示。在螺母的侧孔中装有圆柱凸轮式反向器，反向器上铣有 S 形回珠槽，将相邻两螺纹滚道连接起来。滚珠从螺纹滚道进入反向器，借助反向器迫使滚珠越过丝杠牙顶进入相邻滚道，实现循环。

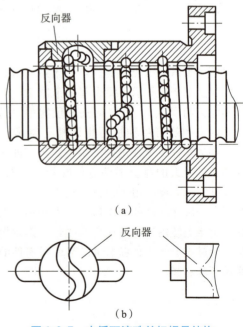

（a）

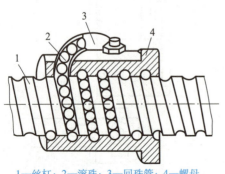

1—丝杠；2—滚珠；3—回珠管；4—螺母。

图 1.2.6 外循环滚珠丝杠螺母结构

（b）

图 1.2.7 内循环滚珠丝杠螺母结构

（a）结构图；（b）反向器

滚珠丝杠副具有以下优点：

①传动效率高。滚珠丝杠传动系统的传动效率高达90%～98%，为传统的滑动丝杠系统的2～4倍，所以能以较小的扭矩得到较大的推力，也可由直线运动转为旋转运动（运动可逆）。

②运动平稳。滚珠丝杠传动系统为点接触滚动运动，工作中摩擦阻力小、灵敏度高、启动时无颤动、低速时无爬行现象，因此可精密地控制微量进给。

③高精度。滚珠丝杠传动系统运动中温升较小，并可预紧消除轴向间隙和对丝杠进行预拉伸，以补偿热伸长，因此可以获得较高的定位精度和重复定位精度。

④高耐用性。钢球滚动接触处均经硬化（58～63 HRC）处理，并经精密磨削，循环体系过程纯属滚动，相对磨损甚微，故具有较高的使用寿命和精度保持性。

⑤同步性好。由于运动平稳、反应灵敏、无阻滞、无滑移，用几套相同的滚珠丝杠动系统同时传动几个相同的部件或装置，可以获得很好的同步效果。

⑥高可靠性。与其他传动机械、液压传动相比，滚珠丝杠传动系统故障率很低，维修保养也较简单，只需进行一般的润滑和防尘。在特殊场合可在无润滑状态下工作。

⑦无背隙与预紧。滚珠丝杠副采用沟槽形状、轴向间隙可调整得很小，也能轻便地传动。若加入适当的预紧载荷，消除轴向间隙，可使丝杠具有更佳的刚性，在承载时减少滚珠和螺母、丝杠间的弹性变形，达到更高的精度。

滚珠丝杠副具有以下缺点：

①制造成本高。由于结构复杂，丝杠和螺母等元件的加工精度和表面质量要求高，因此制造成本高。

②不能实现自锁。特别是用作垂直安装的滚珠丝杠副传动时，会因部件的自重而自动下降。

滚珠丝杠副具有传动效率高，传动平稳、不易产生爬行，磨损小、寿命长、精度保持性好，可通过预紧和间隙消除措施提高轴间刚度和反向精度，运动具有可逆性等优点。但它制造工艺复杂，成本高，在垂直安装时不能自锁，因而须附加制动机构。现代数控机床除了大型数控机床因移动距离大而采用齿轮齿条副、蜗杆蜗条副外，各类中、小型数控机床的直线运动进给系统普遍采用滚珠丝杠副。

（2）滚珠丝杠螺母间隙的调整

为了保证滚珠丝杠副的反向传动精度和轴向刚度，必须消除轴向间隙。常采用双螺母施加预紧力的办法消除轴向间隙，但必须注意预紧力不能太大，预紧力过大会造成传动效率降低、摩擦力增大、磨损增大、使用寿命降低。常用的双螺母消除间隙的方法有：

①双螺母垫片调整间隙法。如图1.2.8所示，调整垫片4的厚度，使左、右螺母1和2产生轴向位移，从而消除间隙和产生预紧力。这种方法结构简单、刚性好、装卸方便、可靠。但调整费时，很难在一次修磨中调整完成，调整精度不高，适用于一般精度数控机床的传动。

②双螺母齿差调整间隙法。如图1.2.9所示，两个螺母1和2的凸缘为圆柱外齿轮，而

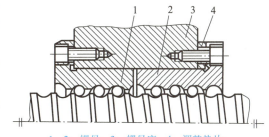

1，2—螺母；3—螺母座；4—调整垫片。

图1.2.8　垫片调整间隙法

且齿数差为1，两个内齿轮3和4用螺钉、定位销紧固在螺母座上。调整时，先将内齿轮3和4取出，根据间隙大小使两个螺母1和2分别向相同方向转过1个齿或几个齿，然后再插入内齿轮3和4，使螺母1和2在轴向彼此移动相应的距离，从而消除两个螺母1和2的轴向间隙。这种

方法的结构复杂，尺寸较大，但调整方便，可获得精确的调整量，预紧可靠不会松动，适用于高精度的传动。

③双螺母螺纹调整间隙法。如图1.2.10所示，右螺母2外圆上有普通螺纹，并用调整螺母4和锁紧螺母5固定。当转动调整螺母4时，即可调整轴向间隙，然后用锁紧螺母5锁紧。这种方法的结构紧凑，工作可靠，滚道磨损后可随时调整，但预紧力不准确。

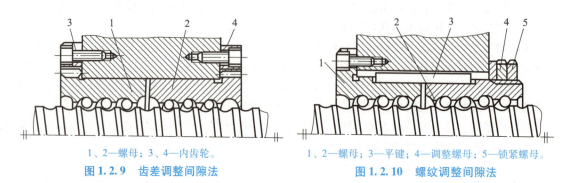

1、2—螺母；3、4—内齿轮。

图1.2.9 齿差调整间隙法

1、2—螺母；3—平键；4—调整螺母；5—锁紧螺母。

图1.2.10 螺纹调整间隙法

2. 自动换刀机构

数控机床为了能在零件一次装夹中完成多种甚至所有加工工序，以缩短辅助时间，减少多次安装零件引起的误差，必须具有自动换刀机构。自动换刀机构应当满足换刀时间短、刀具重复定位精度高、足够的刀具存储以及安全可靠等基本要求。

在数控车床上使用的回转刀架是一种最简单的自动换刀机构。根据加工对象不同，有四方刀架、六角刀架和八（或更多）工位的圆盘式轴向装刀刀架等多种形式，回转刀架上分别安装4把、6把、8把（或更多）刀具，并按数控装置的指令换刀。

回转刀架在结构上必须具有良好的强度和刚度，以承受粗加工时的切削抗力和减少刀架在切削力作用下的位移变形，提高加工精度。由于车削加工精度在很大程度上取决于刀尖位置，对于数控机床来说，加工过程中刀架部位要进行人工调整，因此更有必要选择可靠的定位方案和合理的定位结构，以保证回转刀架在每次转位之后具有高的重复定位精度（一般为0.001～0.005 mm）。

回转刀架按其工作原理，可分为机械螺母升降转位、十字槽轮转位、凸台棘爪式、电磁式及液压式等多种工作方式。但其换刀的过程一般均为刀架抬起、刀架转位、刀架压紧并定位等几个步骤。

螺旋升降式四方刀架结构如图1.2.11所示，其换刀过程如下：

①刀架抬起。当数控装置发出换刀指令后，电动机1启动正转，并经联轴器2使蜗杆3转动，从而带动蜗轮丝杠4转动。刀架体7的内孔加工有螺纹，与蜗轮丝杠4连接，蜗轮丝杠4的螺轮与丝杠为整体结构。当蜗轮丝杆4开始转动时，由于刀架底座5和刀架体7上的端面齿处于啮合状态，且蜗轮丝杠4轴向固定，因此刀架体7抬起。

②刀架转位。当刀架抬起至一定的距离后，端面齿脱开，转位套9用销钉与蜗轮丝杠4连接，随蜗轮丝杠4一起转动，当端面齿完全脱开时，转位套9正好转过160°，球头销8在弹簧力的作用下进入转位套9的槽中，带动刀架体7转位。

③刀架定位。刀架体7转动时，带动电刷座10转动，当转到程序指定的位置时，粗定位销15在弹簧力的作用下进入粗定位盘6的槽中进行粗定位，同时电刷13接触导体使电动机1反转。由于粗定位槽的限制，刀架体7不能转动，使其在该位置垂直落下，刀架体7和刀架底座5上的

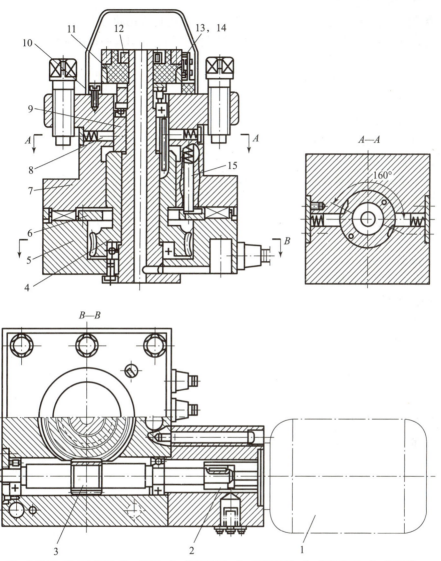

1—电动机；2—联轴器；3—蜗杆；4—蜗轮丝杠；5—刀架底座；6—粗定位盘；7—刀架体；
8—球头销；9—转位套；10—电刷座；11—发信体；12—螺母；13、14—电刷；15—粗定位销。

图 1.2.11　螺旋升降式四方刀架结构

端面齿啮合，实现精确定位。

④刀架压紧。刀架精确定位后，电动机 1 继续反转，夹紧刀架，当两端面齿增加到一定夹紧力时，电动机停止转动，从而完成一次换刀过程。

二、常见故障诊断与排除

数控机床的机械故障类型一般包含功能性故障、动作型故障、结构型故障和使用型故障。

功能性故障。主要指工件加工精度方面的故障，表现为加工精度不稳定、加工误差大、运动反向误差大、工件表面质量差。

动作型故障。主要指机床各种动作故障，表现为主轴不转动、液压变速不灵活、工件夹不紧，转塔刀架定位精度低等。

结构型故障。主要指主轴发热、主轴箱噪声大、产生切削振动等。

使用型故障。主要指使用及操作不当引起的故障，如过载引起的机件损坏、撞车等。

1. 主轴箱齿轮和轴承损坏

（1）故障原因分析

①变挡压力过大，齿轮受冲击产生破损。

②变挡机构损坏或固定销脱落。

③轴承预紧力过大或无润滑。

（2）故障排除方法

①按液压原理图，调整到适当压力和流量。

②修复或更换零件。

③重新调整预紧力，并使之有充足润滑。

2. 主轴无变速

（1）故障原因分析

①电器变挡信号是否输出。

②压力是否足够。

③变挡液压缸研损或卡死。

④变挡电磁阀卡死。

⑤变挡液压缸窜油或内泄。

⑥变挡复合开关失灵。

（2）故障排除方法

①电修人员检查处理。

②工作压力，若低于额定压力，应调整。

③修去毛刺和研伤，清洗后重装。

④检修电磁阀，并清洗。

⑤更换密封圈。

⑥更换新开关。

3. 主轴不转动

（1）故障原因分析

①保护开关没有压合或失灵。

②卡盘未夹紧工件。

③变挡复合开关损坏。

④变挡电磁阀体内泄漏。

（2）故障排除方法

①检修压合保护开关或更换。

②调整或修理卡盘。

③更换复合开关。

④更换电磁阀。

4. 刀架没有抬起

（1）故障原因分析

①控制系统是否有 T 指令、输出信号。

②抬起电磁铁断线或抬起阀杆卡死。

③抬起液压缸研损或密封圈损坏。

（2）故障排除方法

①检查 T 指令抬起信号是否输出，如未能输出，则请电修人员排除。

②修理或清除污物，更换电磁阀。

③修复研损部分或更换密封圈。

5. 滚珠丝杠在运转中扭矩过大

（1）故障原因分析

①滑板配合压板过紧或研损。

②滚珠丝杠螺母反向器损坏丝杠、卡死或轴端螺母预紧力过大。

③伺服电动机与滚珠丝杠连接不同轴。

④无润滑油。

⑤伺服电动机过热报警。

（2）故障排除方法

①重新调整修刮压板，0.04 mm 塞尺片塞不入。

②修复或更换丝杠并精心调整。

③调整二轴同轴度误差符合要求，并紧固连接座。

④调整润滑油路。

⑤检查机械部位并排除。

任务 1.2.4　机床维护保养

一、机床维护与保养

数控车床的日常维护及保养见表 1.2.3。

表 1.2.3　数控车床的日常维护及保养

序号	检查部位	检查要求	检查周期
1	导轨润滑油箱	检查油标、油量，及时添加润滑油，润滑泵能定时启动打油及停止	每天
2	X、Z 轴导轨面	清除切屑及脏物，检查润滑油是否充分，导轨面有无划伤损坏	每天
3	压缩空气气源压力	检查气动控制系统压力，应在正常范围	每天
4	气源自动分水滤气器、自动空气干燥器	及时清理分水器中滤出的水分，保证自动空气干燥器工作正常	每天
5	气源转换器和增压气油面	发现油面不够时，及时补足油	每天
6	主轴润滑恒温油箱	工作正常、油量充足并调节温度范围	每天

序号	检查部位	检查要求	检查周期
7	机床液压系统	油箱、液压泵无异常噪声，压力表指示正常，管路及管接头无泄漏，工作油面高度正常	每天
8	液压平衡系统	平衡压力指示正常，快速移动时平衡阀工作正常	每天
9	CNC 的输入/输出单元	如光电阅读机清洁、机械结构润滑良好等	每天
10	各种电气柜散热通风装置	各电柜冷却风扇工作正常，风道过滤网无堵塞	每天
11	各种防护装置	导轨、机床防护罩等应无松动、漏水	每天
12	清洗各电柜过滤网		每天
13	滚珠丝杠	清洗丝杠上旧的润滑脂，涂上新油脂	每半年

二、安全文明生产

数控车床的安全操作规程与文明生产注意事项如下：

车刀角度的选择

①操作人员必须熟悉数控车床使用说明书等有关资料，如主要技术参数、传动原理、主要结构、润滑部位及维护保养等一般知识；

②开机前应对数控车床进行全面、细致的检查，确认无误后方可操作；

③数控车床通电后，检查各开关、按钮是否正常、灵活，机床有无异常现象；

④检查电压、油压是否正常，有手动润滑的部位，先要进行手动润滑；

⑤各坐标轴手动回零；

⑥程序输入后，应仔细核对代码、数值等是否正确；

⑦正确计算和建立工件坐标系，并对所得结果进行检查。每把刀首次使用时，必须先验证它的实际长度与所给刀补值是否相符；

⑧正式加工前，试运行程序，检查程序的正确性，刀具和夹具安装是否合理，有无超程现象；

⑨试切和加工中，刃磨刀具和更换刀具后，要重新测量刀具位置并修改刀补值和刀补号；

⑩程序修改后，对修改部分要仔细核对；

⑪操作中出现工件跳动、打抖、异常声音、夹具松动等异常情况时，必须立即停车处理；

⑫加工完毕，清理机床。

教学任务单

专业		班级		
学号		姓名		日期	
项目名称	车削加工设备的使用	任务名称	阶梯轴数控车削加工设备的使用

◎【学习步骤】

能分析阶梯轴工序卡片及图样，了解机床的操作规程，能使用数控车进行操作与加工。掌握数控车床的操作方法及工装的使用，完成零件加工及检验。了解常见机床故障产生的原因并能进行分析与排除，学会机床的维护与保养并能进行安全文明生产。

◎【任务实施】

一、读懂工序卡片

对任务工序卡进行分析，填写表1.2.4。

表1.2.4　工序卡识读

序号	项目名称	内容填写	备注
1	零件的外形特点		
2	主要加工表面及加工精度		
3	生产批量		
4	备选的机床类型		

出现的问题：

_____

_____

解决措施及经验总结：

_____

_____

二、选择合适的机床类型及型号

1. 为什么优先选择数控车床进行零件加工？与普车相比较而言，其优势有哪些？

2. 请列出你选择的机床型号并解释其含义。

出现的问题：

_____

_____

解决措施及经验总结：

_____

_____

三、工装的选用

1. 请根据工艺要求选择适合的刀具，并在数控程序中有所体现。

2. 选择你认为合适的夹具，完成夹具的安装并将步骤写入表 1.2.5。

表 1.2.5　夹具安装表

序号	内容	备注
1		
2		
3		
4		
5		
6		

出现的问题：

_____

_____

解决措施及经验总结：

_____

_____

四、机床的调整与操作

1. 请完成刀具的安装并进行对刀，将对刀过程中机床的操作步骤写入表 1.2.6。

表 1.2.6　对刀步骤表

序号	内容	备注
1		
2		
3		
4		

2. 根据图纸要求重新编写数控程序。

3. 转塔刀架转位缓慢或夹不紧，请分析原因并解决。

出现的问题：
_____
_____

解决措施及经验总结：
_____
_____

五、阶梯轴的加工

1. 完成阶梯轴的加工并记录加工过程中出现的问题及解决问题的措施，填入表 1.2.7。

表 1.2.7　主轴转速操作记录表

序号	遇到的问题	解决的办法	备注
1			
2			
3			
4			
5			

2. 数控车床日常保养有哪些？

出现的问题：

_____

解决措施及经验总结：

_____

六、产品检测

请完成阶梯轴的检验并填写表 1.2.8。

表 1.2.8　检测记录表

序号	检测项目	使用量具	测量数据	备注

出现的问题：

_____

解决措施及经验总结：

_____

【任务考核】

评分标准

任务 1.2　阶梯轴数控车削加工设备的使用							
序号	考核评价项目		考核内容	学生自检	小组互检	教师终检	配分	成绩
1	过程考核	素养目标	业务精干、自尊自律；乐于奉献、诚信友善；追求新知、善于总结等				15	
2		知识目标	了解典型结构及工作原理；自主学习与创新能力；分析解决问题与归纳总结等				25	
3		能力目标	具备机床操作与维护保养能力；具备安全文明生产与质量保障意识等				30	

续表

序号	考核评价项目	考核内容	学生自检	小组互检	教师终检	配分	成绩
	任务1.2　阶梯轴数控车削加工设备的使用						
4	常规考核	作业				15	
5		回答问题				10	
6		其他				5	

◎【任务总结】

_____

_____

_____

_____

◎【大国工匠】曹彦生

对数控加工专业的挚爱，成就了他多项奇迹般的纪录：24岁，成为航天科工最年轻的高级技师；25岁，获得第三届全国职工职业技能大赛数控铣工组亚军；26岁，成为最年轻的北京市"金牌教练"。他就是曹彦生，一名导弹"翅膀"的雕刻师。

"数控达人"攻破空气舵难题

空气舵是导弹的重要构件，犹如导弹的翅膀，直接影响着导弹的发射及飞行，用数控机床"精雕细琢"空气舵，是曹彦生的拿手本事。

国家某重点型号空气舵由于结构复杂、厚度薄，控制形变和对称度难度极大，一直是加工中的难题。尤其是舵面对称度的加工精度要小于0.4 mm，之前许多师傅多次试制，都出现不同程度的超差，眼看整批次空气舵存在报废风险。曹彦生运用先进的数控加工技术，最终加工出来的舵面对称度达到0.02 mm的超高精度，相当于误差小于一根头发丝直径的1/4。

曹彦生还有一项"所见即所得"的技艺。一次，同事为了考验曹彦生的技能水平，半开玩笑地从一堆花生中挑出一颗，让他生产加工一个一模一样的特殊材料工艺品。曹彦生从拿着花生"相面"、建模、编程、仿真到最终加工成型，仅用了2 h。

曹彦生先后承担了中国航天科工二院多个型号产品零部件数控加工任务，掌握了目前国内外主流先进数控设备操作系统，攻克了多个复杂产品零部件加工难题，第一个将高速加工技术和多轴加工技术复合应用于零部件生产。他发明的"高效圆弧面加工法""用于非金属零件加工的对刀装置"等绝技，获国家发明专利和实用新型专利，为企业节省成本上百万元。

小事情也要做到无可挑剔

在学生时代，曹彦生就对数控加工技术产生了浓厚的兴趣，并自学了相关知识。在课余时间、暑假期间，曹彦生在学校的数控实训中心主动帮老师看门、做杂活，借机学习数控加工技术。这股子执着的精神令老师动容，在老师的指导下，他掌握了独立操作设备编程加工的能力。

2005年，满怀憧憬与期望的他进入中国航天科工二院283厂工作。厂房环境不够现代化，没有分到先进的数控加工设备，这让他一度很失落。每天，他将笨重的导轨抬上龙门铣床，重复着简单的加工操作。穿着大头皮鞋，来回蹚在冷却液中，双脚时常被浸透。任务紧张时，他每天主动工作14 h以上。

这一干就是两年。一年夏天，283厂首次将五轴加工技术应用于某型号零件生产，曹彦生主动请缨。凭借早期研读的相关知识，曹彦生采用了参数化建模进行五轴加工程序编制，但由于零件加工精度要求极高，可借鉴的经验少，一道道关键程序的编制让工作进展一度卡壳。

"走路、吃饭、睡觉，都在思考解决问题的方法"，他的同事如此描述。

一天凌晨3点，躺在床上琢磨问题的他灵光一闪，想到了解决问题的方法。他兴奋地给同事打了一个电话，得知同事当天倒班正在厂里，便穿上衣服冲到厂房。经过验证，该种方案可行，并最终解决了该零件的加工难题。

"其实，把简单的事做好，也是一种能力。"曹彦生说，虽然大多数时候，大家在做着重复的工作，但再简单的工作也应当做到让别人无可挑剔，这才是一名合格的"航天工匠"。

练就"金字塔尖的技术"

近年来，航天产品对零部件加工精度、质量的要求越来越高，让数控精密加工技术应用成了一个大趋势，也让曹彦生有了大展拳脚的广阔舞台。

五轴联动加工，属于数控行业金字塔尖的技术，一直以来都掌握在外国人手里，且对中国企业尤其是军工企业进行技术封锁。现在曹彦生"玩转"五轴联动加工技术，并将先进的技术运用到型号生产加工上。

师从全国五一劳动奖章获得者马景来，曹彦生学到的不仅是手艺，更是航天的传承精神。曹彦生带出了获得全国数控技能竞赛冠军的徒弟常晓飞，常晓飞出师后，又带出了两名全国冠军的徒弟，师门三代，四名全国技术能手。其"90后"的弟弟，受他的影响，进入航天系统工作，并在2015年一举夺得全国技能大赛数控铣工冠军。

"把数控技术钻研到极致，让更多人享受到数控加工的乐趣，为国防事业出一份力，是我人生最快乐的事情。"曹彦生说。

项目二
铣削加工设备的使用

任务 2.1 花键轴铣削加工设备的使用

任务描述

　　某企业需要加工一批花键轴，使用铣床进行花键的铣削。为了让设备更好地服务于企业生产，请参考资料按工序卡的要求完成花键轴的铣削加工并学会使用万能分度头，能对铣床简单故障进行诊断，对机床进行维护保养。

任务要求

　　读懂工序卡片，选择合适机床型号，完成刀具、工件和夹具与机床的安装，调整操作机床，完成花键轴的铣削加工过程。

学习目标

　　素质目标：

　　1. 培养学生爱岗敬业、业务精干、吃苦耐劳的职业道德与素养；

　　2. 培养学生敬业奉献的意识，具有团队意识和互助精神；

　　3. 培养学生具有问题意识。能独立思考、独立判断，能根据具体情况独立处理加工生产中的突发情况。

　　知识目标：

　　1. 掌握工艺基础知识和工艺分析的基本方法；

2. 了解铣床的加工工艺范围与分类；

3. 了解万能分度头的分度方法；

4. 了解铣床典型结构及其工作原理。

技能目标：

1. 能根据工艺要求确定适合的加工方法；

2. 能完成工件、刀具、夹具和附件的安装；

3. 能使用万能分度头进行分度操作；

4. 能结合机床结构对常见故障进行诊断与排除；

5. 能进行花键轴零件的铣削加工并检验；

6. 能完成铣床的维护保养工作。

工艺分析

机械加工工序卡片		产品型号		零件图号				
		产品名称		零件名称	花键轴	共 页	第	页
		车间	工序号	工序名称	材料牌号			
		机加	006	铣花键轴	45			
		毛坯种类	毛坯外形尺寸	每毛坯可制件数	每台件数			
		圆棒料	$\phi45\times190$	1	1			
		设备名称	设备型号	设备编号	同时加工件数			
		万能升降台铣床	X6132A		1			
		夹具编号		夹具名称	切削液			
				FW250型万能分度头 三爪卡盘 顶尖	水溶液			
		工位器具编号		工位器具名称	工序工时/min			
					准终		单件	

工步号	工步内容	工艺装备	主轴转速	切削速度	进给量	切削深度	进给次数	工步工时	
			$r\cdot min^{-1}$	$m\cdot min^{-1}$	$mm\cdot r^{-1}$	mm		机动	辅助
1	装夹	FW250三爪卡盘 顶尖							
2	粗铣六键槽左侧面	$\phi80\times8\times27$三面刃铣刀 卡尺	118	30	95	4.8			
3	粗铣六键槽右侧面	$\phi80\times8\times27$三面刃铣刀 卡尺	118	30	95	4.8			
4	精铣六键槽侧面及底面	成形凹圆弧槽铣刀	118	30	49	0.2			

设计（日期）	校对（日期）	审核（日期）	标准化（日期）	会签（日期）

1. 加工精度分析

该花键轴的外径为 $\phi40$ mm；花键的高为 4 mm、宽为 9 mm，精度为 IT7 级，花键长为 120 mm，轴的两端各有直径为 $\phi5$ mm、长为 30 mm 的轴头，铣削前应先进行车削，完成 $\phi25$ mm 和 $\phi40$ mm 的外圆加工。

2. 表面粗糙度分析

工件主要表面的粗糙度为 Ra 3.2 μm，铣削加工可以满足加工要求。

3. 材料分析

45 钢为优质碳素结构钢，切削性能好，可选用键槽铣刀等进行切削加工。

4. 形体分析

花键均布排列，铣削花键常用单刀铣削、组合铣刀铣削和成型铣刀铣削等方法。

问题 1：如何选择合适的机床类型与型号？

问题 2：刀具和夹具如何安装？

问题 3：操作机床的步骤是什么？

问题 4：使用万能分度头时，分度方法有哪些？

问题 5：万能分度头如何操作？

问题6：铣床有哪些常见的故障？应如何发现故障？

问题7：铣床加工工件时，存在哪些安全隐患？应如何避免？

任务 2.1.1　机床选用

铣床简介

一、机床选型及型号确定

1. 加工工艺范围的认识

铣床是一种用途很广泛的机床。它的工艺范围较为广泛，可以加工平面（包括水平面、垂直面和斜面等）、沟槽（包括键槽、T形槽、燕尾槽及异形截面槽等）及各种分齿类零件（齿轮、链轮、棘轮、花键轴等）、螺旋形表面（螺纹和螺旋槽）及各种模具型腔曲面等，如图2.1.1所示。此外，它还可以用于回转体表面及内孔，以及进行切断工作等。

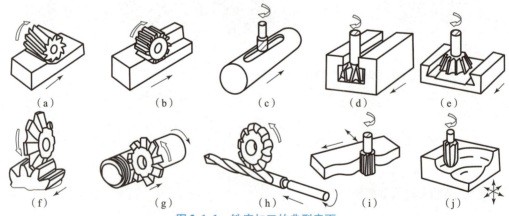

图 2.1.1　铣床加工的典型表面
（a）铣平面；（b）铣台阶面；（c）铣键槽；（d）铣T形槽；（e）铣燕尾槽；
（f）铣齿轮；（g）铣螺纹；（h）铣螺旋槽；（i）、（j）铣成形面

由于铣床所使用的刀具为多齿刀具，切削过程中常有几个刀齿同时参与切削，可获得较高的生产效率。从整体切削过程来看，切削过程是连续的，但对每一个刀齿而言，从这个刀齿切入、连续切削、切出，切削厚度发生着变化，这使切削力相应发生着变化，容易引起机床振动，因此，铣床在结构上要求有更高的刚度和抗振性能。

2. 铣床类型的选择

铣床的主要类型有卧式升降台铣床、立式升降台铣床、工作台不升降式铣床、龙门铣床、工具铣床等，此外，还有仿形铣床、仪表铣床和各种专门化铣床。

（1）卧式铣床

卧式升降台铣床习惯称为卧铣，如图 2.1.2 所示，因主轴卧式布局而得名。床身 1 固定在底座 8 上，作为机床其他部件安装和支撑的基础部件。床身内装有主运动（主轴 3 的旋转运动）的变速传动装置、主轴部件以及操纵机构等。床身 1 顶部的导轨上装有悬梁 2，可沿主轴轴线方向调整其前后位置，悬梁上装有刀杆支架，用于支承刀杆的悬伸端，支架在悬梁上的位置可根据刀杆长短进行调整。升降台 7 安装在床身 1 的垂直导轨上，通过丝杠螺母机构可以上下（垂直）移动，升降台内装有进给运动变速传动机构以及操纵机构等。升降台的水平导轨上装有床鞍 6，可沿平行于主轴 3 的轴线方向（横向）移动。工作台 5 装在床鞍 6 的导轨上，可沿垂直于主轴轴线方向（纵向）移动。因此，固定在工作台上的工件，可在互相垂直的三个方向上进给运动和调整位移。

万能升降台铣床的机构与卧式升降台铣床基本相同，区别在于在工作台 5 与和床鞍 6 之间增加了一层转盘。转盘相对于床鞍绕垂直轴线在 ±45°范围内调整角度，适应加工螺旋槽时的斜向进给。

（2）立式升降台铣床

除了以上介绍的万能升降台铣床外，在机械加工中，还经常使用各种其他类型的铣床，例如，主轴垂直布置的立式升降台铣床，工具车间常用的万能工具铣床，用于加工大、中型工件的龙门铣床和用于精度要求较高的数控机床等。各类铣床根据其使用要求的不同，在机床布局和运动方式上各有特点。

立式升降台铣床与上述万能升降台铣床的区别主要是主轴立式布置，与工作台面垂直，如图 2.1.3 所示。主轴 2 安装在立铣头 1 内，可沿其轴线方向进给或经手动调整位置。立铣头 1 可根据加工要求，在垂直平面内向左或向右在 45°范围内回转，使主轴与台面倾斜成所需角度，以扩大铣床的工艺范围。立式铣床的其他部分，如工作台 3、床鞍 4 及升降台 5 的结构与卧式升降台铣床相同。在立式铣床上可安装端铣刀或立铣刀加工平面、沟槽、斜面、台阶、凸轮等表面。

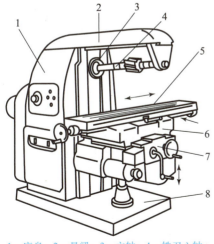

1—床身；2—悬梁；3—主轴；4—铣刀心轴；
5—工作台；6—床鞍；7—升降台；8—底座。

图 2.1.2　卧式升降台铣床

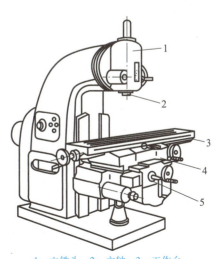

1—立铣头；2—主轴；3—工作台；
4—床鞍；5—升降台。

图 2.1.3　立式升降台铣床

（3）龙门铣床

龙门铣床是一种大型高效通用机床，主要用于加工各类大型工件上的平面、沟槽等。可以对工件进行粗铣、半精铣，也可以进行精铣加工。图2.1.4所示为龙门铣床的外形图。它的布局呈框架式。5为横梁，4为立柱，在它们上面各安装两个铣削主轴箱（铣削头）6和3、2和8。每个铣头都是一个独立的主运动部件。铣刀旋转为主运动。9为工作台，其上安装被加工的工件。加工时，工作台9沿床身1上导轨做直线进给运动，四个铣头都可沿各自的轴线做轴向移动，实现铣刀的切深运动。为了调整工件与铣头间的相对位置，则铣头6和3可沿横梁5水平方向移位，铣头8和2可沿立柱在垂直方向移位，加工时，工作台带动工件进行纵向进给运动。7为按钮站，操作位置可以自由选择。由于在龙门铣床上可以用多把铣刀同时加工工件的几个平面，所以，龙门铣床产率很高，在成批和大量生产中得到广泛应用。

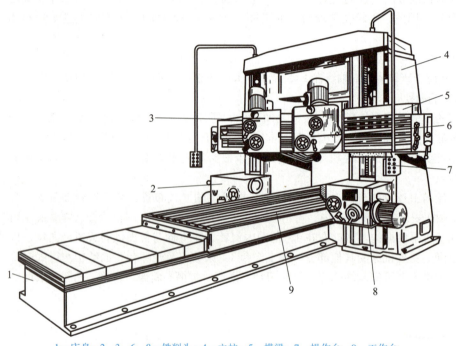

龙门铣床

1—床身；2、3、6、8—铣削头；4—立柱；5—横梁；7—操作台；9—工作台。

图2.1.4 龙门铣床

（4）数控铣床

数控铣床加工工件时，如同普通铣床一样，由刀具或者工件进行主运动，也可由刀具与工件进行相对的进给运动，以加工一定形状的工件表面。不同的工件表面往往需要采用不同类型的刀具与工件一起进行不同的表面成形运动，因而产生了不同类型的数控铣床。铣床的这些运动，必须由相应的执行部件（如主运动部件、直线或圆周进给部件）以及一些必要的辅助运动（如转位、夹紧、冷却及润滑）部件等来完成。

图2.1.5所示为型数控铣床外形。它与立式升降台铣床结构布局相似，主轴是垂直安置的，工作台16、升降台15、底座1和床身立柱与卧式升降台铣床相似，固定在工作台上的工件的互相垂直三个方向的进给运动和调整位移分别由伺服电动机4、13和14单独提供动力源，简化了三个进给运动的操纵机构，动力传递更加简捷，铣头可在一定范围内在垂直平面内调整角度，适合加工与水平面成一定夹角的斜面铣削。

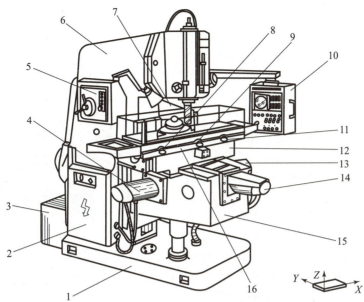

1—底座；2—强电柜；3—变压器箱；4—升降进给伺服电动机；5—主轴变速手柄和按钮板；
6—床身立柱；7—数控柜；8、11—纵向行程限位保护开关；9—纵向参考点设定挡铁；10—操纵台；
12—横向溜板；13—纵向进给伺服电动机；14—横向进给伺服电动机；15—升降台；16—纵向工作台。

图 2.1.5　数控铣床

3. 机床型号的确定

铣床主参数一般指铣床工作台的宽度，此零件最大轮廓为 70 mm 左右，选择 X6132A 卧式升降台铣床配合万能分度头满足加工要求，能进行花键轴的切削加工。

常见铣床型号表见表 2.1.1。

表 2.1.1　常用铣床型号

类别	代号	机床名称	组别	系列	主参数名称	折算系数
铣床	X	龙门铣床	2	0	工作台面宽度	1/100
		圆台铣床	3	0	工作台面直径	1/100
		平面仿形铣床	4	3	最大铣削宽度	1/10
		立体仿形铣床	4	4	最大铣削宽度	1/10
		立式升降台铣床	5	0	工作台面宽度	1/10
		卧式升降台铣床	6	0	工作台面宽度	1/10
		万能升降台铣床	6	1	工作台面宽度	1/10
		床身铣床	7	1	工作台面宽度	1/100
		万能工具铣床	8	1	工作台面宽度	1/10
		键槽铣床	9	2	最大键槽宽度	1

二、结构布局及主要参数的认识

1. 机床结构布局的认知

X6132A 型万能卧式升降台铣床外形图如图 2.1.6 所示。它由底座 1、床身 2、悬梁 3、刀架支杆 4、主轴 5、工作台 6、床鞍 7、升降台 8 及回转盘 9 等组成。床身 2 固定在底座 1 上，用于安装和支承其他部件。床身内装有主轴部件、主轴变速传动装置及其变速操纵机构。悬梁 3 安装在床身 2 的顶部，并可沿燕尾槽形导轨调整前后位置。悬梁 3 上的刀杆支架 4 用于支承刀杆，以提高其刚度。升降台 8 安装在床身 2 前侧面垂直导轨上，可做上下移动。升降台内装进给运动传动装置及其操纵机构。升降台 8 的水平导轨上装有床鞍 7，可沿主轴轴线方向做横向移动。床鞍 7 上装有回转盘 9，回转盘上面的燕尾槽导轨上装有工作台 6。因此，工作台除了可沿导轨做垂直于主轴轴线方向的纵向移动外，还可以通过回转盘绕垂直轴线在 ±45° 范围内调整角度，以便铣削螺旋表面。

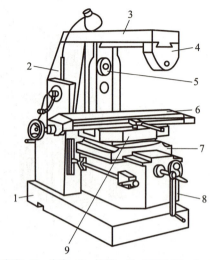

1—底座；2—床身；3—悬梁；4—刀杆支架；5—主轴；
6—工作台；7—床鞍；8—升降台；9—回转盘。

图 2.1.6　X6132A 型万能卧式升降台铣床外形图

2. 机床主要参数的认识

X6132A 型万能升卧式升降台铣床技术参数表见表 2.1.2。

表 2.1.2　X6132A 型万能升卧式升降台铣床技术参数

项目名称	机床参数
工作台面尺寸/mm	320 × 1 200
主轴孔锥度	7：24 ISO 40
工作台行程（纵向/横向/垂向）/mm	650/320/400
铣刀杆直径/mm	$\phi22$、$\phi27$
主电机功率/kW	7.5
主电机转速/(r·min^{-1})	1 450
主轴转速范围/(r·min^{-1})	18 级 30 ~ 1 500
工作台纵、横向进给范围/(mm·min^{-1})	21 级 10 ~ 1 000
垂直方向进给范围/(mm·min^{-1})	3.3 ~ 333
工作台 T 形槽（槽数/宽度/间距）/mm	3/14/80
机床外形尺寸/(mm × mm × mm)	1 400 × 2 100 × 1 400
主轴中心至工作台面距离/mm	30 ~ 430
电动冷却液泵功率/W	40
电动冷却液泵输送量/(L·min^{-1})	12

任务 2.1.2　机床调整与加工

一、机床传动系统分析

铣床主运动传动系统分析

X6132A 型万能卧式升降台铣床的传动系统如图 2.1.7 所示，主运动为主轴的旋转运动，进给运动为纵向、横向及垂直方向这 3 个方向的运动。

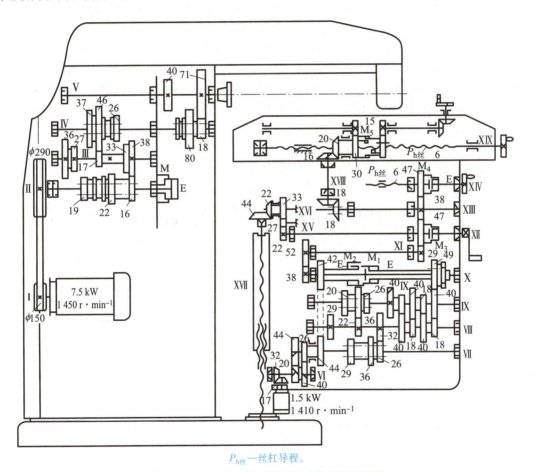

$P_{h丝}$—丝杠导程。

图 2.1.7　X6132A 型万能升降台铣床传动系统

1. 主运动传动链分析

主传动链中有两组三联滑移齿轮和一组双联滑移齿轮，所以，主轴可获得 18（3 × 3 × 2 = 18）级转速。主轴的正反转由主电机正反转实现。轴 II 右端装有多片式电磁制动器 M，停车后，多片式电磁制动器 M 线圈接通直流电源，使主轴迅速而平稳地停止转动。

主运动动力源为 7.5 kW，1 450 r/min 电动机，末端件为主轴 V 轴，其传动路线表达式为：

$$\text{主电动机}\left(\frac{7.5\ kW}{1\ 450\ r/min}\right)\frac{\phi150}{\phi290}\ \text{II}-\begin{bmatrix}\dfrac{19}{36}\\[4pt]\dfrac{22}{33}\\[4pt]\dfrac{16}{38}\end{bmatrix}-\text{III}-\begin{bmatrix}\dfrac{27}{37}\\[4pt]\dfrac{17}{46}\\[4pt]\dfrac{38}{26}\end{bmatrix}-\text{IV}-\begin{bmatrix}\dfrac{80}{40}\\[4pt]\dfrac{18}{71}\end{bmatrix}-\text{V（主轴）}$$

2. 进给运动传动链分析

进给运动传动系统分析

进给运动由进给电动机（1.5 kW，1 410 r/min）驱动。电动机的运动经一对锥齿轮 17/32 传到轴Ⅵ，然后根据轴Ⅹ的电磁摩擦离合器 M_1、M_2 的结合情况，分两条路线传动。如果轴Ⅹ上离合器 M_1 脱开、M_2 啮合，轴Ⅵ的运动经齿轮副 40/26、44/42 及离合器 M_2 传至轴Ⅹ。这条路线可使工作台做快速移动；如轴Ⅹ上离合器 M_2 脱开、M_1 啮合，轴Ⅵ的运动经齿轮副 20/44 传至轴Ⅶ，再经轴Ⅶ—Ⅷ间和轴Ⅷ—Ⅸ间两组三联滑移齿轮变速以及轴Ⅹ间的曲回机构，经离合器 M_1，将运动传至轴Ⅹ。这是一条使工作台做正常运动的传动路线。轴Ⅹ的运动可经过离合器 M_3、M_4、M_5 以及相应的后续传动路线，使工作台分别得到垂直横向和纵向的移动。由此可知，X6132A 型铣床的纵向、横向、垂直进给量均为 21 级，纵向和横向的进给量范围为 10～1 000 mm/min，垂直进给量范围为 3.3～333 mm/min。

进给运动的传动路线表达式为：

$$\text{电动机}\left(\begin{array}{c}1.5\ kW\\1\ 410\ r/min\end{array}\right)-\frac{17}{32}\ \text{VI}-\begin{bmatrix}\dfrac{20}{44}\\[4pt]\dfrac{36}{22}\\[4pt]\dfrac{26}{32}\end{bmatrix}-\text{VII}-\begin{bmatrix}\dfrac{29}{29}\\[4pt]\dfrac{36}{22}\\[4pt]\dfrac{26}{32}\end{bmatrix}-\text{VIII}-\begin{bmatrix}\dfrac{29}{29}\\[4pt]\dfrac{36}{22}\\[4pt]\dfrac{26}{32}\end{bmatrix}-\text{IX}-\begin{bmatrix}\dfrac{18}{40}\times\dfrac{18}{40}\times\dfrac{18}{40}\times\dfrac{18}{40}\times\dfrac{40}{49}\\[6pt]\dfrac{18}{40}\times\dfrac{18}{40}\times\dfrac{40}{49}\\[6pt]\dfrac{40}{49}\end{bmatrix}-$$

$$\begin{bmatrix}M_1\text{合（工作进给）}-\dfrac{40}{26}\times\dfrac{44}{42}\ M_2\text{合（快速）}-\end{bmatrix}$$

$$\text{X}-\frac{38}{52}\ \text{XI}-\frac{29}{47}\begin{bmatrix}\dfrac{47}{38}\ \text{XIII}-\begin{bmatrix}\dfrac{18}{18}\ \text{XVIII}-\dfrac{16}{20}\ M_5\text{合}-\text{XIX（纵向进给）}\\[6pt]\dfrac{38}{47}\ M_4\text{合}-\text{XIV（横向进给）}\end{bmatrix}\\[14pt]M_3\text{合}-\text{XII}-\dfrac{22}{27}\ \text{XV}-\dfrac{27}{33}\ \text{XVI}-\dfrac{22}{24}\ \text{XVII（垂直进给）}\end{bmatrix}$$

在理论上，铣床在互相垂直的 3 个方向上均可获得 $3\times3\times3=27$ 种进给量，但由于轴Ⅶ—Ⅸ间的两组三联滑移齿轮变速组的 $3\times3=9$ 种传动比中，有三种是相等的，即：

$$\frac{29}{29}\times\frac{29}{29}=\frac{36}{22}\times\frac{22}{36}=\frac{26}{32}\times\frac{32}{26}=1$$

所以，轴Ⅶ—Ⅸ间的两个变速组只有 7 种不同的传动比。因而轴Ⅹ上的滑移齿轮 $z=49$ 只有 $7\times3=21$ 种不同的转速。

二、机床的调整与操作

1. 分度方法的选用

万能分度头常用的分度方法有直接分度法、简单分度法和差动分度法等。

（1）直接分度法

主要用于对分度精度要求不高，并且分度次数较少的工件。

（2）简单分度法

直接利用分度盘进行分度的方法称为简单分度法。设被加工工件所需分度数为 z（即在一周内分成 z 个等分），每次分度时，分度头主轴应转过 $1/z$ r，根据传动关系，写成如下公式：

简单分度

$$n_{手} = \frac{40}{z} = a + \frac{p}{q}$$

式中，a 为每次分度时手柄所转过的整数转（当 $40/z<1$ 时，$a=0$）；q 为所用分度盘中孔圈的孔数；p 为手柄转过整数转后，在 q 个孔的孔圈上转过的孔距。

在分度时，q 值应尽量取分度盘上能实现分度的较大值，可使分度精度高些。为防止由于记忆出错而导致分度操作失误，可调整分度叉的夹角，使分度叉以内的孔数在 q 个孔的孔圈上包含 $(p+1)$ 个孔，即包含的实际孔数比所需要转过的孔数多一个孔，在每次分度定位销插入孔中时可清晰地识别。

例：在铣床上加工直齿圆柱齿轮，齿数 $z=28$，求用 FW250 分度头分度，每次分度手柄应转过的整数转与转过的孔距数。

解：$n_{手} = \frac{40}{z} = \frac{40}{28} = 1 + \frac{3}{7} = 1 + \frac{12}{28} = \frac{18}{42} = 1 + \frac{21}{49}$

计算时，应将分数部分化为最简分数，然后分子、分母同乘以一个整数，使分母等于 FW250 分度盘上具有的孔数。计算结果表明：每次分度时，手柄转过 $\frac{10}{7}$ r，即在手柄转过整数转后，应在孔数为 28 的孔圈上再转过 12 个孔距，或在孔数为 42、49 的孔圈上分别转过 18、21 个孔距。

（3）差动分度法

当需分度的工件的分度数不能与 40 相约，或由于分度盘的孔圈有限，使得分度盘上没有所需分度数的孔圈时，则无法用简单分度法进行分度，如 73、83、113 等。此时，应用差动分度法进行分度，如图 2.1.8 所示。用差动分度法进行分度时，须用交换齿轮 z_1、z_2、z_3、z_4 将分度头主轴与侧轴 2 联系起来，经一对交错轴斜齿轮副传动，使分度盘回转，补偿所需的角度。此时应松开分度盘紧固螺钉 3。交换齿轮 1 用于改变分度盘转动的方向，其安装形式如图 2.1.8（a）所示。

差动分度法的基本思路是：要实现需分度工件的分度数 z（假定 $z>40$），手柄应转过 $40/z$ r，其定位插销相应从 A 点到 C 点（图 2.1.8（c）），但 C 点处没有相应的孔共定位，分度定位销无法插入，故不能用简单分度法分度。为了在分度盘现有孔数的条件下实现所需的分度数 z，并能准确定位，可选择一个在现有分度盘上可实现分度，同时非常接近所需分度数 z 的假定分度数 z_0，并以假定分度数 z_0 进行分度，手柄转 $40/z_0$ r，插销相应从 A 点转到 B 点（图 2.1.8（c）），离所需分度数 z 的定位点 C 的差值为 $40/z - 40/z_0$，要将分度盘上的 B 点转到 C 点，以使分度定位销插入准确定位，就可实现分度数为 z 的分度。实现补差的传动由手柄经分度头的传动系统，再经连接分度头主轴与侧轴的交换齿轮传动分度盘。分度时分度手柄按所需分度数转 $40/z$ r 时，经上述传动，使分度盘转（$40/z - 40/z_0$）r 分度定位销准确插入 C 点定位。因此，分度时，手柄轴与分度盘之间的运动关系为：手柄轴转 $40/z$ r，则分度盘转（$40/z - 40/z_0$）r。这条差动传动链的运动平衡式为：

$$\frac{40}{z} \times \frac{1}{1} \times \frac{1}{40} \times \frac{z_1}{z_2}\frac{z_3}{z_4} \times \frac{1}{1} = \frac{40}{z} - \frac{40}{z_0} = \frac{40(z_0 - z)}{zz_0}$$

化简得换置公式为：

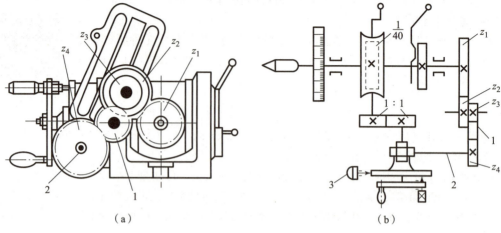

（a）　　　　　　　　　　　　　　　　　　（b）

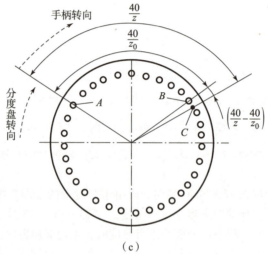

（c）

1—交换齿轮；2—侧轴；3—紧固螺钉。

图 2.1.8　差动分度法

（a）交换齿轮安装位置；（b）传动系统；（c）分度原理

$$\frac{z_1}{z_2}\frac{z_3}{z_4} = \frac{40(z_0 - z)}{z_0}$$

式中，z 为所需分度数；z_0 为假定分度数。

选取的 z_0 应接近于 z，并能与 40 相约，并且有相应的交换齿轮，以使调整计算易于实现。当 $z_0 > z$ 时，分度盘旋转方向与手柄转向相同；当 $z_0 < z$ 时，分度盘旋转方向与手柄转向相反。分度盘方向的改变通过在 z_3 与 z_4 间加一个介轮实现（图 2.1.8（a））。FW250 型万能分度头所配备的交换齿轮有 25（两个）、30、35、40、50、55、60、70、80、90、100 共 12 个。

差动分度

例：在铣床上加工齿数为 77 的直齿圆柱齿轮，用 FW250 型万能分度头进行分度，试进行调整计算。

解：因 77 无法与 40 相约，分度盘上又无 77 孔的孔圈，故用差动分度法。

取假定分度数 $z_0 = 75$。

①确定分度盘孔圈孔数及插销应转过的孔间距数。

$$n_手 = \frac{40}{z_0} = \frac{40}{75} = \frac{8}{15} = \frac{16}{30}$$

即选孔数为 30 的孔圈，使分度手柄转过 16 个孔距。

②计算交换齿轮齿数。

$$\frac{z_1}{z_2}\frac{z_3}{z_4} = \frac{40(z_0 - z)}{z_0} = \frac{40 \times (75 - 77)}{75} = -\frac{80}{75} = -\frac{16}{15} = -\frac{32}{30} = -\frac{80}{60} \times \frac{40}{50}$$

因 $z_0 < z$，所以分度盘旋转方向应与手柄转向相反，需在 z_3、z_4 间加一个介轮。

2. 万能卧式升降台式铣床的操作

（1）工作台手动进给手柄的操作

操作时，将手柄纵向加力，分别接通其手动进给离合器。摇动工作台任何一个手动进给手柄，就能带动工作台做相应方向的手动进给运动。顺时针摇动手柄，即可使工作台前进（或上升）；反之，若逆时针摇动手柄，则工作台后退（或下降）。工作台升降手动手柄如图 2.1.9（a）所示，工作台纵向手动手轮如图 2.1.9（b）所示。

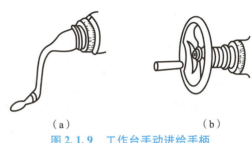

图 2.1.9　工作台手动进给手柄
（a）升降手动手柄；（b）纵向手动手轮

在进给手柄刻度盘上刻有"1 格 = 0.05 mm"字样，说明进给手柄每转过 1 小格，工作台移动 0.05 mm。摇动各自的手柄，通过刻度盘控制工作台在各进给方向的移动距离。为避免丝杠与螺母间隙的影响，若手柄摇过了刻度，不可直接摇回，必须将其旋转 1 转后，再重新摇到要求的刻度位置。

（2）主轴变速的操作

变换主轴转速时，必须先接通电源，停车后按以下步骤进行：

①手握变速手柄球部下压，使其定位的榫块脱出固定环的槽 1 位置，如图 2.1.10（a）所示。

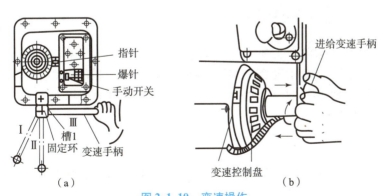

图 2.1.10　变速操作
（a）主轴变速的操作；（b）进给变速的操作

②将手柄快速向左推出，使其定位块送入固定环的槽 2 内。手柄处于脱开的位置 Ⅰ。

③转动调速盘，将所选择的主轴转数对准指针。

④下压手柄，并快速推至位置 Ⅱ，即可接合手柄。此时，冲动开关瞬时接通，电动机转动，带动变速齿轮转动，使齿轮啮合。随后，手柄继续向右至位置 Ⅲ，并将其榫块送入固定环的槽 1

位置。电动机失电，主轴箱内齿轮停止转动。

⑤由于电动机启动电流很大，所以最好不要频繁变速。即使需要变速，中间的间隔时间应不少于 5 min。主轴未停止，严禁变速。

⑥主轴变速完成后，按下启动按钮，主轴即按选定转速旋转。

⑦检查油窗是否上油。

（3）进给变速的操作

铣床上的进给变速机构的操作非常方便，按照如下步骤进行：

①向外拉出进给变速手柄。

②转动进给变速手柄，带动进给速度盘转动。将进给速度盘上选择好的进给速度的值对准指针位置。

③将进给变速手柄推回原位，即可完成进给变速的操作，如图 2.1.10（b）所示。

（4）工作台机动进给的操作

X6132 型卧式万能升降台式铣床的工作台，在各个方向的机动进给手柄都有两副是联动的复式操纵机构，使操作更加方便。三个进给方向的安全工作范围，各由两块限位挡铁实现安全限位。若非工作需要，不得将其随意拆除，否则会发生工作超程而损坏铣床。工作台纵向机动进给手柄有三个位置，即"向左进给""向右进给"和"停止"，如图 2.1.11 所示。工作台横向和垂直方向的机动进给手柄有五个位置，即"向里进给""向外进给""向上进给""向下进给"和"停止"，如图 2.1.12 所示。

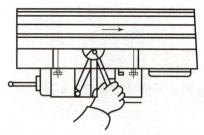
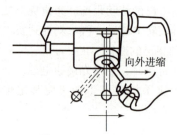

图 2.1.11　工作台纵向机动进给操作图　　图 2.1.12　横向和垂直方向的机动进给操作

机动进给手柄的设置使操作方便、不易出错，即当机动进给手柄与进给方向处于垂直状态时，机动进给是停止的。若机动进给手柄处于倾斜状态，则该方向的机动进给被接通。在主轴转动时，手柄向哪个方向倾斜，即向哪个方向进行机动进给；如果同时按下快速移动按钮，则工作台即向该方向进行快速移动。

3. 花键轴的加工与检验

（1）选择刀具、切削用量

选用 $\phi80$ mm×8 mm×27 mm 的三面刃铣刀。在 X6132 型铣床上安装好三面刃铣刀，调整主轴转数为 118 r/min，进给速度为 95 mm/min。

（2）工件的装夹和校正

先把工件的一端装夹在分度头的三爪自定心卡盘内，另一端用尾座顶尖顶紧。然后用百分表按下列三个方面进行校正：

①工件两端的径向跳动量。

②工件的上母线相对于纵向工作台移动方向的平行度。

③工件的侧母线相对于纵向工作台移动方向的平行度。

（3）对刀

将铣刀端面刃与工件侧面轻微接触，退出工件。横向移动工作台，使工件向铣刀方向移动距离 S（单位：mm）：

$$S = \frac{D - b}{2}$$

式中，b 为键宽；D 为花键轴外径。

（4）铣削键侧

先铣削键侧的一面，依次分度将同侧的各面铣削完，然后将工作台横向移动，再铣键的另一侧面。一般情况下，铣削键侧时，取实际切深（即键齿高度）比图样尺寸大 $0.1 \sim 1.2$ mm。

（5）铣削槽底圆弧面

采用成形凹圆弧槽铣刀铣削，先将铣刀对准工件轴心，然后调整吃刀量，每铣削一刀后，测量，根据余量按刻度再继续铣削。

（6）检验花键小径齿数为 6，是偶数，可以用百分表直接测量，也可以采用小径通止规进行检验。

三、机床的工装

1. 圆柱带孔铣刀的安装

圆柱带孔铣刀如图 2.1.13（a）所示，三面刃铣刀如图 2.1.13（b）所示，安装在卧式铣床上。

（1）圆柱带孔铣刀的装夹

带孔铣刀在卧式铣床上安装的操作步骤如下：

①将床头的主轴安装孔用棉纱擦拭干净，按照刀具孔的直径选择标准刀杆。铣刀杆常用的标准尺寸有 32 mm、27 mm、22 mm。把刀杆推入主轴孔内。右手将铣刀杆的锥柄装入主轴孔，此时铣刀杆上的对称凹槽应对准床体上的凸键，左手转动主轴孔的拉紧螺杆（简称拉杆），使其前端的螺纹部分旋入铣刀杆的螺纹孔。用扳手旋紧拉杆（提示：用扳手紧固拉杆时，必须把主轴转速放在空挡位并夹紧主轴），如图 2.1.14 所示。

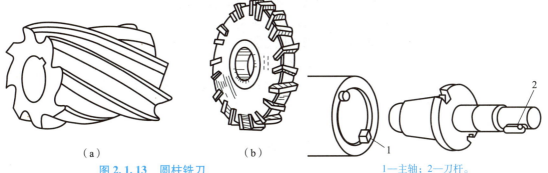

（a）　　　　　　　　　　　　（b）

图 2.1.13　圆柱铣刀

（a）圆柱带孔铣刀；（b）三面刃铣刀

1—主轴；2—刀杆。

图 2.1.14　圆柱形带孔铣刀杆的安装

②将刀杆口、刀孔、刀垫等擦拭干净，根据工件的位置选择合适尺寸的刀垫，推入刀杆，放好刀垫、刀具，旋紧刀杆螺母，如图 2.1.15 所示。铣刀的切削刃应和主轴旋转方向一致，在安装圆盘铣刀时，如锯片铣刀等，由于铣削力比较小，所以一般在铣刀与刀轴之间不安装键。此时

应使螺母旋紧的方向与铣刀旋转方向相反，否则，当铣刀切削时，将由于铣削力的作用而使螺母松开，导致铣刀松动。另外，若在靠近螺母的一个垫圈内安装一个键，则可避免螺母松动和拆卸刀具时螺母不易拧开的现象。

③将铣床横梁调整到对应的位置。双手握住挂架，将其挂在铣床横梁导轨上，如图2.1.16所示。

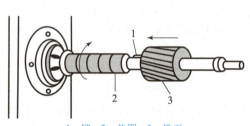

1—键；2—垫圈；3—铣刀。

图2.1.15　圆柱带孔铣刀的安装

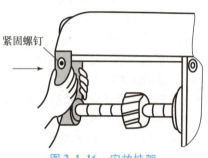

图2.1.16　安放挂架

④旋紧刀轴的螺母把铣刀固定。需注意的是，必须把挂架装上以后，才能旋紧此螺母，以防把刀轴扳弯。用扳手旋紧挂架左侧螺母，再把刀杆螺母用扳手旋紧。把注油孔调整到过油的位置。在旋紧螺母时，要把主轴开关放在空位挡，并把主轴夹紧开关置于夹紧位置，夹紧主轴（注意：手部不要碰到铣床横梁，避免手部碰伤），向内扳动扳手，如图2.1.17所示。

（2）圆柱带孔铣刀的拆卸

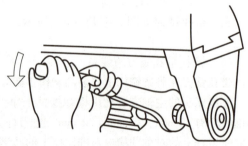

图2.1.17　用扳手旋紧螺母

圆柱带孔铣刀和圆盘形铣刀的拆卸，基本按照安装过程反向操作。

①松开铣刀。首先松开夹紧螺母，在旋松螺母时，要把主轴开关放在空位挡，并把主轴夹紧开关放在夹紧位置（注意：手部不要碰到铣床横梁，避免手部碰伤），逆时针旋松螺母。

②松开挂架。逆时针旋松挂架螺母，移出挂架。

③拆卸铣刀。将夹紧铣刀螺母旋下，移出铣刀刀垫，卸下铣刀。

④将移出铣刀刀垫安装回刀杆，旋上螺母。

⑤拆卸铣刀刀杆。松开拉杆螺母，轻击拉杆使铣刀刀杆松动，旋下拉杆，移出铣刀刀杆。

⑥将横梁移回原位。

2. 工件的装夹

用分度头装夹工件的方法很多，可以充分利用分度头的附件，根据工件的不同特点来选择装夹方法。

（1）用三爪卡盘装夹工件

三爪卡盘用于装夹轴类工件。将分度头水平安放在工作台中间T形槽偏右端，并校正轴线与工作台面平行，平行度要求达到0.02/100 mm。

（2）用一夹一项装夹工件

零件一端用三爪卡盘夹紧，另一端用尾架上的后顶尖定位并顶紧，如图2.1.18所示。

（3）用两顶尖装夹工件

工件两端分别用前顶尖和后顶尖实现装夹，如图 2.1.19 所示。此方法适用于切削力小的场合。

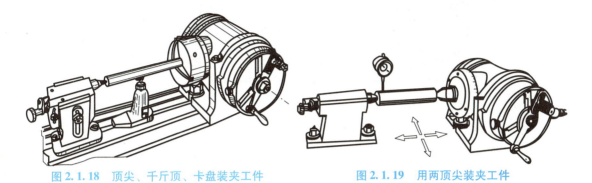

图 2.1.18　顶尖、千斤顶、卡盘装夹工件　　　图 2.1.19　用两顶尖装夹工件

3. 万能分度头的使用

（1）万能分度头的用途及其传动系统

万能分度头是升降台铣床所配备的重要附件之一，用来扩大机床的工艺范围。分度头安装在铣床工作台上，被加工工件支承在分度头主轴顶尖与尾座顶尖之间或安装于分度头主轴前端的卡盘上。利用分度头可进行以下工作：

①使工件绕分度头主轴轴线回转一定角度，以完成等分或不等分的分度工作。如用于加工方头、六角头、花键、齿轮以及多齿刀具等。

②通过分度头使工件的旋转与工作台丝杠的纵向进给保持一定运动关系，以加工螺旋槽、交错轴斜齿轮及阿基米德螺旋线凸轮等。

③用卡盘夹持工件，使工件轴线相对于铣床工作台倾斜一定角度，以加工与工件轴线相交成一定角度的平面、沟槽及直齿锥齿轮等。

（2）万能分度头的结构

①FW250 型万能分度头结构。

FW250 型万能分度头的结构如图 2.1.20 所示。图中所涉及的零件用途如下：

a. 分度盘紧固螺钉。分度盘的左侧有一个紧固螺钉，用于在一般工作情况下固定分度盘；松开紧固螺钉，可使分度手柄随分度盘一起做微量的转动调整，或完成差动分度、螺旋面加工等。

铣削加工示例

b. 分度叉。分度叉又称扇形股，由两个叉脚组成。其开合角度的大小，按分度手柄所需转过的孔距数予以调整并固定。分度叉的功用是防止分度差错和方便分度。

c. 分度盘。分度盘套装在分度手柄轴上，盘上（正、反面）有若干圈在圆周上均布的定位孔，作为各种分度计算和实施分度的依据。分度盘配合分度手柄完成不是整转数的分度工作。

FW250 型万能分度头备有两块分度盘，供分度时选用，每块分度盘前后两面皆有孔，正面 6 圈孔，反面 5 圈孔。它们的孔数分别为第一块：正面每圈孔数为 24、25、28、30、34、37，反面每圈孔数为 38、39、41、42、43。第二块：正面每圈孔数为 46、47、49、51、53、54，反面每圈孔数为 57、58、59、62、66。

d. 侧轴。侧轴用于与分度头主轴间安装交换齿轮进行差动分度，或用于与铣床工作台纵向丝杠间安装交换齿轮进行直线移距分度来铣削螺旋面等。

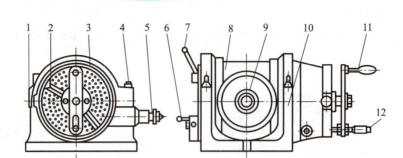

（a）

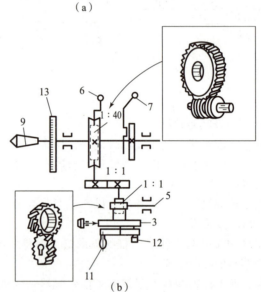

（b）

1—分度盘紧固螺钉；2—分度叉；3—分度盘；4—螺母；5—侧轴；6—螺杆脱落手柄；

7—主轴锁紧手柄；8—回转体；9—主轴；10—基座；11—分度手柄；12—分度定位销；13—刻度盘。

图 2.1.20 FW250 型万能分度头

e. 主轴锁紧手柄。主轴锁紧手柄通常用于在分度后锁紧主轴，使铣削力不致直接作用在分度头的蜗杆、蜗轮上，减小铣削时的振动，保持分度头的分度精确。

f. 回转体。回转体是安装分度头主轴的壳体形零件。主轴随回转体可沿基座的环形导轨转动，使主轴轴线在以水平为基准的 −60° ~ +90°范围内做不同仰角的调整。调整时，应先松开基座上靠近主轴后端面的两个螺母，调整后再予以紧固。

g. 主轴。分度头的主轴是一个空心轴，FW250 型分度头主轴前后两端均为莫氏 4 号锥孔，前锥孔用来安装顶尖或锥度心轴，后锥孔用来安装挂轮轴，用于安装交换齿轮。主轴前端的外部有一段定位体（短圆锥），用来安装三爪自定心卡盘的法兰盘。

h. 基座。基座是分度头的本体，分度头的大部分零件均装在基座上。基座底面槽内装有两块定位键，可与铣床工作台台面上的中央 T 形槽相配合，以精确定位。

i. 分度手柄。分度用，摇动分度手柄，主轴按一定传动比回转。

j. 分度定位销。分度定位销在分度手柄的曲柄的一端，可沿曲柄做径向移动，调整到所选孔数的孔圈圆周，与分度叉配合准确分度。

任务 2.1.3　机床常见故障诊断与排除

一、典型结构的认知

1. 铣床主轴

X6132A 万能卧式升降台铣床的主轴部件结构如图 2.1.21 所示，其基本形状为阶梯形空心轴，前端直径大于后端直径，使主轴 1 前端具有较大的变形抗力。主轴 1 前端的 7∶24 精密锥孔 7 用于安装铣刀刀杆，使其能准确定心，保证刀杆有较高的旋转精度。主轴中心孔穿入拉杆，拉紧并锁定刀杆或刀具，使它们定位可靠。端面键 8 用于连接主轴和刀杆，并传递转矩。

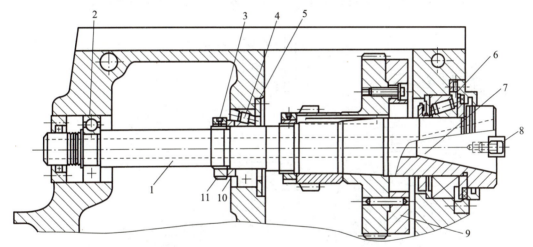

1—主轴；2—后支承；3—锁紧螺钉；4—中间支承；5—轴承盖；
6—前支承；7—主轴前锥孔；8—端面键；9—飞轮；10—隔套；11—螺母。

图 2.1.21　X6132 型万能卧式升降台铣床的主轴部件结构

由于铣床采用多齿刀具，引起铣削力周期性变化，从而使切削过程产生振动，这就要求主轴部件具有较高的刚度和抗振性，因此主轴采用三支承结构。前支承 6 和中间支承 4 分别采用 P5级和 P6 级的圆锥滚子轴承，分别承受向左、向右的进给力和背向力，并保证主轴的回转精度。后支承 2 为单列深沟球轴承，只承受背向力。调整轴承间隙时，先将悬梁移开，并拆下床身盖板，露出主轴部件，然后拧松中间支承 4 左侧螺母 11 上的锁紧螺钉 3，用专用勾头扳手勾住螺母11，再用一短铁棍通过主轴前端的端面键 8 扳动主轴 1 顺时针旋转，使中间支承 4 的内圈向右移动，从而使中间支承 4 的间隙得以消除。如继续转动主轴 1，使其向左移动，并通过轴肩带动前支承 6 的内圈左移，从而消除前支承 6 的间隙。

2. 孔盘变速操纵机构

X6132A 铣床的主运动和进给运动的变速操纵机构都采用了孔盘变速操纵机构来控制，下面以主变速操纵机构为例来进行分析。

孔盘变速操纵机构控制三联滑移齿轮的工作原理图如图 2.1.22 所示。拨叉 1 固定在齿条轴 2 上，齿条轴 2 和 2′与齿轮 3 啮合。齿条轴 2 和 2′的右端是

孔盘变速操纵机构

具有不同直径 D 和 d 的圆柱形成的阶梯轴，直径为 D 的台肩能穿过孔盘上的大孔，直径为 d 的台肩能穿过孔盘上的小孔。变速时，先将孔盘右移，使其退离齿条轴，然后根据变速要求，转动孔盘一定角度，再使孔盘左移复位。孔盘在复位时，可通过孔盘上对应齿条轴之处为大孔、小孔或无孔的不同状态，而使滑移齿轮获得左、中、右 3 种不同的位置，从而达到变速的目的。3 种工作状态为：

①孔盘上对应齿条轴 2 的位置无孔，而对应齿条轴 2′的位置为大孔。孔盘复位时，向左顶齿条轴 2，并通过拨叉 1 将三联齿轮推到左位。齿条轴 2′则在齿条轴 2 及小齿轮 3 的共同作用下右移，直径为 D 的大台肩穿过孔盘上的大孔（图 2.1.22（b））。

②孔盘对应两齿条轴的位置均为小孔，齿条轴上直径为 d 的小台肩穿过孔盘上的小孔，两齿条轴均处于中间位置，从而通过拨叉使滑移齿轮处于中间位置（图 2.1.22（c））。

③孔盘上对应齿条轴 2 的位置为大孔，对应齿条轴 2′的位置无孔，这时孔盘顶齿条轴 2′左移，通过齿轮 3 使齿条轴 2 的台肩穿过大孔右移，并使齿轮处于右位（图 2.1.22（d））。对于双联滑移齿轮，其齿条轴只需一个台肩即可完成滑移齿轮左、右两个工作位置的定位。

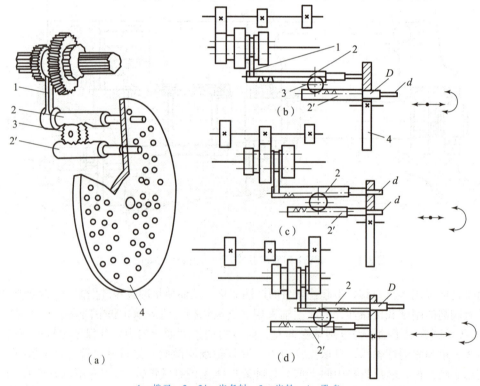

1—拨叉；2，2′—齿条轴；3—齿轮；4—孔盘。

图 2.1.22　孔盘变速操作机构

（a）结构图；（b）、（c）、（d）3 种工作状态

3. 主变速操纵机构

如图 2.1.23 所示，该变速机构操纵了主运动传动链的两个三联滑移齿轮和一个双联滑移齿轮，使主轴获得 18 级转速，孔盘每转 20°改变一种速度。变速由手柄 1 和速度盘 4 联合操纵。变速时，将手柄 1 向外拉出，手柄 1 绕销 3 摆动而脱开定位销 2；然后逆时针转动手柄 1 约 250°，经操纵盘 5、平键带动齿轮套

主变速机构

筒 6 转动，再经齿轮 9 使齿条轴 10 向右移动，其上拨叉 11 拨动孔盘 12 右移并脱离各组齿条轴；接着转动速度盘 4 经心轴、一对锥齿轮使孔盘 12 转过相应的角度（由速度盘 4 的速度标记确定）；最后反向转动手柄 1，通过齿条轴 10，由拨叉 11 将孔盘 12 向左推回原位，并由定位销 2 定位，使各滑移齿轮达到正确的啮合位置。

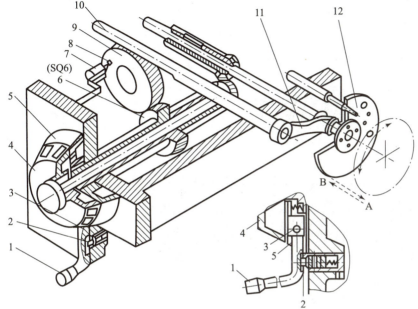

铣床主变速
机构的调整操作

1—手柄；2—定位销；3—销；4—速度盘；5—操纵盘；6—齿轮套筒；
7—微动开关；8—凸块；9—齿轮；10—齿条轴；11—拨叉；12—孔盘。

图 2.1.23　主变速操作机构

变速时，为了使滑移齿轮在移位过程易于啮合，变速机构中设有主电动机瞬时点动控制。速度操纵过程中，齿轮 9 上的凸块 8 压下微动开关 7，瞬时接通主电动机，使之产生瞬时转动，带动传动齿轮慢速转动，使滑移齿轮容易进入啮合。

4. 顺铣机构

X6132A 型万能卧式升降台铣床的顺铣机构如图 2.1.24 所示。铣床在进行切削时，如果进给方向与切削力 F 的水平分力 F_x 方向相反，称为逆铣（图 2.1.24（a））；如果进给方向与切削力 F 的水平分力 F_x 方向相同，称为顺铣（图 2.1.24（b））。如果工作台向右移动，则丝杠螺纹的左侧为工作表面，与螺母螺纹的左侧相接触（图 2.1.24（a）、（b）中的Ⅰ）。当采用逆铣法加工时，切削力水平分力 F_x 的方向向左，正好使丝杠螺纹左侧面紧靠在螺母螺纹的右侧面，因而工作台运动平稳；当采用顺铣法加工时，水平分力方向向右，与进给方向相同，当切削力很大时，丝杠螺纹的左侧面便与螺母的右侧面脱开，使工作台向右窜动。由于铣床是多刃刀具，切削力不断变化，从而使工作台在丝杠与螺母的间隙范围内来回窜动，影响加工质量。为了解决顺铣时工作台轴向窜动的问题，X6132A 型铣床设有顺铣机构，其结构如图 2.1.24（c）所示。

齿条 5 在压弹簧 6 的作用下右移，使冠状齿轮 4 按箭头方向旋转，并通过左螺母 1 和右螺母 2 外圆的齿轮使两者做相反方向转动（图 2.1.24（c）中箭头所示），从而使左螺母 1 的螺纹左侧与丝杠螺纹右侧靠紧，右螺母 2 的螺纹右侧与丝杠螺纹左侧靠紧。顺铣时，丝杠 3 的进给力由螺母 1 承受，由于丝杠 3 与左螺母 1 之间摩擦力 f 的作用，使螺母 1 有随丝杠 3 转动的趋势，并

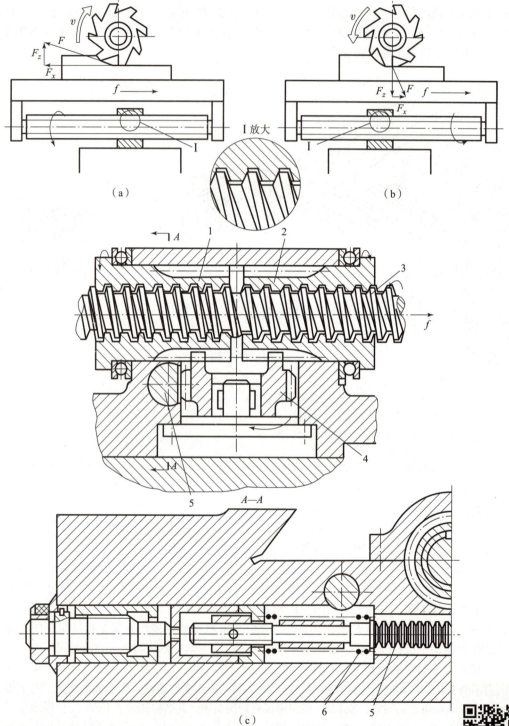

1—左螺母；2—右螺母；3—丝杠；4—冠状齿轮；5—齿条；6—压弹簧。

图 2.1.24　顺铣机构

顺铣与逆铣

通过冠状齿轮 4 使右螺母 2 产生与丝杠 3 反向旋转的趋势，从而消除了右螺母 2 与丝杠 3 间的间隙，不会产生轴向窜动；逆铣时，丝杠 3 的进给力由右螺母 2 承受，两者之间产生较大的摩擦力，因而使右螺母 2 有随丝杠 3 一起转动的趋势，从而通过冠状齿轮 4 使左螺母 1 产生与丝杠 3 反向旋转的趋势，使左螺母 1 螺纹左侧与丝杠螺纹右侧脱开，减少丝杠的磨损。

顺铣机构

二、常见故障诊断与排除

1. 主传动系统在运转中有周期性响声

（1）故障原因分析

①传动齿轮打齿，打齿后的齿轮在啮合过程中，由于缺齿或齿形不规则，引起齿面撞击，发出周期性的响声。

②传动轴弯曲，传动轴可能因为闷车或打齿轮等故障的发生而弯曲，轴弯曲后使轴上的传动齿轮的啮合状态遭到破坏，在传动中发出与该轴转速相同周期的响声。

（2）故障排除方法

①更换齿轮。

②更换传动轴。

2. 主轴变速箱变速转换手柄无法扳动

（1）故障原因分析

①竖轴手柄与配合的孔咬死。可能是油污阻滞，也可能是由于毛刺使竖轴与孔咬死。

②扇形齿轮与齿条卡住。

③拨叉移动轴弯曲或咬死。

④齿条轴没有对准孔盖上的孔眼。

（2）故障排除方法

①拆下竖轴，进行清洗或修光毛刺。

②保证扇形齿轮与齿条之间 0.15 mm 的啮合间隙，保证齿间的清洁，不得有切屑和异物。

③校正或更换拨叉移动轴。

④先变换其他各级转速，或左右微动变速盘，调整星轮的定位器弹簧，使其定位可靠。

3. 变速时主轴变速箱内齿轮有碰撞声或齿轮有时啮合不上

（1）故障原因分析

①主轴电动机的冲动线路接触时间过长。

②主轴电动机的冲动线路接触点失灵而无冲动。

（2）故障排除方法

①调整冲动销的调整螺钉。

②检查电气线路，调整冲动小轴尾端，调整螺钉，达到冲切接触的要求。

4. 启动时电动机旋转但是主轴不转

（1）故障原因分析

①主轴箱内 1 轴扭断。

②联轴节的销子被剪断。这里是指主电机和 1 轴之间的联轴节。联轴节经过长时间运转，皮革缓冲垫圈磨损后未换，销子就容易剪断。

③传动链中某一齿轮打齿太多。打齿后的被动齿轮的缺齿部分恰好停在啮合处，致使传动链中断，运动传不到主轴。

④主电动机有故障，主要是机轴与转子的配合松动。

⑤电动机轴扭断。

（2）故障排除方法

①更换1轴。

②修好联轴节，更换销子和皮革缓冲垫圈。

③更换齿轮。

④重制电动机轴，与转子压配好。

⑤更换电动机轴。

5. 工作台或升降台的进给运动出现明显的间隙停顿现象

（1）故障原因分析

①工作台或升降台导轨副严重研伤或由于污垢阻滞，从而使导轨副的摩擦力增大，造成导轨爬行。

②纵向、横向、垂向丝杠副研伤，或轴承滑润不良，也会造成此故障，甚至咬死。

③钢球安全离合器调得过松，钢球打滑然而又不宜调得过紧。

④该离合器的部分弹簧损坏或疲劳。

（2）故障排除方法

①修刮或补焊导轨，清洗导轨。

②修好丝杠副的研伤处或更换，保证轴承的良好润滑。

③按要求调好钢球安全离合器间隙，一般情况下，间隙调至 0.4 ~ 0.6 mm 为宜。

④更换弹簧。

任务 2.1.4　机床维护保养

一、机床维护与保养

1. 日常维护的操作

①严格遵守操作规程。

②熟悉机床性能和使用范围，不超负荷工作。

③若发现机床有异常现象，则应立即停机检查。

④工作台、导轨面上不准乱放工具、工件或杂物，毛坯工件直接装夹在工作台上时，应使用垫片。

⑤工作前应先检查各手柄是否处在规定位置，然后开空车数分钟，观察机床是否正常运转。

⑥工作完毕后，应将机床擦拭干净，并注润滑油。做到每天一小擦，每周一大擦，定期一级保养。

2. 铣床的润滑

定期对铣床润滑是保养铣床的重要工作，必须定期注润滑油，润滑周期见表2.1.3。注油工具一般使用手压式油壶等。

表 2.1.3 铣床的润滑周期

序号	注油周期	注油润滑位置
1	每班注油一次	①垂向导轨处油孔是弹子油杯，注油时，将油壶嘴压入弹子后注入。 ②纵向工作台两端油孔，各有一个弹子油杯，注油方法同垂向导轨油孔。 ③横向丝杠处，用油壶直接注射于丝杠表面，并摇动横向工作台，使整个丝杠都注到油。 ④导轨滑动表面，工作前、后擦净表面后注油。 ⑤手动油泵在纵向工作台左下方，注油时，开动纵向机动进给，使工作台往复移动的同时，拉（或压）动手动油泵（每班润滑工作台 3 次，每次拉 8 回），使润滑油流至纵向工作台的运动部位
2	两天注油一次	①手动油泵油池在横向工作台左上方，注油时，旋开油池盖，注入润滑油至与油标线平齐。 ②挂架上油池在挂架轴承处，注油方法同手动油泵油池
3	六个月换油一次	①主轴传动箱油池，为了保证油质，六个月调换一次，一般由机修人员负责。 ②进给传动箱油池，换油情况同主轴传动箱油池
4	油量观察点	①带油标的油池共有 4 个，即主轴传动箱、进给传动箱、手动油泵和挂架上油池。要经常注意油池内的油量，当油量低于标线时，应及时补足。 ②观察油窗有两个，即主轴传动箱和进给传动箱。启动机床后，观察油窗是否有油流动，若没有，应及时处理

3. 万能分度头的维护保养

分度头是铣床的精密附件。正确地使用及日常维护保养，能发挥其效能并延长分度头的使用寿命，保持精度，因此，在使用和维护保养时，必须注意以下几点：

①分度头蜗杆和蜗轮的啮合间隙应保持为 0.02 ~ 0.04 mm，过小容易使蜗轮磨损，过大则工件的分度精度因切削力等因素而受到影响。一般地，通过偏心套及调整螺母来调整蜗杆和蜗轮的啮合间隙。

②分度头是铣床的精密附件，使用中严禁用锤子等物品敲打。在搬运时，也应避免碰撞而损坏分度头主轴两端的锥孔和安装底面。调整分度头主轴角时，应先松开基座主轴后部的螺母，再略微松开基座主轴前部的内六角螺钉，待角度调好后，紧固前部螺钉，再拧紧后部螺母。

③在分度头上装夹工件时，应先锁紧分度头主轴。在紧固工件时，切忌用加力杆在扳手上施力，以免用力过大而损坏分度头。

④分度时，在一般情况下，分度手柄应顺时针方向摇动，在摇动的过程中，应尽可能速度均匀。如果摇过了预定位置，则应将分度手柄多退回半圈以上，然后再按原来的方向摇到预定的位置。

⑤分度时，分度手柄上的定位销应慢慢地插入分度盘的孔内，切勿突然撒手而使定位销自动弹入，以免损坏分度盘的孔眼。

⑥分度时，事先要松开主轴锁紧手柄，分度结束后再重新锁紧。但在加工螺旋面工件时，由于分度头主轴要在加工过程中连续旋转，所以不能锁紧。

⑦工件应装夹牢靠，在铣削过程中不得有松动现象。

⑧要经常保持分度头的清洁。存放时，应将外露的金属表面涂上防锈油。经常注意分度头各部分的润滑，并按说明书上的规定，做到定期加油。

二、安全文明生产

1. 安全生产规程的识读

操作任何机械,发生事故都是很可能的事,操作铣床也不例外。为了保证工作中的安全,就必须对安全问题随时随地加以重视。有关操作安全方面的注意事项如下:

①按规定使用防护用品,所穿戴工作服的袖口要扎好,女生戴好工作帽,将头发辫子盘好塞入帽内,防止衣角、袖口、发辫卷入旋转的机件中去。

②操作时不准戴手套。

③铣削中,切不可用手触摸旋转中的刀具和工件,否则容易切伤手指。清理切屑时,要使用工具清理,不可用手直接清理。

④铣削中,禁止用棉丝擦拭工件或旋转中的铣刀、杆等运动部件。测量工件时要停车,切忌在切削中测量工件尺寸。

⑤高速铣削时,操作者要戴好防护眼镜。

⑥刀、夹、量具要放稳放好,防止落下伤人。工件要夹持得牢固可靠,避免切削中工件松脱而发生事故。

⑦铣床上的防护罩等防护装置不可随意拆卸,防止传动带、齿轮等露在外面而发生伤害事故。

⑧不要随意拆卸和改装铣床电气设备与线路,以免发生触电事故。

⑨工作中若发现机床部件、电气设备有故障,应及时申报,未经修复不得使用。

2. 文明生产的要求

文明生产方面的注意事项如下:

①机床应做到每天一次小清洁,每周一次大清洁,按时进行一级保养。保持机床整齐清洁。

②操作者对周围场地应保持整洁,地上无油污、积水、积油。

③操作时,工具与量具应分类整齐地安放在工具架上,不要随便乱放在工作台上或与切屑等混在一起。

④高速铣削或冲注切削液时,应加放挡板,以防切屑飞出及切削液外溢。

⑤工件加工完毕,应安放整齐,不乱丢乱放,以免碰伤工件表面。

⑥保持图样或工艺工件的清洁完整。

教学任务单

专业			班级	
学号		姓名		日期	
项目名称	铣削加工设备的使用		任务名称	花键轴铣削加工设备的使用

【学习步骤】

对花键轴的铣削加工工序卡进行分析，选择合适的机床型号及其参数，能对其运动进行分析。掌握机床的调整及操作方法，掌握刀、夹、附具及工件与机床的连接和安装，能完成零件加工并检验。具备机床故障的分析与排除能力，能进行安全文明生产，完成机床的维护与保养。

【任务实施】

一、读懂工序卡片

请根据任务工序卡填写表 2.1.4。

表 2.1.4　工序卡识读

序号	项目名称	内容填写	备注
1	零件的外形特点		
2	主要加工表面及加工精度		
3	生产批量		
4	备选的机床类型		

出现的问题：

_____

_____

解决措施及经验总结：

_____

_____

二、选择合适的机床型号

1. 为什么优先选择铣床进行零件的加工？

2. 卧式铣床、立式升降台铣床、龙门铣床和工具铣床的应用有什么不同？

3. 请列出你选定的机床型号并解释其含义。

出现的问题：

_____

_____

解决措施及经验总结：

_____

_____

三、工装的选用

1. 如图2.1.13（a）所示，圆柱铣刀如何进行安装？步骤有哪些？

2. 完成工件在分度头上的安装，并将步骤写入表2.1.5。

表2.1.5　工件安装表

序号	内容	备注
1		
2		
3		
4		
5		
6		

出现的问题：

_____

_____

解决措施及经验总结：

_____

_____

四、机床的调整操作

1. 请根据下列情况完成分度头的操作并进行调整计算。

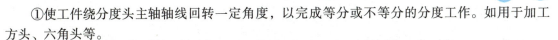

①使工件绕分度头主轴轴线回转一定角度，以完成等分或不等分的分度工作。如用于加工方头、六角头等。

②通过分度头使工件的旋转与工作台丝杠的纵向进给保持一定运动关系，以加工螺旋槽、交错轴斜齿轮及阿基米德螺旋线凸轮等。

③用卡盘夹持工件，使工件轴线相对于铣床工作台倾斜一定角度，以加工与工件轴线相交成一定角度的平面、沟槽及直齿锥齿轮等。

把操作过程中出现的问题写下来：

2. 请根据下列操作步骤完成主轴变速。

①如图 2.1.10 所示，变换主轴转速时，必须先接通电源，停车后，手握变速手柄球部下压，使其定位的榫块脱出固定环的槽 1 位置。

②将手柄快速向左推出，使其定位块送入固定环的槽 2 内。手柄处于脱开的位置 Ⅰ 。

③转动调速盘，将所选择的主轴转数对准指针。

④下压手柄，并快速推至位置 Ⅱ，即可接合手柄。此时，冲动开关瞬时接通，电动机转动，带动变速齿轮转动，使齿轮啮合。随后，手柄继续向右至位置 Ⅲ，并将其榫块送入固定环的槽 1 位置。电动机失电，主轴箱内齿轮停止转动。

⑤由于电动机启动电流很大，所以最好不要频繁变速。即使需要变速，中间的间隔时间应不少于 5 min。主轴未停止，严禁变速。

⑥主轴变速完成后，按下启动按钮，主轴即按选定转速旋转。

⑦检查油窗是否上油。

记录操作中遇到的问题并提出解决方案，填入表 2.1.6。

表 2.1.6　主轴转速操作记录表

序号	遇到的问题	解决的办法	备注
1			
2			
3			
4			
5			

出现的问题：

_____

解决措施及经验总结：

_____

五、花键轴的加工

请根据要求完成花键轴的加工，并记录加工过程中出现的问题及解决问题的措施。

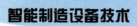

出现的问题：

解决措施及经验总结：

六、产品检测

请完成花键轴的检验并填写表 2.1.7。

表 2.1.7　检测记录表

序号	检测项目	使用工具	测量数据	备注

出现的问题：

解决措施及经验总结：

【任务考核】

评分标准

任务 2.1　花键轴铣削加工设备的使用							
序号	考核评价项目		考核内容	学生自检	小组互检	教师终检	配分	成绩
1	过程考核	素养目标	爱党爱国，爱岗敬业；团队协作、开拓创新；热爱劳动，服务国防				15	
2		知识目标	信息搜集，自主学习，分析解决问题，归纳总结及创新能力				20	
3		能力目标	团队协作、沟通协调、语言表达能力及安全文明、质量保障意识				30	

续表

序号	考核评价项目	考核内容	学生自检	小组互检	教师终检	配分	成绩
		任务 2.1　花键轴铣削加工设备的使用					
4	常规考核	任务完成情况				15	
5		回答问题				15	
6		其他				5	

🌀【任务总结】

_____

_____

_____

_____

🌀【大国工匠】王刚

"铣工是我的强项，沈飞是我的家。工人干好了，一样有作为，一样有出息。"说这句话的人名叫王刚，是中航工业集团公司首席技能专家。他曾先后获得新中国航空工业创建60周年航空报国突出贡献奖、中航工业十大杰出青年等称号，由他领军的"王刚劳模工作室"如今成为全国示范性劳模创新工作室。

1999年，王刚从沈飞高级技工学校毕业后，被分配至中航工业沈飞数控加工厂，刚入厂的王刚静下心来思考着自己的未来并锁定了"成为工厂里挑起大梁的好工人"的目标。从此，铣床成了他最好的"伴侣"，轰鸣的厂房就是他的"乐园"。

"既做航空人，就知责任重，既做新装备，就得多付出。"早已成为王刚内化于心外化于形的行动自觉。

每天没到上班时间，他已经站在铣床旁；下班铃声响过多时，他依然加班到大半夜，吃住在厂房内已是家常便饭。生产研制任务最吃紧的那个时期，他连续三年一天都没休息，就连春节都是在工厂里度过的，工厂成了王刚的第二个家。

细心的人估算了一下，王刚10年的工作时间干完了相当于正常工作15年以上的工作量。当攻坚决战的硝烟散尽，义务献工变成了习惯，他每天都是提前一个多小时来到工作岗位，做好当天开工前的各项准备，并第一个开动机床加工生产。

随着科研生产任务的不断增加，他又索性把中午一个半小时的休息时间压缩成半个小时，每天又挤出一个小时投入工作中。

新时期的产业工人，不能再像以前那样只是简单地付出体力劳动，而是要勇于站在新技术的前沿。无论工作多么繁重，王刚始终没有放松过学习，这些年，仅购买专业书籍就花了两万余元。学以致用，他累计创造了六百余项技术革新和工艺改进，有两项成果成功申报了国家专利，为公司创造经济效益数百万元。

2011年，王刚劳模创新工作室成立，这是沈飞公司为王刚搭建的另一个大显身手的舞台。工作室实现技术革新、生产攻坚、工艺改进等413项，提出合理化建议200余条，累计减少产品加工工时两万余小时，避免废品损失 200 余万元，节约产品材料成本 400 余万元，自制工装、辅助夹具、工具 260 余件（套），节约工装工具成本 600 余万元。有 12 项申请了国家专利，其中，4 项荣获国家发明专利，8 项荣获国家实用新型专利，创新成果转化 405 项。

如今，王刚带领他的团队创造经济效益 1.917 6 亿元，其中，创收 1.782 3 亿元，节资 0.135 3 亿元。王刚、王刚班以及现在的王刚劳模创新工作室正在迎接新挑战、破解新问题，为我国航空工业发展和国防现代化建设再立新功。

任务 2.2 壳体零件数控铣削加工设备的使用

任务描述

某企业要加工一批壳体零件，为了更好地服务企业日常生产运作，请你通过查阅相关资料和文献了解数控铣床的结构，以及会操作数控铣床。

任务要求

读懂工艺要求，选择合适机床型号，完成刀具、工件和夹具与机床的安装，调整操作机床，完成加工过程。

学习目标

素质目标：

1. 培养学生爱岗敬业、业务精干、无私奉献等良好的职业道德素质；
2. 培养学生独立分析问题和处理问题的能力。

知识目标：

1. 能了解数控机床的结构、原理、特点；
2. 能了解数控机床的程序编制方法及典型零件加工过程；
3. 能掌握数控机床的基本操作；
4. 能掌握数控刀具、辅具、量具的使用方法；
5. 能掌握数控机床的维护保养方法。

能力目标：

1. 能操作数控设备；
2. 能获取加工专业知识与专业技能；
3. 能分析和解决生产实际问题；
4. 能查阅分析资料、获取信息；
5. 能制订工作计划和组织实施。

工艺分析 NEWST

陕西国防学院	机械加工工序卡片		产品型号		零件图号				
			产品名称		零件名称		共 页	第 页	

（加工图：标注 Ra、Ra 1.6；30±0.3，2 +0.03/0，3 +0.03/0；100±0.05，80±0.03，50±0.03；4×φ12；50±0.03，80±0.03，100±0.05）

车间		工序号		工序名称		材料牌号	
机加				铣		45钢	
毛坯种类		毛坯外形尺寸		每毛坯可制件数		每台件数	
				1		1	
设备名称		设备型号		设备编号		同时加工件数	
		XKA5750				1	
夹具编号		夹具名称				切削液	
						水溶液	
工位器具编号		工位器具名称				工序工时/min	
						准终	单件

工步号	工 步 内 容	工 艺 装 备	主轴转速 r·min⁻¹	切削速度 m·min⁻¹	进给量 mm·r⁻¹	切削深度 mm	进给次数	工步工时 机动	工步工时 辅助
1	装夹								
2	粗铣各表面								
3									
4									

			设计（日期）	校对（日期）	审核（日期）	标准化（日期）	会签（日期）

1. 加工精度分析

该工件主要尺寸为（30±0.03）mm、（50±0.03）mm、$2^{+0.03}_{0}$ mm 和 $3^{+0.03}_{0}$ mm，其余尺寸为未注尺寸，公差要求尺寸比较好控制。

加工过程中，$2^{+0.03}_{0}$ mm 和 $3^{+0.03}_{0}$ mm 尺寸较难控制，需采用粗、精加工来保证。

2. 表面粗糙度分析

分析工件各表面的粗糙度 Ra 均为 1.6 μm，铣削加工可以达到加工要求。

3. 形体分析

零件加工特点：该零件加工形状比较简单，对刀比较容易。装夹时，采用平口钳装夹，工件外路钳口高度应大于加工高度。

问题引导

问题 1：加工壳体零件，如何选择机床的类型和型号？

问题 2：加工壳体零件，如何选择合适的刀具和夹具？

问题 3：加工壳体零件，如何对机床进行调整？

问题 4：数控铣床的组成有哪些？

问题 5：数控铣床和普通铣床的主要区别是什么？

任务 2.2.1 机床选用

一、机床选型及型号确定

1. 数控铣床的应用

数控铣床加工

数控铣床有着更为广泛的应用范围，能够进行外形轮廓铣削、平面或曲面型腔铣削及三维复杂型面的铣削，如各种凸轮、模具等，若再添加圆工作台等附件（此时变为四坐标），则应用范围将更广，可用于加工螺旋桨、叶片等空间曲面零件。此外，随着高速铣削技术的发展，数控铣床可以加工形状更为复杂的零件，精度也更高。

从数字控制技术特点看，由于数控机床采用了伺服电机，应用数字技术实现了对机床执行部件工作顺序和运动位移的直接控制，传统机床的变速箱结构被取消或部分取消了，因而机械结构也大大简化了。数字控制还要求机械系统有较高的传动刚度和无传动间隙，以确保控制指令的执行和控制品质的实现。同时，由于计算机水平和控制能力的不断提高，同一台机床上允许更多功能部件同时执行所需的各种辅助功能已成为可能，因而数控机床的机械结构比传统机床具有更高的集成化功能要求。

从制造技术发展的要求看，随着新材料和新工艺的出现，以及市场竞争对低成本的要求，金属切削加工正朝着切削速度和精度越来越高、生产效率越来越高和系统越来越可靠的方向发展。这就要求在传统机床基础上发展起来的数控机床精度更高，驱动功率更大，机械机构动静、热态刚度更好，工作更可靠，能实现长时间连续运行和尽可能少的停机时间。

2. 数控铣床类型的选择

（1）按主轴位置分类

①立式数控铣床。

立式数控铣床的主轴轴线垂直于水平面，是数控铣床中最常见的一种布局形式，应用范围也最广泛，一般用在中型数控铣床中。

②卧式数控铣床。

卧式数控铣床与通用卧式铣床相同，其主轴轴线平行于水平面，一般用在中型数控铣床中。

③立卧两用数控铣床。

立卧两用数控铣床的主轴方向可以更换，能达到在一台机床上既可以进行立式加工，又可以进行卧式加工。

（2）按系统功能分类

①经济性数控铣床。

经济型数控铣床是在普通铣床基础上改造而来的，采用经济型数控系统，成本低，机床功能较少，主轴转速和进给速度不高，主要用于精度要求不高的简单平面或曲面类零件的加工。

②全功能数控铣床。

全功能数控铣床一般采用半闭环或闭环控制，控制系统功能较强，一般可实现四坐标或以上的联动，加工适应性强，应用最为广泛。

③高速数控铣床。

高速数控铣床主轴转速在 8 000 ~ 40 000 r/min、进给速度可达 10 ~ 30 m/min，采用全新的机床结构（主体结构及材料变化）、功能部件（电主轴、直线电动机驱动进给）和功能强大的数控系统，并配以加工性能优越的刀具系统，可对大面积的曲面进行高效率的、高质量的加工。

二、结构布局及主要参数的认识

1. 机床的结构布局的认知

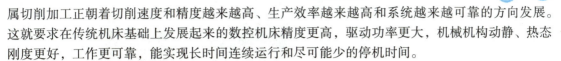

端铣刀铣平面

（1）数控铣床的结构及组成

数控铣床主要由床身、铣头、纵向工作台、横向床鞍、升降台、电气控制系统等组成，如图 2.2.1 所示。能够完成基本的铣削、镗削、钻削、攻螺纹及自动工作循环等工作，可加工各种形状复杂的凸轮、样板及模具零件等。数控铣床的床身固定在底座上，用于安装和支承机床各部件，控制台上有彩色液晶显示器、机床操作按钮和各种开关及指示灯。纵向工作台、横向溜板安装在升降台上，通过纵向进给伺服电动机、横向进给伺服电动机和垂直升降进给伺服电动机的驱动，完成 X、Y、Z 坐标的进给。电器柜安装在床身立柱的后面，其中装有电器控制部分。

数控铣床一般由控制介质、数控装置、伺服系统、机床本体四部分组成。

（2）工作原理

数控铣床的工作原理：根据零件形状、尺寸、精度和表面粗糙度等技术要求制订加工工艺，选择加工参数。通过手工编程或利用 CAM 软件自动编程，将编好的加工程序输入控制器。控制器对加工程序处理后，向伺服装置传送指令。伺服装置向伺服电动机发出控制信号。主轴电动机使刀具旋转，X、Y 和 Z 向的伺服电动机控制刀具和工件按一定的轨迹相对运动，从而实现工件的切削。

图 2.2.1　数控铣床结构图

2. 机床主要参数的认识

根据壳体零件孔加工，选择 XKA5750 铣床，主要参数见表 2.2.1。

表 2.2.1　XKA5750 数控铣床主要参数

名称	参数	名称	参数
机床型号	XKA5750	工作台最大承载重量/kg	300
数控系统	西门子 802D	主轴转速/(r·min⁻¹)	25～5 000
工作台尺寸/(mm×mm)	910×400	X、Y 快移/(m·min⁻¹)	20
工作台左右行程（X 向）/mm	600	Z 快移/(m·min⁻¹)	15
工作台前后行程（Y 向）/mm	400	最大钻孔直径/mm	$\phi22$
主轴箱上下行程（Z 向）/mm	510	最大镗孔直径/mm	$\phi100$

任务 2.2.2　机床调整与加工

一、机床传动系统分析

1. 主传动传动链分析

图 2.2.2 所示是 XKA5750 型数控铣床的传动系统图。主运动是铣床主轴的旋转运动，由装在滑枕后部的交流主轴伺服电动机驱动，电动机的运动通过速比为 1∶2.4 的一对弧齿同步齿形带轮传到滑枕的水平轴 Ⅰ 上，再经过万能铣头的两对弧齿锥齿轮副（33/34、26/25）将运动传到主轴 Ⅳ。转速范围为 50～2 500 r/min（电动机转速范围 120～600 r/min）。当主轴转速在 625 r/min（电动机转速在 1 500 r/min）以下时，是恒转矩输出；主轴转速在 625～1 875 r/min 内时，为恒功率输出；超过 1 875 r/min 后，输出功率下降；转速到 2 500 r/min 时，输出功率下降到额定功率的 1/3。

键槽铣削

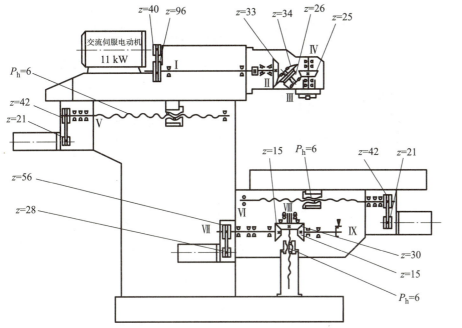

内轮廓铣削

图 2.2.2　XKA5750 型数控铣床的传动系统图

2. 进给运动传动链分析

工作台的纵向进给和滑枕的横向进给传动系统是由交流伺服电动机通过速比为 1∶2 的一对同步圆弧齿形带轮，将运动传动至导程为 6 mm 的滚珠丝杠。图 2.2.3 所示是工作台纵向传动结构。交流伺服电动机 20 的轴上装有圆弧齿同步齿形带轮 19，通过同步齿形带 14 和装在丝杠右端的同步齿形带轮 11 带动丝杠 2 旋转，使底部装有螺母 1 的工作台 4 移动。装在伺服电动机中的编码器将检测到的位移量反馈回数控装置，形成半闭环控制。同步齿形带轮与电动机轴，以及与丝杠之间的连接采用锥环无键式连接，这种连接方法不需要开键槽，而且配合无间隙，对中性好。滚珠丝杠两端采用角接触球轴承支承，右端支承采用三个 7602030TN/P4TFTA 轴承，精度等级 P4，径向载荷由三个轴承分担。两个开口向右的轴承 6、7 承受向左的轴向载荷，向左开口的轴承 8 承受向右的轴向载荷。轴承的预紧力由两个轴承 7、8 的内、外圈轴向尺寸差实现，当用螺母 10 通过隔套将轴承内圈压紧时，外圈因为比内圈轴向尺寸稍短，仍有微量间隙，用螺钉 9 通过法兰盘 12 压到轴承外圈时，就会产生预紧力。调整时，修磨垫片 13 厚度尺寸即可。丝杠左端的角接触球轴承（7602025TN/P4），除承受径向载荷外，还通过螺母 3 的调整，使丝杠 2 产生预拉伸，提高丝杠的刚度和减小丝杠的热变形。5 为工作台纵向移动时的限位行程挡铁。

3. 垂直方向进给运动分析

升降台的垂直进给运动为交流伺服电动机通过速比为 1∶2 的一对同步齿形带轮将运动传到轴Ⅶ，再经过一对弧齿锥齿轮传到垂直滚珠丝杠上，带动升降台运动。垂直滚珠丝杠上的弧齿锥齿轮还带动轴Ⅸ上的锥齿轮，经单向超越离合器与自锁器相连，防止升降台因自重而下滑。

图 2.2.4 所示是升降台升降传动结构。交流伺服电动机 1 经一对齿形带轮 2、3 将运动传到传动轴Ⅶ，轴Ⅶ右端的弧齿锥齿轮 7 带动锥齿轮 8 使垂直滚珠丝杠Ⅷ旋转，升降台上升下降。传动轴Ⅶ由左、中、右三点支承，轴向定位由中间支承的一对角接触球轴承来保证，由螺母 4 锁定轴承与传动轴的轴向位置，并对轴承预紧，预紧量用修磨两轴承的内外圈之间的隔套 5、6 厚度

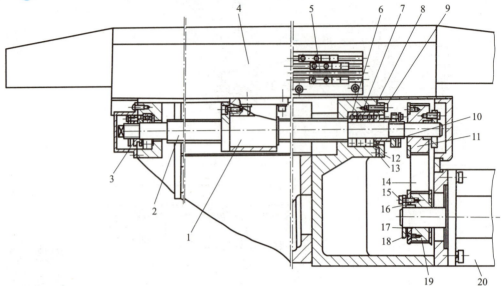

1、3、10—螺母；2—丝杠；4—工作台；5—限位形成挡铁；6、7、8—轴承；9、15—螺钉；11、19—同步齿形带轮；12—法兰盘；13—垫片；14—同步齿形带；16—外锥环；17—内锥环；18—端盖；20—交流伺服电动机。

图 2.2.3　工作台纵向传动结构图

来保证。传动轴的轴向定位由螺钉 25 调节。垂直滚珠丝杠螺母副的螺母 24 由支承套 23 固定在机床底座上，丝杠通过锥齿轮 8 与升降台连接，其支承由深沟球轴承 9 和角接触球轴承 10 承受径向载荷；由 D 级精度的推力圆柱滚子轴承 11 承受轴向载荷。图中轴Ⅸ的实际安装位置是在水平面内，与轴承的轴线呈 90°相交（图中为展开画法）。

外轮廓铣削

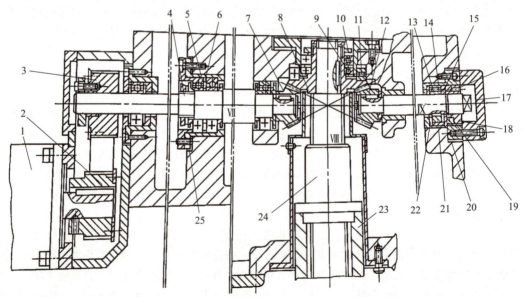

1—交流伺服电动机；2、3—齿形带轮；4、18、24—螺母；5、6—隔套；7、8、12—锥齿轮；9—深沟球轴承；10—角接触球轴承；11—滚子轴承；13—滚子；14—外环；15、22—摩擦环；16、25—螺钉；17—端盖；19—蝶形弹簧；20—防转销；21—星轮；23—支撑套。

图 2.2.4　升降台升降传动结构

二、机床的调整与操作

1. 刀具与切削用量的选择

铣床所用的刀具多采用高速钢和硬质合金刀具。刀具参数请参阅有关手册及产品样本。
常用刀具材料的性能比较参照表 2.2.2。

表 2.2.2　常用刀具材料的性能比较参照

刀具材料	切削速度	耐磨性	硬度	硬度随温度变化
高速钢	最低	最差	最低	最大
硬质合金	低	差	低	大
陶瓷刀片	中	中	中	中
金刚石	高	好	高	小

铣削加工的切削用量包括切削速度、进给速度、背吃刀量和侧吃刀量。从刀具耐用度出发，切削用量的选择方法是：首先选择背吃刀量或侧吃刀量，其次选择进给速度，最后确定切削速度。

（1）背吃刀量 a_p 或侧吃刀量 a_e

背吃刀量 a_p 为平行于铣刀轴线测量的切削层尺寸，单位为 mm。端铣时，a_p 为切削层深度；而圆周铣削时，为被加工表面的宽度。侧吃刀量 a_e 为垂直于铣刀轴线测量的切削层尺寸，单位为 mm。端铣时，a_e 为被加工表面宽度；而圆周铣削时，a_e 为切削层深度。

（2）进给量 f 与进给速度 v_f 的选择

铣削加工的进给量 f（mm/r）是指刀具转一周，工件与刀具沿进给运动方向的相对位移量；进给速度 v_f（mm/min）是单位时间内工件与铣刀沿进给方向的相对位移量。进给速度与进给量的关系为 $v_f = nf$（n 为铣刀转速，单位 r/min）。进给量与进给速度是数控铣床加工切削用量中的重要参数，根据零件的表面粗糙度、加工精度要求、刀具及工件材料等因素，参考切削用量手册选取或通过选取每齿进给量 f_z，再根据公式 $f = zf_z$（z 为铣刀齿数）计算。

铣刀每齿进给量参考值见表 2.2.3。

表 2.2.3　铣刀每齿进给量参考值

工件材料	f_z/mm			
	粗铣		精铣	
	高速钢铣刀	硬质合金铣刀	高速钢铣刀	硬质合金铣刀
钢	0.10 ~ 0.15	0.10 ~ 0.25	0.02 ~ 0.05	0.10 ~ 0.15
铸铁	0.12 ~ 0.20	0.15 ~ 0.30		

（3）切削速度 v_c

铣削的切削速度 v_c 与刀具的耐用度、每齿进给量、背吃刀量、侧吃刀量以及铣刀齿数成反比，而与铣刀直径成正比。铣削加工的切削速度 v_c 可参考表选取，也可参考有关切削用量手册中的经验公式通过计算选取。

铣削加工的切削速度参考值见表 2.2.4。

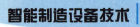
表 2.2.4　铣削加工的切削速度参考值

工件材料	硬度/HBS	$v_c/(\mathrm{mm \cdot min^{-1}})$	
		高速钢铣刀	硬质合金铣刀
钢	<225	18～42	66～150
	225～325	12～36	54～120
	325～425	6～21	36～75
铸铁	<190	21～36	66～150
	190～260	9～18	45～90
	260～320	4.5～10	21～30

2. 数控铣床程序的输入

（1）铣 50×50 的正方形（表 2.2.5）

表 2.2.5　铣轮廓的程序

SK001	程序名
N098 T01	换刀
N100 G0 G90 G17 G40 G49 G80	
N110 G00 G90 G54 X0. Y0. M03 S1000	快速定位到（$X0$，$Y0$）
N120 G00 Z20	快速定位到 $Z20$
N130 G01 Z−3 F50	刀具切入工件 3 mm
N140 G01 G41 D01 X25 Y0 F100	刀具左补偿
N150 G01 X25 Y15	
N160 G03 X15 Y25 CR＝10	
N170 G01 X−15 Y25	
N180 G03 X−25 Y15 CR＝10	
N190 G01 X−25 Y−15	
N200 G03 X−15 Y−25 CR＝10	
N210 G01 X15 Y−25	
N220 G03 X25 Y−15 CR＝10	
N230 G01 X25 Y10	刀具切出工件
N240 G01 Z20	抬刀
N250 G40 X0 Y0	取消刀补
N260 G00 Z150	
N270 M05	主轴停止
N280 M02	程序结束

（2）铣菱形（表2.2.6）

表2.2.6 铣菱形程序

SK002	程序名
N098 T01	换刀
N100 G0 G90 G17 G40 G49 G80	
N110 G00 G90 G54 X0. Y0. M03 S1000	快速定位到（$X0$，$Y0$）
N120 G00 Z20.	快速定位到$Z20$
N140 G00 G41 D01 X－10 Y－60	刀具左补偿
N150 G01 Z－2 F50	刀具切入工件2 mm
N160 G03 X0 Y－50 CR＝10 F100	
N170 G01 X－50 Y0	
N180 G01 X0 Y50	
N190 G01 X50 Y0	
N192 G01 X0 Y－50	
N194 G01 X10 Y－60	刀具切出工件
N200 G01 Z20	抬刀
N210 G40 X0 Y0	取消刀补
N220 G00 Z150	
N230 M05	主轴停止
N240 M02	程序结束

（3）钻中心孔（表2.2.7）

表2.2.7 钻中心孔程序

SK003	程序名
N098 T02	换刀
N100 G0 G90 G17 G40 G49 G80	
N110 G00 G90 G54 X40. Y40. M03 S800	快速定位到（$X40$，$Y40$）
N120 G00 Z20	快速定位到$Z20$
N140 MCALL CYCLE81（10，0，2，－3，0）	调用钻孔循环
N150 X－40 Y40	
N160 X－40 Y－40	
N170 X40 Y－40	
N180 MCALL	取消钻孔循环
N190 G00 Z150	抬刀
N200 M05	主轴停止
N210 M02	程序结束

（4）钻 12 通孔（表 2.2.8）

表 2.2.8 钻 12 通孔程序

SK004	程序名
N098 T03	换刀
N100 G0 G90 G17 G40 G49 G80	
N110 G00 G90 G54 X40. Y40. M03 S600	快速定位到（X40，Y40）
N120 G00 Z20.	快速定位到 Z20
N140 MCALL CYCLE81（10，0，2，－35，0）	调用钻孔循环
N150 X－40 Y40	
N160 X－40 Y－40	
N170 X40 Y－40	
N180 MCALL	取消钻孔循环
N190 G00 Z150	抬刀
N200 M05	主轴停止
N210 M02	程序结束

3. 工件的加工

（1）实操操作步骤

①开机。

打开电源→点击绿色 NC 开关→启动数控系统→解除急停→按下复位→点击加载伺服使能。

②返回零点。

选择手动模式→按下回零按钮→依次按下面板上的＋Z、＋X、＋Y 按钮→等待机床回零标识出现。

③安装夹具并找正。

清洁机床工作台和虎钳安装表面→将虎钳放置在工作台中间位置，钳口与 X 方向大致平行，稍微拧紧锁紧螺母→将百分表吸附在主轴上，调整表头靠近钳口→采用手摇脉冲操作方式，沿 Y 方向移动工作台，并使百分表接触钳口，指针转动两圈左右→沿 X 方向移动工作台，观察指针的跳动，调整虎钳位置，使钳口的跳动控制在 0.01 mm 之内→将虎钳紧固在工作台上→张开虎钳，使钳口略大于工件宽度，清洁钳口和工件表面，将工件放入钳口中，工件基准面与钳口贴紧→转动虎钳手柄夹紧工件，同时用铜棒轻微敲击工件，使其与钳口表面贴实→用百分表检查工件是否上翘→取下百分表。

④安装刀具。

左手握住刀柄，将刀柄的缺口对准主轴端面键→右手按换刀按钮，直到刀柄锥面与主轴锥孔完全贴合→确认刀具确实被拉紧后才能松手。

⑤输入加工程序。

选择"程序管理"操作区→按动"新程序"键→输入新程序名（如：sk01）→按"确认"键接收输入。

⑥模拟。

在自动加工 5 模式下，按模拟键进行程序校验（模拟状态下机床应处于锁定状态，PRT 指示灯需打开），进入屏幕显示初始状态→按"CYCLESTAR 循环启动"开始模拟所选择的零件程序。

⑦试切法对刀。

按"参数操作区域键"→设置刀具半径补偿值（设定的刀具数据必须和所对刀的刀具或寻边器半径值相同）→选择"MDA 方式"→输入主轴旋转指令和主轴转速（M03 S600）→按"循环启动键"，主轴启动→按"测量工件"软键→打开手轮盒上的开关→选择要移动的轴→调整手轮倍率 100、10 或 1 使刀具靠近工件，并与工件发生微量切削→设置对刀参数，"存储在"选择将要设置的工件坐标系→"设置位置到"输入刀具距离工件原点的长度→按软键"计算"，计算结果将显示在"偏置"里，并存储在零点偏置数据库，分别确定工件坐标系 X、Y、Z 方向的坐标零点并存储→使刀具退出工件上表面（Z + 向），按复位键停止主轴转动。

⑧加工。

选择自动运行方式→在"程序管理操作区域"把光标移动到被加工程序名下→按"执行"软键→按"循环启动键"执行所选零件程序→程序将自动执行直至加工结束。如图 2.2.5 所示。

（2）测量记录及装卸工件

①加工结束后，根据零件图纸要求合理选用量具进行测量，并记录加工尺寸。

②根据实际尺寸调整机床。

零件加工合格后，装卸工件并填写加工报告单。

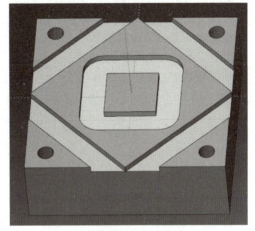

图 2.2.5　加工工件图

三、机床的工装

1. 刀具的安装

（1）数控加工中常用刀具、刀柄、辅具及工装夹具

在数控铣床上使用的刀具主要为铣刀，包括面铣刀、立铣刀、球头铣刀、镗孔刀等，除此以外，还有各种孔加工刀具，如钻头（锪钻、铰刀、镗刀等）、丝锥等。

①数控铣削加工常用刀具。

a. 中心钻，如图 2.2.6 所示。

用途：用于孔加工的预制精确定位，引导麻花钻头进行孔加工，减少加工误差。

特点：切削快，排削好。

b. 麻花钻，如图 2.2.7 所示。

用途：用于孔加工

特点：切削快，排削好。

c. 锪孔钻，如图 2.2.8 所示。

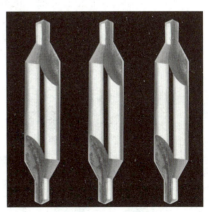

图 2.2.6　中心钻

图 2.2.7　麻花钻

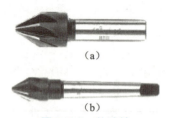

图 2.2.8　锪孔钻

（a）A 型，直柄；（b）B 型，锥柄

用途：用于工件圆孔倒棱角或钻 60°、90°、120°的锥孔。

特点：可以一次完成孔口倒角加工。

d. 丝锥，如图 2.2.9 所示。

用途：用于加工内螺纹。

e. 机用铰刀，如图 2.2.10 所示。

切削平面的运动

图 2.2.9　丝锥

图 2.2.10　机用铰刀

用途：用于铰削已加工孔，提高孔的加工精度及表面质量。

特点：齿数多，工作平稳，导向性好。

f. 镗刀，如图 2.2.11 所示。

用途：用于对工件上已加工的孔进行精加工，加工孔的范围较大。

特点：精度高、位置度好但加工效率较低。

g. 立铣刀，如图 2.2.12 所示。

图 2.2.11　镗刀

图 2.2.12　立铣刀

用途：用于加工内、外轮廓。

特点：刀具刀刃过中心，可垂直下刀。

②刀柄和拉钉结构，如图2.2.13所示。

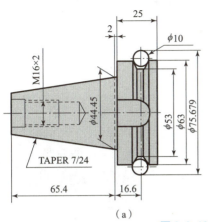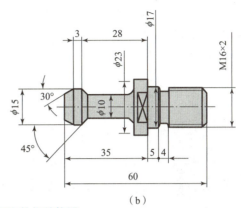

（a）   （b）

图 2.2.13 刀柄和拉钉结构图

（a）BT40 刀柄；拉钉

（2）刀具安装

①安装弹簧夹头刀柄。

a. 先将刀柄放入卸刀座并卡紧，如图2.2.14所示。

b. 根据刀具直径尺寸选择相应的卡簧，清洁工作表面，如图2.2.15所示。

c. 将卡簧压入锁紧螺母，如图2.2.16所示。

图 2.2.14 安装步骤图　　　图 2.2.15 安装步骤图　　　图 2.2.16 安装步骤图

d. 把卡簧装入刀柄中，并将圆柱柄铣刀装入卡簧孔中，根据加工深度控制铣刀伸出长度，使用游标卡尺测量，如图2.2.17所示。

e. 用扳手顺时针锁紧螺母并检查，如图2.2.18所示。

图 2.2.17 安装步骤图　　　　　　　　图 2.2.18 安装步骤图

（注：当铣刀直径小于 16 mm 时，一般可使用普通 ER 弹簧夹头刀柄夹持；当铣刀直径大于 16 mm 或切削力很大时，应采用侧固式刀柄、强力弹簧夹头刀柄或者液压夹头刀柄夹持。）

②安装面铣刀刀柄。

a. 将刀柄装入卸刀，如图 2.2.19 所示。

b. 旋下刀柄端部螺母，如图 2.2.20 所示。

c. 清洁刀柄和铣刀盘装夹表面，如图 2.2.21 所示。

图 2.2.19　安装步骤图　　　图 2.2.20　安装步骤图　　　图 2.2.21　安装步骤图

d. 将铣刀盘装上刀柄，使铣刀盘的缺口正对刀柄的端面键，旋紧螺母并检查，如图 2.2.22 所示（注：用于与面铣刀盘配套使用）。

③钻夹头刀柄。

a. 将刀柄装入卸刀座，如图 2.2.23 所示。

b. 旋开夹头，清洁刀柄和钻头装夹表面，使钻头可装入，如图 2.2.24 所示。

图 2.2.22　安装步骤图　　　图 2.2.23　安装步骤图　　　图 2.2.24　安装步骤图

c. 将钻头放入夹头，旋紧夹头并检查。

（3）手动换刀

①手动装刀。

a. 确认刀具和刀柄的重量不超过机床规定的最大许用重量。

b. 清洁刀柄锥面和主轴锥孔，主轴锥孔可使用主轴专用清洁棒擦拭干净。

c. 左手握住刀柄，将刀柄的缺口对准主轴端面键，垂直伸入主轴内，不可倾斜，如图 2.2.25 所示。

d. 右手按换刀按钮，压缩空气从主轴内吹出，以清洁主轴和刀柄，按住此按钮，直到刀柄锥面与主轴锥孔完全贴合，放开按钮，刀柄即被拉紧。

e. 确认刀具确实被拉紧后才能松手。

②手动卸刀。

先用左手握住刀柄，再用右手按换刀按钮（否则，刀具从主轴内掉下会损坏刀具、工件和夹等）取下刀柄（图2.2.26）。

图2.2.25　安装步骤图

图2.2.26　安装步骤图

注意事项：

①卸刀柄时，必须要有足够的动作空间，刀柄不能与工作台上的工件、夹具发生干涉。

②换刀过程中，严禁主轴运转。

③安装过程中，注意刀具割手。

④刀柄与锥孔一定要保持干净。

⑤安装过程中，一定要防止刀具跌落。

⑥刀具安装后，要习惯性地检查并确保刀具安装牢固。

2. 工件安装

在数控铣床加工工件时，通常采用通用夹具（平口钳、三爪、压板等）。在选择夹具时，要考虑各种因素，尽量采用工艺合理、方便装夹、经济型的夹具。下面以平口钳为例来讲解工件在夹具上的安装步骤。

①清洁机床工作台和虎钳安装表面，如图2.2.27所示。

②将虎钳放置在工作台中间位置，钳口与 X 方向大致平行，稍微拧紧锁紧螺母，如图2.2.28所示。

图2.2.27　安装步骤图

图2.2.28　安装步骤图

③将百分表吸附在主轴上，调整表头靠近钳口；采用手摇脉冲操作方式，沿 Y 方向移动工作台，并使百分表接触钳口，指针转动两圈左右；沿 X 方向移动工作台，观察指针的跳动，调整虎钳位置，使钳口的跳动控制在 0.01 mm 之内，如图 2.2.29 所示。

④将虎钳紧固在工作台上，如图 2.2.30 所示。

⑤张开虎钳，使钳口略大于工件宽度，清洁钳口和工件表面，将工件放入钳口中，工件基准面与钳口贴紧，如图 2.2.31 所示。

图 2.2.29　安装步骤图　　　　图 2.2.30　安装步骤图　　　　图 2.2.31　安装步骤图

⑥转动虎钳手柄夹紧工件，同时用铜棒轻微敲击工件，使其与钳口表面贴实，如图 2.2.32 所示。

⑦用百分表检查工件是否上翘，如图 2.2.33 所示。

图 2.2.32　安装步骤图　　　　　　图 2.2.33　安装步骤图

⑧取下百分表。

任务 2.2.3　机床常见故障诊断与排除

一、典型结构的认知

1. 万能铣头

万能铣头部件结构如图 2.2.34 所示，主要由前、后壳体 12、5，法兰 3，传动轴 Ⅱ、Ⅲ，主轴 Ⅳ 及两对弧齿锥齿轮组成。万能铣头用螺柱和定位销安装在滑枕前端。铣削主运动由滑枕上的传动轴 Ⅰ 的端面键传到轴 Ⅱ，端面键与连接盘 2 的径向槽相配合，连接盘与轴 Ⅱ 之间由两个平键 1 传递运动。轴 II 右端为弧齿锥齿轮，通过轴 III 上的两个锥齿轮 22、21 和用花键连接方式装在主轴 IV 上的锥齿轮 27，将运动传到主轴上。主轴为空心轴，前端有 7∶24 的内锥孔，用于刀具或刀具心轴的定心；通孔用于安装拉紧刀具的拉杆通过。主轴端面有径向槽，并装有两个端面键 18，用于主轴向刀具传递转矩。

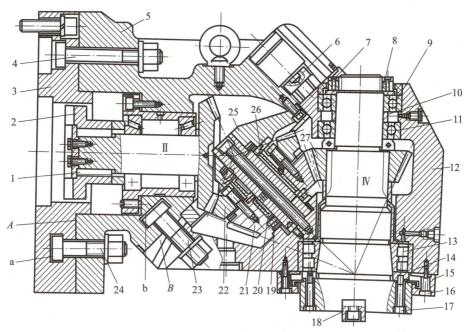

1—键；2—连接盘；3—法兰；4、6、23、24—T 形螺柱；5—后壳体；7—锁紧螺钉；
8—螺母；9、11—角接触球轴承；10—隔套；12—前壳体；13—轴承；14—半圆环垫片；15—法兰；
16、17—螺钉；18—端面键；19、25—推力圆柱滚子轴承；20、26—滚针轴承；21、22、27—锥齿轮。

图 2.2.34　万能铣头部件结构

万能铣头能通过两个互成 45° 的回转面 A 和 B 调节主轴 IV 的方位，在法兰 3 的回转面 A 上开有 T 形圆环槽 a，松开 T 形螺柱 4 和 24，可使铣头绕水平轴 II 转动，调整到要求位置将 T 形螺柱拧紧即可；在万能铣头后壳体 5 的回转面 B 内，也开有 T 形圆环槽 b，松开 T 形螺柱 6 和 23，可使铣头主轴绕与水平轴线呈 45° 夹角的轴 III 转动。绕两个轴线转动组合起来，可使主轴轴线处于前半球面的任意角度。

万能铣头作为直接带动刀具的运动部件，不仅要能传递较大的功率，更要具有足够的旋转精度、刚度和抗振性。万能铣头除了零件结构、制造和装配精度要求较高外，还要选用承载力和旋转精度都较高的轴承。两个传动轴都选用了 D 级精度的轴承，轴 II 上为一对 D7029 型圆锥滚子轴承，轴 III 上为一对 D6354906 向心滚针轴承 20、26，承受径向载荷，轴向载荷由两个型号分别为 D9107 和 D9106 的推力圆柱滚子轴承 19 和 25 承受。主轴上前后支承均为 C 级精度轴承，前支承是 C3182117 型双列圆柱滚子轴承，只承受径向载荷；后支承为两个 C36210 型角接触球轴承 9 和 11，既承受径向载荷，也承受轴向载荷。为了保证旋转精度，主轴轴承不仅要消除间隙，而且要有预紧力，轴承磨损后也要进行间隙调整。前轴承消除间隙和预紧的调整是靠改变轴承内圈在锥形颈上的位置，使内圈外胀实现的。调整时，先拧下四个螺钉 16，卸下法兰 15，再松开螺母 8 上的锁紧螺钉 7，拧松螺母 8 将主轴 IV 向后（向上）推动 2 mm 左右；然后拧下两个螺钉 17，将半圆环垫片 14 取出，根据间隙大小磨薄垫片，最后将上述零件重新装好。后支承的两个向心推力球轴承开口向背（轴承 9 开口朝上，轴承 11 开口朝下），做消除间隙和预紧调整时，用两轴承外圈不动，内圈的端面距离相对减小的办法实现。具体是通过控制两轴承内圈隔套 10 的尺寸。调整时取下隔套 10，修磨到合适尺寸，重新装好后，用螺母 8 顶紧轴承内圈及隔套即可。最后要拧紧锁紧螺钉 7。

2. 升降台自动平衡机构

因滚珠丝杠无自锁能力，当垂直放置时，在部件自重作用下，移动部件会自动下降。因此，除升降台驱动电动机带有制动器外，还在传动机构中装有自动平衡机构，一方面防止升降台因自重下落，另一方面平衡上升下降时的驱动力。本机床的自动平衡机构由单向超越离合器和自锁器组成。其工作原理为（图 2.2.4）：丝杠旋转的同时，通过锥齿轮 12 和轴Ⅸ带动单向超越离合器的星轮 21 转动。当升降台上升时，星轮的转向使滚子 13 与超越离合器的外环 14 脱开，外环 14 不随星轮 21 转动，自锁器不起作用；当升降台下降时，星轮 21 的转向使滚子楔在星轮与外环之间，使外环随轴一起转动，外环与两端固定不动的摩擦环 15、22（由防转销 20 固定）形成相对运动，在碟形弹簧 19 的作用下，产生摩擦力，增加升降台下降时的阻力，起自锁作用，并使上下运动的力量平衡。调整时，先拆下端盖 17，松开螺钉 16，适当旋紧螺母 18，压紧碟形弹簧 19，即可增大自锁力。调整前，需用辅助装置支承升降台。

二、常见故障诊断与排除

1. 加工精度达不到要求

（1）故障原因分析

①机床在运动过程中受到冲击；

②机床安装不牢固，安装精度低或有变化。

（2）故障排除方法

①检查对机床几何精度有影响的各部位，特别是导轨副，并按出厂精度要求重新调整或修复；

②重新安装调平并紧固。

燕尾槽铣削

2. 切削振动大

（1）故障原因分析

①轴承预紧力不够，游隙过大；

②主轴箱和床身连接螺钉松动；

③轴承预紧螺母松动使主轴产生窜动；

④主轴与箱体精度超差；

⑤轴承拉毛或损坏。

（2）故障排除方法

①重新调整、消除轴承游隙，但预紧力不应过大，以免损坏轴承；

②恢复精度后，紧固连接螺钉；

③紧固螺母，确保主轴精度合格；

④更换轴承；

⑤修理主轴或箱体，使之配合精度和位置精度达到要求。

3. 主轴噪声大

（1）故障原因分析

①齿轮啮合间隙大；

②传动皮带尺寸长短不一致或皮带松弛；

③齿轮精度差；

④润滑不良；

⑤主轴负载太大。

（2）故障排除方法

①调整或更换齿轮；

②调整或更换皮带，不能新旧混用；

③更换齿轮；

④调整润滑油量，保持主轴箱的清洁；

⑤减小工作负载，增加主轴的润滑效率，使之符合机床主轴承载要求。

4. 齿轮和轴承损坏

（1）故障原因分析

①变挡压力过大，齿轮受冲击产生破损；

②变挡机构损坏或固定销脱落；

③轴承预紧力过大或无润滑。

（2）故障排除方法

①按液压原理图调整到适当压力和流量；

②修复或更换零件；

③重新调整预紧力，并使之有充足润滑。

任务 2.2.4　机床维护保养

一、机床的维护与保养

1. 日常维护

（1）接通电源前

①应检查机床防护门、电气柜门等是否关好。

②应检查冷却液、液压油、润滑油的油量是否充足。

③检查切削槽内的铁屑是否已清理干净。

（2）接通电源后

①检查面板上各指示灯是否正常，各按钮是否处于安全位置。

②显示屏报警应及时处理。

③压力表是否在所要求的范围内。

④各控制箱冷却风扇是否运转正常。

⑤检查刀具（柄）是否正确夹紧在主轴或刀库中，刀具是否有损伤。

（3）机床运转后的检查

①运转中，机床是否有异常噪声。

②有无异常现象。

2. 每月维护

①清理控制柜内部。

②检查、清洗通风系统过滤网。

③检查各按键及指示灯是否正常。

④检查各电磁和限位开关是否正常。

⑤检查各电器元件及线路接头是否有松动现象。

⑥全面检查润滑及冷却系统。

3. 半年维护

①检查机床工作台水平，检查锁紧螺钉及可调垫铁是否锁紧。

②检查并调整全部传动丝杠负荷，清洗滚动丝杠并涂新油。

③全面检查润滑油路，并更换有问题的油管；对油箱进行清洗换油，疏通油路，并更换滤芯。

④清扫电动机，加润滑脂，检查电动机直连轴轴承，并进行更换。

⑤全面清扫机床电器柜、NC 控制板及电路板，及时更换存储器电池。

二、安全文明生产

①操作人员应熟悉、掌握机器的性能与特性。保证紧急停止开关在紧急状况发生时，能快速、有效地发挥作用，避免发生伤害事故。

②交班时仔细阅读交接班记录，进一步了解上一班机床的运转情况和存在问题，并巡视机床各部位，刀具、直角铣头以及量具是否完好。

③工作台上严禁堆放任何工装、夹具、量具、工件和其他杂物。

④接班要检查机床电气控制系统是否正常，润滑系统是否畅通，油质是否良好，并按规定要求加足导轨润滑油。检查工件、夹具及刀具是否已夹持牢固，检查冷却液是否充足，然后开慢车空转 3 ~ 5 min。

⑤新编程序，操作人员必须认真检查好自己的加工程序，刀具完成设定后，请先以DRYRUN 试跑，确定程式正确无误后，方可对工件进行加工，从而避免错误造成工件损伤。

⑥使用手轮或快速移动方式移动各轴位置时，一定要看清机床 X、Y、Z 轴各方向"＋、－"号标牌后再移动。移动时，先慢转手轮观察机床移动方向无误后，方可加快移动速度。

⑦加工过程中，操作者不得擅自离开机床，应保持思想高度集中，观察机床的运行状态。若发生不正常现象或事故时，应立即终止程序运行，复位停止机床动作，待相关人员检测维修。

⑧刀具不快或刀刃损伤时，要及时更换，防止对刀具或工件造成损伤。

⑨在程序运行中，须暂停测量工件尺寸时，要待机床完全停止、主轴停转后，方可进行测量，以免发生人身事故。

⑩按工艺规定进行加工。不准任意加大进刀量和切削速度。不准超规范、超负荷、超重量使用机床。

⑪上下工件时，应先停止机器运转，并注意工件与刀具间保持适当距离。

⑫操作人员装刀时，一定要严格确保主轴内部清洁、直角铣头内无杂物，并严格把关直角铣头精度调整。

⑬定期做机床保养保持机床清洁。

教学任务单

专业			班级	
学号		姓名		日期	
项目名称	铣削加工设备的使用		任务名称	壳体零件数控铣削加工设备的使用

【学习步骤】

以壳体数控铣削加工工序卡片提出任务，在数控铣削壳体的准备工作中学会分析工序卡片及图样，根据分析选择合适的机床型号，对选定的机床的参数及其运动进行分析，掌握本机床的调整及操作方法，掌握刀、夹、附具及工件与机床的连接和安装，最后完成工序卡片零件加工操作及检验，掌握对一般机床故障的分析与排除能力，学会本类机床的操作规程维护及其保养。

【任务实施】

一、读懂工序卡片

请根据任务工序卡填写表2.2.9。

表2.2.9 工序卡识读

序号	项目名称	内容填写	备注
1	零件的外形特点		
2	主要加工表面及加工精度		
3	生产批量		
4	备选的机床类型		

出现的问题：

_____

_____

解决措施及经验总结：

_____

_____

二、选择合适机床选型号

1. 为什么优先选择数控铣床进行零件的加工？

2. 数控铣床的结构是什么？

3. 请列出你选定的机床型号并解释其含义。

出现的问题：

_____

_____

解决措施及经验总结：

_____

_____

三、完成刀具、工件、夹具以及机床的安装
1. 如何选择铣削用量？

2. 请根据内容，将工件的安装步骤写入表 2.2.10。

表 2.2.10　工件安装表

序号	内容	备注
1		
2		
3		
4		
5		
6		

出现的问题：

_____

_____

解决措施及经验总结：

_____

_____

四、调整操作机床
请根据加工内容，将工件的加工步骤填入表 2.2.11。

表 2.2.11　工件安装表

序号	内容	备注
1		
2		
3		
4		
5		
6		
7		
8		

出现的问题：_____

_____

_____

解决措施及经验总结：_____

_____

_____

五、完成壳体的加工

请根据工序图的要求完成壳体的加工，并记录加工过程中出现的问题及解决问题的措施。

出现的问题：_____

_____

_____

解决措施及经验总结：_____

_____

_____

六、产品检测

请完成壳体的检验并填写表 2.2.12。

表 2.2.12　检测记录表

序号	检测项目	使用工具	测量数据	备注

出现的问题：_____

_____

解决措施及经验总结：_____

_____

【任务考核】

评分标准

序号	考核评价项目		考核内容	学生自检	小组互检	教师终检	配分	成绩
			任务2.2　壳体零件数控铣削加工设备的使用					
1	过程考核	素养目标	业务精干，无私奉献；热爱劳动，服务国防				15	
2		知识目标	数控机床的结构和原理、数控铣床的操作与调整				25	
3		能力目标	操作数控铣床，解决生产实际问题，以及维修和保养机床				30	
4	常规考核		任务完成情况				10	
5			回答问题				15	
6			其他				5	

【任务总结】

_____

_____

_____

_____

_____

【大国工匠】方文墨

　　方文墨，男，汉族，中共党员，1984年9月出生，黑龙江哈尔滨人，航空工业首席技能专家。先后荣获全国五一劳动奖章、中国青年五四奖章、全国技术能手、辽宁省特等劳动模范等荣誉。2019年，被中央宣传部和中华全国总工会授予"最美职工"荣誉称号。方文墨创造的"0.003 mm加工公差"被称为"文墨精度"。方文墨改进工艺方法60余项，撰写技术论文12篇，申报技术革新项目20项，并取得了"定扭矩螺纹旋合器"等3项国家发明专利和实用新型专利。"定扭矩螺纹旋合器"提高生产效率8倍，仅人工成本每年就为企业节约100多万元；他改进的钛合金专用丝锥，提高工效4倍，每年节约人工成本和材料费46万余元。

项目三

镗削加工设备的使用

任务 3.1 支块零件五轴数控设备的使用

任务描述

支块零件，底沿边长 60 mm、上沿边长 44 mm、棱面与平面的夹角为 60°。设定支块上平面的中心位置为工件坐标系原点。使用摆动循环 CYCLE800 指令完成指定的支块斜平面定位后，再使用平面铣削循环 CYCLE61 指令完成图示尺寸的斜平面铣削加工。

任务要求

读懂工艺要求，选择合适机床型号，完成刀具、工件和夹具与机床的安装，调整操作机床，完成零件加工。

学习目标

素质目标：

1. 培养学生爱岗敬业、业务精干、无私奉献等良好的职业道德素质；
2. 培养学生独立分析问题和处理问题的能力；
3. 培养学生探索、创新能力；
4. 培养学生热爱劳动、精益求精的工匠精神；
5. 培养学生严格遵守规范意识。

知识目标：

1. 了解五轴数控机床特点；

2. 了解空间直角坐标系的建立；

3. 理解五轴数控机床坐标系及转换循环。

技能目标：

1. 学会使用五轴数控机床完成零件加工；

2. 掌握五轴数控机床典型结构特点；

3. 学会五轴数控机床故障诊断维修；

4. 掌握五轴数控机床规范操作方法。

工艺分析

机械加工工序卡片		产品型号			零件图号				
		产品名称			零件名称	正四棱台	共 页		第 页
		车间		工序号	工序名称		材料牌号		
				25	铣削		2Al2		
		毛坯种类		毛坯外形尺寸		每毛坯可制件数	每台件数		
				70×70×50		1	1		
		设备名称		设备型号	设备编号		同时加工件数		
		五轴加工中心		TH5180×5			1		
		夹具编号			夹具名称		切削液		
		工位器具编号			工位器具名称		工序工时/min		
							准终		单件
工步号	工步内容	工艺装备		主轴转速	切削速度	进给量	切削深度	进给次数	工步工时
				r·min⁻¹	m·min⁻¹	mm·r⁻¹	mm		机动 辅助
1	铣四棱台位置1	12 mm立铣刀、平口虎钳、游标卡尺		500	20	0.3			
2	铣四棱台位置2	12 mm立铣刀、平口虎钳、游标卡尺		500	20	0.3			
3	铣四棱台位置3	12 mm立铣刀、平口虎钳、游标卡尺		500	20	0.3			
4	铣四棱台位置4	12 mm立铣刀、平口虎钳、游标卡尺		500	20	0.3			
				设计（日期）	校对（日期）	审核（日期）	标准化（日期）		会签（日期）

GB/T 1804—2000线性尺寸公差等级节选

尺寸段	0.5~3	3~6	6~30	30~120
紧密度	±0.05	±0.05	±0.1	±0.15

$\sqrt{Ra\ 3.2}$

1. 加工精度分析

根据零件图可知，加工部位 4 个位置棱台结构，角度为 60°，要求外棱角位置公差 0.3，内棱角位置公差 0.2，尺寸精度按照工序图要求完成，公差等级是 7 级。

2. 表面粗糙度分析

工件各表面的粗糙度 Ra 均为 3.2 μm，铣削加工可以达到加工要求。

3. 材料分析

2A12 合金钢，切削性能好，可选用硬质合金刀具，也可以选用涂层刀具。

4. 形体分析

该零件为长方体方料形坯件，外形尺寸不大，宜采用机用平口钳装夹。

问题 1：五轴数控机床的工艺范围是什么？

问题 2：五轴数控机床与数控铣床区别是什么？

问题 3：五轴数控机床的结构类型是什么？

问题 4：五轴数控机床加工零件的操作步骤是什么？

问题 5：五轴数控机床换刀故障原因是什么？

任务 3.1.1　机床选用

一、机床选型及型号确定

1. 加工工艺范围的认识

五轴与数控铣区别

五轴数控机床的经济性和技术复杂性限制了其大范围应用，适用于精密、复杂零件加工；周期性重复投产零件加工；多工位、多工序集中的零件加工；具有适当批量的零件加工等。主要加工对象有箱体类零件、复杂曲面、异形件、盘、套、板类零件等，如图 3.1.1 所示。

图 3.1.1　五轴数控机床加工典型表面

（a），（b）发动机缸体；（c）螺旋零件；（d）叶轮；（e）板类零件；（f）异形件；（g）盘类零件

2. 五轴数控机床的选择

五轴数控机床一般根据轴运动的配置形式进行分类，其轴运动的配置形式有工作台转动和主轴头摆动两类，通过不同的组合，可以构成主轴倾斜型五轴数控机床、工作台倾斜型五轴数控机床以及工作台/主轴倾斜型五轴数控机床三大类。

加工中心类型

（1）主轴倾斜型五轴数控机床

两个旋转轴都在主轴头一侧的机床结构，称为主轴倾斜型五轴数控机床（或称为双摆头结构五轴数控机床）。主轴倾斜型五轴数控机床是目前应用较为广泛的五轴数控机床配置形式之一，这种五轴数控机床的结构特点是，主轴运动灵活、工作台承载能力强且尺寸可以设计得非常大。此外，该结构的五轴数控机床，适用于加工舰艇推进器、飞机机身模具、汽车覆盖件模具等大型部件。但是将两个旋转轴都设置在主轴头一侧，使得旋转轴的行程受限于机床的电路线缆，无法 360°回转，并且主轴的刚性和承载能力较低，不利于重载切削。

主轴倾斜型五轴数控机床可以进一步分为以下两种形式：

①十字交叉型双摆头结构（图 3.1.2）。一般该结构的旋转轴部件 A 轴（或者 B 轴）与 C 轴在结构上十字交叉，并且刀轴与机床 Z 轴共线。

②刀轴俯垂型结构（图 3.1.3）。刀轴俯垂型结构又称为非正交摆头结构，即构成旋转轴部件的轴线（B 轴或者 A 轴）与 Z 轴成 45°夹角。非正交摆头型五轴数控机床通过改变摆头的承载位置和承载形式，从而有效提高了摆头的强度和精度。但采用非正交形式回转轴会增加操作难度和 CAM 软件的后置处理定制难度。

（2）工作台倾斜型五轴数控机床

两个旋转轴都在工作台一侧的机床结构，称为工作台倾斜型五轴数控机床（或称为双转台五轴结构数控机床）。这种结构的五轴数控机床的特点在于主轴结构简单，刚性较好，制造成本较低。工作台倾斜型五轴数控机床的 C 轴回转台可以无限制旋转，但由于工作台为主要回转部件，尺寸受限，并且承载能力不大，因此不适合加工过大的零件。

图 3.1.2　十字交叉型双摆头结构

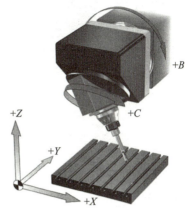

图 3.1.3　刀轴俯垂型结构

工作台倾斜型五轴数控机床可以进一步分为以下两种形式：

①图 3.1.4 所示为正交和俯垂工作台结构，B 轴为非正交 45°回转轴，C 轴为绕 Z 轴回转的工作台。该结构五轴数控机床能够有效减小机床的体积，使机床的结构更加紧凑，但由于摆动轴为单侧支撑，因此在一定程度上降低了转台的承载能力和精度。

②图 3.1.5 所示为双转台（摇篮式）结构。A 轴绕 X 轴摆动，C 轴绕 Z 轴旋转。该结构是目前最常见的五轴结构，其转台的承载能力和精度均能够控制在用户期望的使用范围内，且根据不同的精度需求，可以选择摆动轴单侧驱动和双侧驱动两种形式，转台是单侧或双侧驱动结构不是决定机床转台精度的唯一标准，还需要综合考虑转台本身的刚性和设计结构等。

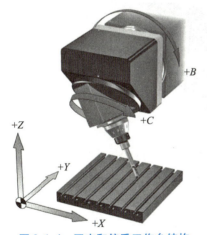

图 3.1.4　正交和俯垂工作台结构

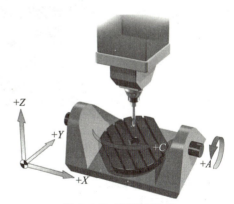

图 3.1.5　双转台结构

（3）工作台/主轴倾斜型五轴数控机床

两个旋转轴中的一个旋转轴设置在刀轴一侧，另一个旋转轴在工作台一侧，该结构称为工作台/主轴倾斜型五轴结构（或称为摆头转台式）。此类机床的特点在于，旋转轴的结构布局较为灵活，可以是 A、B、C 三轴中的任意两轴组合，其结合了主轴倾斜型和工作台倾斜的特点，加工灵活性和承载能力均有所改善。图 3.1.6 所示是常见的摆头转台式五轴数控机床。

图 3.1.6　常见的摆头转台式结构

二、结构布局及主要参数的认识

1. 机床结构布局的认知（图 3.1.7）

图 3.1.7　TH5140×5 五轴数控机床机体结构

2. 机床主要参数的认识（表 3.1.1）

表 3.1.1　TH5180×5 五轴数控机床技术数据与特性

项目	单位	参数
$X/Y/Z$ 轴行程	mm	800/750/700
B 轴回转角度	（°）	（$-5 \sim 110$）
C 轴回转角度	（°）	（$-\infty \sim +\infty$）
转速范围	r/min	$20 \sim 14\,000$
功率（40%/100% DC）	kW	14.5/20.3

续表

项目	单位	参数
转矩（40%/100% DC）	N·m	121
转速范围（选配）	r/min	20～18 000
功率（40%/100% DC）（选配）	kW	25/35
转矩（40%/100% DC）（选配）	N·m	130
快速移动 X/Y/Z	r/min	30
夹紧面尺寸	mm×mm	700×500
承重能力	kg	500
质量	kg	4 480
功率	kW	21

3. 机床型号的认识

数控机床目前主流的两大系统是 SIEMENS 和 FANUC，西门子主流型号是 828D、840D SL 等，FANUC 数控系统主流型号是 0I－F、31i、32i 等，本书选用 SINUMERZIK 840D SL 型号五轴数控加工机床。

任务 3.1.2 机床调整与加工

一、机床传动系统分析

五轴数控机床共存在五条传动链：主运动传动链，纵向、横向、垂向传动链，刀库的旋转运动传动链，分别用来实现刀具的旋转运动，如工作台的纵横向进给运动、主轴箱的升降运动，以及选择刀具时刀库的旋转运动。如图 3.1.8 所示。

1. 主运动传动链分析

五轴数控机床的主运动驱动电动机是交流变频调速电动机，连续输出额定功率为 5.5 kW；最大输出功率为 7.5 kW，但工作时间不得超过 30 min，称为 30 min 过载功率。这种电动机靠改变电源频率实现无级调速，额定转速为 1 500 r/min，最高转速为 4 500 r/min，在此范围内为恒功率调速。从最高转速开始，随着转速下降，最大输出转矩增加，保持最大输出功率为额定功率不变，最低转速为 45 r/min，从额定转速至最低转速，为恒转矩调速。电动机的最大输出转矩，维持额定转速时的转矩不变，不随转速的下降而上升。

主电动机经两级多楔带轮驱动主轴。当经带轮副直径为 ϕ183.6 mm/ϕ183.6 mm 传动时，主轴转速 n 为 45 r/min、1 500 r/min、4 500 r/min；当经带轮副直径为 ϕ119 mm/ϕ239 mm 传动时，n 为 22.5 r/min、750 r/min、2 250 r/min。无级调速，三个数字分别为最低、额定和最高转速。

2. 进给运动传动链分析

X、Y、Z 三个轴各有一套基本相同的进给伺服系统，脉宽调速直流伺服电动机直接带动滚

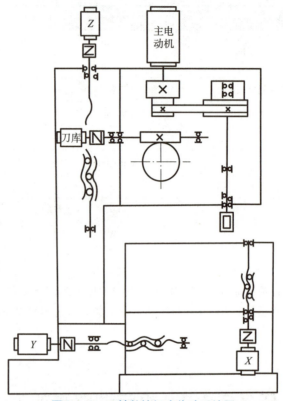

图 3.1.8　五轴数控机床传动系统图

珠丝杠，功率都为 1.4 kW，无级调速。三个轴的进给速度均为 1 ~ 400 mm/min。快移速度，X、Y 两轴皆为 15 m/min，Z 轴为 10 m/min。三个伺服电动机分别由数控指令通过计算机控制，任意两个轴都可以联动。

二、机床的调整与操作

1. "3 + 2" 定向加工工件坐标系建立

"3 + 2" 定向加工是五轴数控机床的主要加工方式，在五轴数控加工中大约 85% 以上的加工内容可以采用 "3 + 2" 定向加工的方式完成。所谓 "3 + 2" 定向加工，是指五轴数控机床中的 3 个直线轴进行联动，其余 2 个旋转轴进行定向。加工前，先通过两个旋转轴的定位功能，使得机床主轴与被加工工件呈固定的空间角度，然后再通过三个基本直线轴的联动，对工件上的某一区域进行三轴加工。这种编程方式比较简单，可以使用三轴加工策略。

"3 + 2" 定向加工主要由 2 个旋转轴的定向运动，配合其余 3 个线性轴的联动实现。然而，为了简化 "3 + 2" 定向中 2 个旋转轴的定向，以及旋转轴定向后的程序编辑，主流的五轴数控系统均定制了回转平面定位功能，用于实现工件坐标系到可编程坐标变换后的坐标系之间的转换操作。其实质为，首先采用坐标系平移功能将初始工件坐标系进行沿 X、Y、Z 三个方向的任意移动，建立坐标系旋转中心，然后利用坐标系旋转功能或者轴旋转功能将坐标系进行旋转，使待加工倾斜面的法矢量方向与刀具轴线方向一致。最后，根据需要再次进行坐标系平移，以简化坐标系倾斜状态下的编程操作。

该操作在五轴数控系统中的实现包含表 3.1.2 中的三个步骤。

表 3.1.2　五轴数控系统坐标系之间的转化操作

步骤	名称	内容
步骤 1	平移	根据图样所示加工平面的位置和角度，对 G54 坐标系位置进行平移
步骤 2	旋转	根据图样所示加工平面的角度，旋转倾斜面至加工表面
步骤 3	平移	对坐标系进行二次平移，以简化程序编辑的工作量

2. 摆动循环 CYCLE800 指令

摆动循环 CYCLE800 是一种对工件坐标系进行空间静态转换的"框架"功能指令，能够实现 3＋2 轴机床把编程坐标系通过"平移—旋转—再平移"的方式转移到当前所需加工的倾斜面上，实现空工件坐标系的旋转，使刀轴垂直于当前加工倾斜面，把倾斜面转换成 3 轴加工方式来进行加工编程，从而实现零件的定向加工。利用该指令可以实现在立体倾斜侧面上或在有一定角度的侧面上完成各种沟槽、型腔、凸台、钻孔、攻螺纹等一系列的三轴机床加工的内容。能够在三轴加工的基础上通过一个简单的指令（由系统后台进行运动计算与执行控制）就可以实现五轴定向加工。

（1）CYCLE800 指令名称

在本书中，将 CYCLE800 指令称为"摆动循环"。CYCLE800 指令在一些资料中还有其他名称，如"平面倾斜循环""转动加工循环""五轴定向加工辅助循环"和"3＋2 轴定向加工"等。

（2）CYCLE800 编程原理

借助回转头或者回转台可以加工或设置斜面。回转在"JOG"运行方式和"AUTO"方式下都可以使用。在参数化或者回转编程时，可通过清楚的图形显示加以辅助。这时可以对机床的回转轴（A、B、C）进行编程或者可以直接给出绕工件坐标系几何轴（X、Y、Z）的旋转值，如同各个工件图中说明的一样。CYCLE800"摆动循环"加工时，在程序中自动将工件坐标系的旋转换算成机床上各个转向系统运行界面轴的旋转值。此时回转轴一直旋转，直到在接下来的加工中加工平面垂直于刀具轴。然后在进行加工时，加工平面固定不变。轴回转时，生效的零点和刀具补偿会自动换算成适合回转状态的值并形成新的坐标系。摆动循环 CYCLE800 指令运行步骤一般为：

①将坐标系回转到待加工平面。

②通常和在 X/Y 平面（如果设定 G17 为切削平面）中一样对加工内容进行编程。

③重新将坐标系转回。

3. 机床刀具表的创建

加工工件必须使用切削刀具。将支块零件加工中所使用的刀具存储在机床系统上的刀具存储器中，以备编写程序时和实际加工中进行调用，如图 3.1.9 所示。

图 3.1.9　刀具表

（1）建立铣刀与删除刀具

①在系统面板上按运行模式键"OFFSET"，屏幕显示出"刀具表"界面。假设这时是一个

空表，光标移动到刀具表的第 1 行位置（如果刀具表中已有刀具存在，首先检查所要创建的铣刀是否已经存在，如果没有这把铣刀，则将光标移动到刀具表最下面的空白行）。

②按软键"新建刀具"，按软键"优选"，选择"立铣刀"，按软键"确认"，输入刀具的参数：刀具名称：CUTTER 12（表 3.1.3）；ST：1；D：1；长度：100；ϕ：12；齿数 N：4；主轴旋转方向：顺时针；冷却剂开关 1：打钩。

表 3.1.3　刀具明细参数

序号	刀具名称	程序中的刀具名称	规格/mm	刀具长度/mm	参数
1	立铣刀	CUTTER 12	12	149.23	刃长：32 mm，刃数：4

（2）删除刀具

在创建的刀具表中，如果欲删除某一把刀具，则将光标移动到刀具表中这个刀具所在行上，按软键"删除刀具"，弹出询问对话框，按软键"确认"，就删除了这个刀具。

注意，建立刀具与删除刀具只是录入或移除刀具的信息。在此位置实际有刀具的情况下，不建议此项操作。

（3）装载刀具

①装载刀具在系统面板上按运行模式键"OFFSET"，屏幕显示"刀具表"界面，将光标移动到刀 CUTTER 12 上，按软键"装载"，弹出对话框，在"位置"后输入刀库位置，也可以保持默认，系统会按顺序装载到刀库，按软键"确认"，就把 ϕ12 mm 的立铣刀装入刀库中，位置在 1 号。

②此时刀库根据操作者确定的刀具安装刀位，自动将刀库旋转到装卸刀安装位置。实际操作中，当刀库旋转到用户安装位置后，系统会给出信息提醒，操作者要按照系统提示进行开门、把刀具正确安装到刀库内、关门，系统会自动将刀具的信息更新到刀具表内的相应位置。

（4）卸载刀具

若要卸载主轴上的当前刀具，将光标移动到刀库中的"CUTTER 12"上，按软键"卸载"，就完成对刀具的卸载。在实际操作中，刀库将要卸载的刀具旋转到用户卸载位置，操作者要按照系统提示，进行开门、把刀具从主轴上取下、关门，系统会自动将刀具表内的相关刀具信息移除。

4. 支块零件的编程与加工练习

如图 3.1.10 所示的支块零件，底沿边长为 60 mm、上沿边长为 44 mm、棱面与设定 G17 平面的夹角为 60°。设定支块上平面的中心位置为工件坐标系原点。

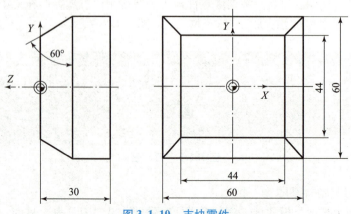

图 3.1.10　支块零件

支块斜平面铣削加工过程见表 3.1.4。

表 3.1.4　不同位置 4 个斜平面的铣削过程

"位置 1" 斜平面加工	"位置 2" 斜平面加工	"位置 3" 斜平面加工	"位置 4" 斜平面加工
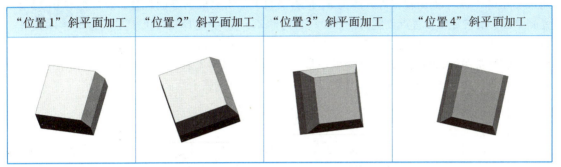			

①要完成摆动循环 CYCLE800 初始化设置操作，其操作步骤及参数设定见表 3.1.5。

表 3.1.5　摆动循环 CYCLE800 初始化设置操作

设置方法	系统操作步骤	基本设置参数
在程序编辑界面中，进行摆动循环 CYCLE800 指令的初始化设置。按软键"其他"，按软键"回转平面"，按软键"基本设置"，出现"回转平面"对话框，将其中所有数值参数项全部清零，其他选择项目内容如右图所示，最后按软键"确认"	⇒ 其他 ⇒ 回转平面 ▶　⇒ 基本设置 ⇒ 确认 ✔	回转平面 PL　G17 (XY) TC　TC1 回退　Z XY 回转平面　新建 X0　0.000 Y0　0.000 Z0　0.000 回转模式　沿轴 轴序列　X Y Z X　0.000 ° Y　0.000 ° Z　0.000 ° X1　0.000 Y1　0.000 Z1　0.000 方向　+ 刀具　不跟踪

②初始化设置完成后，可进行工件毛坯的设定。针对图 3.1.10 所示的支块零件，最方便的毛坯设置是选择"中心六面体"形式。本零件加工选择的毛坯是已经过加工后，符合图样外形标注尺寸的零件半成品。

③这里需要说明的是，编程中创建工件毛坯的步骤不是必须做的，所建立的毛坯仅仅是为了在验证编写程序正确性的模拟加工操作中查看毛坯外形，或是在实际加工的过程中查看，分析零件实体加工后的内部结构，与工件的实际加工没有必然关联。循环 CYCL6800 的回转平面功能——坐标系平移 + 坐标系旋转的方式进行斜平面定向和坐标定位，将坐标位置定位在每一边所需加工平面位置上，零件图中的数字指明了 4 个斜平面加工的先后顺序。通过 4 次回转平面设定，实现 4 个不同位置斜平面的铣削编程的过程。

即首先平移 WCS（工件坐标系），然后围绕新参考点旋转 WCS，回转后，在新建的回转平面上平移 WCS 至指定位置。本零件仅需要前两步即可完成加工坐标系的定向工作。

④"位置1"斜平面的平面铣削循环 CYCLE61 指令参数设置说明如图 3.1.11 所示。铣削平面面积为 16 mm×60 mm；$SC = 5$；$Z_0 = 7$，$Z_1 = 0$。选择绝对尺寸方式（abs）则比较直观，因为 Z_1 是斜平面1加工完成的平面位置，也是斜平面1旋转定位参考点位置所在平面；若选择 $Z_1 = -7$，选择相对尺寸方式（inc）也是可以的，这时要注意其正负方向不要输错。由于是粗加工，刀具的

五轴加工

切削范围只要保证能够覆盖铣削平面就可以了；如果是精加工表面，刀具在进刀方向上应超出工件表面的长度尺寸，此时应注意刀具的运动不能与夹具发生干涉。

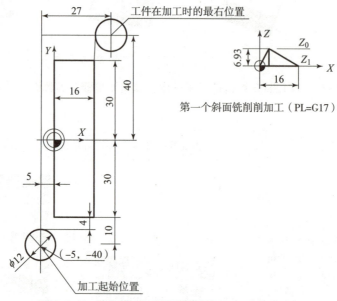

图 3.1.11 "位置1"斜平面铣削加工刀路轨迹分析

⑤在完成"位置1"斜平面加工程序编写后，可直接利用"回转平面"选项进行"位置2"斜平面的定位、"位置3"斜平面的定位和"位置4"斜平面的定位。

直接（新建回转平面）方式下的斜平面铣削加工的参考程序清单见表 3.1.6。

表 3.1.6 斜平面铣削加工的参考程序清单

段号	程序	注释
N10	CYCLE800(1,"0",200000,57,22,0,0,0,30,0,0,0,0,1,100,1)	将摆台初始化设置
N20	T = "CUTTER"	调用 ϕ12 mm 立铣刀
N30	M6	
N40	G54	设置工艺参数
N50	S5000M03	
N60	WORKPLECE(,"" , ,"BOX",0,0,−50,−80,−30,60,60)	设置模拟加工毛坯
N70	CYCLE800(4,"TCL",200000,57,22,0,0,0,60,0,0,0,0,1,100,1)	定位到"位置1"处
N80	CYCLE61(100,10,12,0,−5,−40,16,80,5,5,0,2000,41,0,1,1000)	铣削"位置1"斜面

续表

段号	程序	注释
N90	CYCLE800(4,"TCL",200000,57,0,−22,0,60,0,0,0,0,0,1,100,1)	定位到"位置2"处
N100	CYCLE61(100,10,12,0,−40,5,80,−16,5,5,0,2000,31,0,1,1000)	铣削"位置2"斜面
N110	CYCLE800(4,"TCL",200000,57,−22,0,0,0,−60,0,0,0,0,1,100,1)	定位到"位置3"处
N120	CYCLE61(100,10,12,0,5,−40,−16,80,5,5,0,2000,41,0,1,1000)	铣削"位置3"斜面
N130	CYCLE800(4,"TCL",200000,57,0,22,0,−60,0,0,0,0,0,1,100,1)	定位到"位置4"处
N140	CYCLE61(100,10,12,0,−40,−5,80,16,5,5,0,2000,31,0,1,1000)	铣削"位置4"斜面
N150	M5	
N160	CYCLE800(4,"TCL",200000,57,0,0,0,0,0,0,0,0,0,1,100,1)	将摆台恢复到初始设置状态
N170	M30	程序结束

注：N10语句是摆动循环CYCLE800回转平面的初始设定。其意义在于实际加工过程中，中途停机或执行完带有摆动循环CYCLE800回转平面定位的加工程序，机床会停止在指定回转平面位置，未能恢复到旋转轴初始位置。再次启动加工程序后，系统会将最后停机位置作为初始参考基准位置进行计算，这样会产生后续回转平面定义角度参数的累计，造成角度定位不正确。

加工中心刀具

三、机床的工装

刀具系统是工艺系统的重要组成部分，由刀柄和刀具两部分组成，如图3.1.12所示。刀柄是实现五轴加工的核心之一，合理地选用刀柄不仅可以提高加工精度，还可以有效降低工艺难度。根据机床的主轴锥孔不同，通常分为两大类，即通用刀柄（锥度为7:24，主要面向普通加工）和高速刀柄（短锥刀柄，锥度为1:10或1:20，面向高速加工）。五轴加工刀具有效克服刀具在传统三轴环境下的不足，应用对比见表3.1.7。多种常用刀具基本都能用在五轴加工条件下。

图3.1.12 部分常见五轴刀具系统

表3.1.7 传统三轴加工刀具和五轴加工刀具应用对比

序号	三轴加工	五轴加工
1	刀具过长，引发刀具震动	五轴空间摆动，缩短刀具装夹长度，刚性更好
2	表面粗糙度超差	高刚性保证振动减少，表面质量更高
3	多次装夹频繁换刀，加工效率下降	大多数情况下，一次装夹加工效率更高
4	刀具数量增加，成本过高	充分利用空间偏摆，所需刀具数量相对更少
5	重复对刀，造成累计误差等问题	对刀数量更少，加工误差相对更小

　　五轴数控加工时，做好定位及夹紧，是保证工件加工精度的重要前提。五轴数控机床的工作台采用了标准 T 形槽，因此宏观概念上的通用夹具和专用夹具均可以应用于五轴数控机床上。但是由于五轴数控机床的运动特性以及结构特点，在加工过程中，主轴与工件等的干涉碰撞成为五轴加工需要避免的问题。通过夹具装夹减少主轴及刀具干涉，减少五轴复杂运动，提高效率，降低能耗，也是夹具的重要作用之一。本项目仅介绍加工应用的平口虎钳及钳形夹具。如图 3.1.13 所示，平口虎钳在五轴加工中也属于常用夹具，主要由活动钳身、固定钳身、底座、丝杠等部分组成。

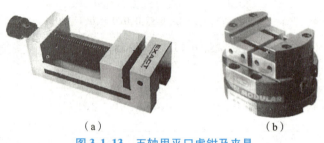

（a）　　　　　　　　　　　　　　（b）

图 3.1.13　五轴用平口虎钳及夹具

（a）精密平口虎钳；（b）圆形基座台虎钳

　　图 3.1.14 所示的平行钳口夹具属于快换类夹具。它适用于精料装夹，尤其适用于较小装夹高度的毛坯装夹。其钳口面具有凸牙形，夹紧工件时，能够嵌入毛坯中，保障足够的装夹力。此外，此类夹具为原点互换夹具，适用于快换应用，目前多用于智能制造系统 MES 中。

（a）　　　　　　　　　　　　　　（b）

图 3.1.14　五轴用精密平行钳口夹具

（a）矩形基座单动台虎钳；（b）圆形基座单动台虎钳

任务 3.1.3　机床常见故障诊断与排除

一、典型结构的认知

1. 主轴部件

　　由主轴箱、主轴电动机、主轴和主轴轴承等零件组成。主轴的启、停和变速等动作均由数控系统控制，并且通过装在主轴上的刀具参与切削运动，是切削加工的功率输出部件。

（1）主轴传动的基本要求

数控机床的主传动系统必须通过变速，才能使主轴获得不同的转速，适应不同的加工要求；在变速的同时，还能传递一定的功率和足够的扭矩，能够自动实现无级变速。主传动系统应简化结构，减少传动件、安装刀具和刀具交换所需的自动夹紧装置，应安装位置检测装置，以便实现对主轴位置的控制，满足切削的需要。

（2）电主轴

电主轴是在数控机床领域出现的将机床主轴与主轴电动机融为一体的新技术。电主轴是一套组件，如图 3.1.15 和图 3.1.16 所示，它包括电主轴本身及其附件，如电主轴、高频变频装置、油雾润滑器、冷却装置、内置编码器、换刀装置等。这种主轴电动机与机床主轴"合二为一"的传动结构形式，使主轴部件从机床的传动系统和整体结构中相对独立出来，因此可做成"主轴单元"，俗称"电主轴"（Electric Spindle，也可写为 Motor Spindle），特性为高转速、高精度、低噪声，内圈带锁口的结构更适合喷雾润滑。

电主轴

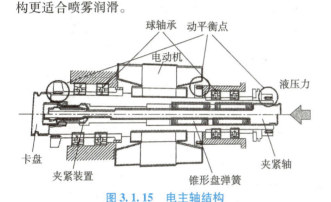

图 3.1.15　电主轴结构

图 3.1.16　电主轴实物剖切图

电主轴优点：具有结构紧凑、重量小、惯性小、噪声低、响应快等优点，而且转速高、功率大，易于实现主轴定位，是高速主轴单元中的一种理想结构。电主轴轴承采用高速轴承技术，耐磨耐热，寿命是传统轴承的几倍；简化了主运动系统结构，实现了所谓零传动，使传动精度大大提高，在高速数控机床大量采用。

电主轴缺点：电动机运转产生的振动和热量将直接影响到主轴，因此，主轴组件的整机平衡、温度控制和冷却是内装式主轴电动机的关键问题。

（3）交流主轴驱动系统

交流伺服主轴驱动系统如图 3.1.17 所示，通常采用感应电动机作为驱动电动机，由伺服驱动器实施控制，有速度开环或闭环控制方式。也有采用永磁同步电动机作为驱动电动机，由伺服驱动器实现速度环的矢量控制，采用变频器带变频电动机或普通交流电动机实现无级变速的方式（经济型、普及型数控机床）。

交流主轴驱动系统与直流主轴驱动系统相比，有以下特点：

①由于驱动系统必须采用微处理器和现代控制理论进行控制，因此其运行平稳、振动和噪声小。

图 3.1.17　交流伺服主轴驱动系统

②驱动系统一般都具有再生制动功能，在制动时，既可将能量反馈回电网，起到节能的效果，又可以加快制动速度。

③特别是对于全数字式主轴驱动系统，驱动器可直接使用 CNC 的数字量输出信号进行控制，不需要经过 A/D 转换，转速控制精度得到了提高。

④与数字式交流伺服驱动一样，在数字式主轴驱动系统中，还可采用参数设定方法对系统进行静态调整与动态优化，系统设定灵活、调整准确。

⑤由于交流主轴无换向器，因此，主轴通常不需要进行维修。

⑥主轴转速的提高不受换向器的限制，最高转速通常比直流主轴更高，可达到数万转。

2. 自动换刀系统

由刀库、机械手等部件组成，当需要换刀时，数控系统发出指令，由机械手（或通过其他方式）将刀具从刀库内取出装入主轴孔中。

自动换刀

（1）刀库

刀库是存放加工过程中所使用的全部刀具的装置，它的容量从几把到上百把不等。五轴数控机床刀库的形式很多，结构也各不相同，常用的有盘式刀库、链式刀库和格子盒式刀库。

①盘式刀库。

盘式刀库又叫鼓盘式刀库，结构简单、紧凑，主要适用于小型五轴数控机床，一般放刀具数目不超过 32 把（常见的为 12～24 把刀具）。

图 3.1.18 为刀具轴线与鼓盘轴线平行布置的刀库，其中，图 3.1.18（a）为径向取刀式；图 3.1.18（b）为轴向取刀式。

②链式刀库。

链式刀库是在环形链条上装有许多刀座，刀座的孔中装夹各种刀具，链条由链轮驱动。刀库容量大，一般为 1～100 把刀具，主要适用于大中型五轴数控机床。链式刀库有单环链式和多环链式等几种，如图 3.1.19 所示。当链条较长时，可以增加支承链轮的数目，使链条折叠回绕，提高空间利用率。

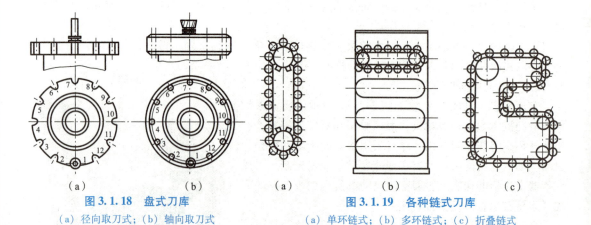

|（a）| （b）| | （a）| （b）| （c）|

图 3.1.18　盘式刀库　　　　　　　　　图 3.1.19　各种链式刀库
（a）径向取刀式；（b）轴向取刀式　　（a）单环链式；（b）多环链式；（c）折叠链式

（2）五轴数控机床的自动换刀装置

自动换刀装置的换刀过程由选刀和换刀两部分组成。当执行选刀指令后，刀库自动将要用的刀具移动到换刀位置，完成选刀过程，为下面换刀做好准备；当执行到开始自动换刀指令时，把主轴上用过的刀具取下，将选好的刀具安装在主轴上。

机械手进行刀具交换的方式应用最为广泛，机械手的结构形式多种多样，换刀运动也有所不同。最简单的刀具交换装置是180°回转刀具交换装置（图3.1.20），这种刀具交换装置既可用于卧式机床，也可用于立式机床。

回转插入式刀具交换装置也是最常用的形式之一，是回转式的改进形式。这种装置，刀库位于机床立柱一侧，避免了切屑造成主轴或刀夹损坏的可能。但刀库中存放的刀具的轴线

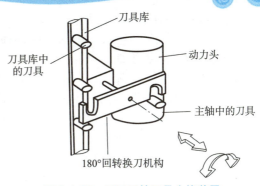

图3.1.20 180°回转刀具交换装置

与主轴的轴线垂直，因此，机械手需要三个自由度。机械手沿主轴轴线的插拔刀具动作，由液压缸实现；绕竖直轴90°的摆动进行刀库与主轴间刀具的传送，由液压马达实现；绕水平轴旋转180°完成刀库与主轴上刀具交换的动作，由液压马达实现。其换刀分解动作如图3.1.21所示。

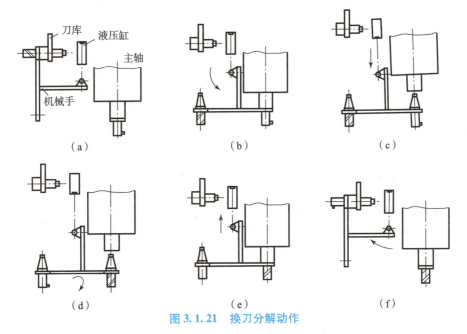

图3.1.21 换刀分解动作

二、常见故障诊断与排除

1. 五轴数控机床换刀故障

（1）故障原因分析

①气压不足。

②松刀按钮接触不良或线路断路。

③松刀按钮PLC输入地址点烧坏或者无信号源（+24 V）。

④松刀继电器不动作。

⑤松刀电磁阀损坏。

⑥打刀量不足。

⑦打刀缸油杯缺油。

⑧打刀缸故障。

（2）故障排除方法

①检查气压，使气压达到（0.6±0.1）MPa。

②更换开关或检查线路。

③更换 I/O 板上 PLC 输入口，或检查 PLC 输入信号源，修改 PLC 程式。

④检查 PLC 输出信号有无，PLC 输出口有无烧坏，修改 PLC 程式。

⑤若电磁阀线圈烧坏，则更换之，若电磁阀阀体漏气、活塞不动作，则更换阀体。

⑥调整打刀量至松刀顺畅。

⑦添加打刀缸油杯中的液压油。

⑧若打刀缸内部螺钉松动、漏气，则要将螺钉重新拧紧，更换缸体中的密封圈，若无法修复，则更换打刀缸。

2. 五轴数控机床运转时声音异常

（1）故障原因分析

①轴承有故障。

②丝杆母线与导轨不平衡。

③耐磨片严重磨损，导致导轨严重划伤。

④伺服电动机增益不相配。

（2）故障排除方法

①更换轴承。

②校正丝杆母线。

③重新贴耐磨片，导轨划伤太严重时，要重新处理。

④调整伺服增益参数，使之能与机械相配。

3. 五轴数控机床刀库问题

（1）故障原因分析

①换刀过程中突然停止，不能继续换刀。

②斗笠式刀库不能出来。

③换刀过程中不能松刀。

④刀盘不能旋转。

⑤刀盘突然反向旋转时差半个刀位。

⑥换刀时，出现松刀、紧刀错误报警。

⑦换刀过程中还刀时，主轴侧声音很响。

⑧换完后，主轴不能装刀（松刀异常）。

（2）故障排除方法

①检查气压是否达到（0.6±0.1）MPa。

②检查刀库后退信号有无到位，刀库进出电磁阀线路及 PLC 有无输出。

③调整打刀量，检查打刀缸体中是否积水。

④检查刀盘出来后旋转时，刀库电动机电源线有无断路，接触器、继电器有无损坏等现象。

⑤刀库电动机刹车机构松动无法正常刹车。

⑥检查气压，气缸有无完全动作（是否有积水），松刀到位开关是否被压到位，但不能压得太多（以刚好有信号输入为原则）。

⑦调整打刀量。

⑧修改换刀程。

任务 3.1.4 五轴数控系统维护与保养

一、机床维护与保养

1. 数控系统硬件模块维护保养

在西门子840Dsl数控系统启动时，会对系统硬件进行检测，如果数控系统硬件模块存在故障，则数控系统将无法通过检测并且无法加工运行。根据西门子840Dsl数控系统故障维修的大量经验总结出，数控系统硬件类的故障通常有图3.1.22所示几大类。

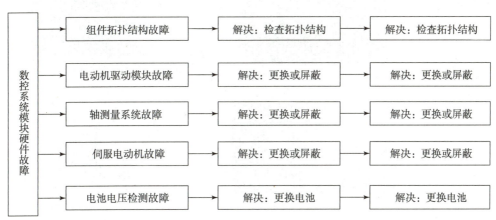

图 3.1.22 数控系统硬件常见故障及其预防

2. 数控系统检查要点

一般西门子840Dsl的数控机床都是比较高端的设备，通常机床制造商在模块布局安装、散热系统等方面都经过专业的设计，但是，设备经过长时间在现场使用运行，不可避免地会由于各种原因而改变设备的初始状态。尤其对于用户来说，了解一些必要的数控系统检查要点，会有利于和维护维修部门及企业打交道，利于交接后的日常维护工作。在此，通过一些典型的现场图片对比，来展示数控系统的检查要点，见表3.1.8。

表 3.1.8 数控系统的检查要点

检查要点	良好维护的机床	缺乏良好维护的机床
检查电缆屏蔽是否良好，布线是否合理	模块的 DRIVE CLiQ 总线、以太网接口正常	某次维修后未复原连接安装，存在故障隐患

续表

检查要点	良好维护的机床	缺乏良好维护的机床
检查电缆介质是否破皮、绞断或短接	 安装保护波纹管，确保电缆安全	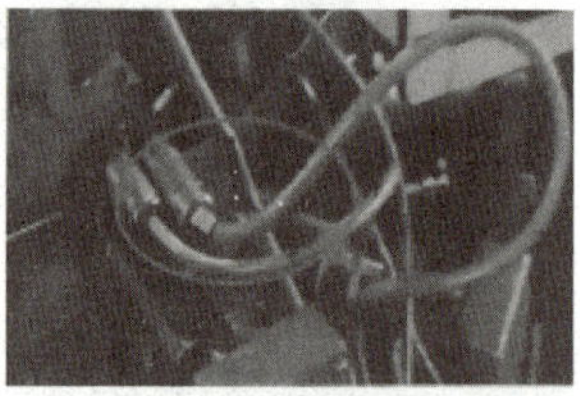 电动机动力线由于机械挤压而导致破皮
检查电缆屏蔽是否良好、布线是否合理	 良好、规范的布线保证数控系统稳定运行	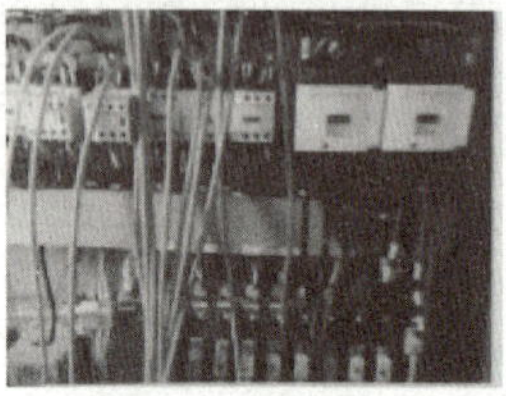 杂乱的电缆布线是连接机床的典型问题
空调系统是否正常工作，通风口是否堵塞	 电气柜通风口定期保养清洁	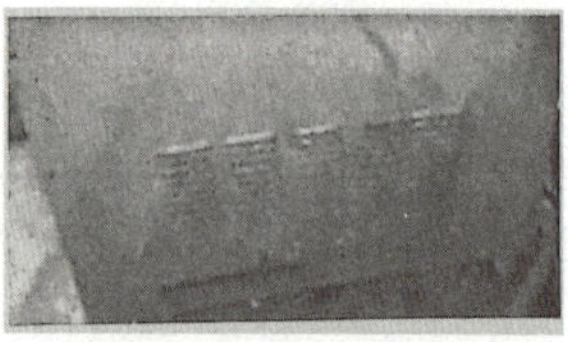 电气柜的通风口积灰将会导致柜内散热不良，从而使设备故障率升高
风扇单元是否积灰或油污而导致运转不良	 电气柜风扇定期保养清洁	 电气柜的风扇长时间未清洁

　　机加工车间的环境总是免不了灰尘、金属粉屑、油污等，并且数控机床，尤其是以五轴数控机床为代表的高档数控机床运行，更离不开压缩空气、冷却、润滑等。如果机床的密封不良，或机床清洁不到位，那么故障率将不可避免地越来越高。在清洁及密封方面需要注意如下几个问题：

　　①检查压缩空气是否经过过滤、干燥。

　　②机床的液压、气压的压力是否正常，是否存在泄漏。

　　③机床各个需要密封连接的部件，其密封防护等级是否正常。

　　④车间环境温度是否符合机床要求。

　　以上几个方面通常也是数控机床日常维修保养的检查要点。

3. 数控系统的电池与风扇

　　在数控系统中，NCU 配有备用电池及风扇单元，电池用于保护 SRAM 中存储的数据，风扇用于模块的散热。

在数控系统模块正常使用过程中，电池效率可能会逐渐降低，从而导致电压下降，或者冷却风扇出现磨损迹象。出现相应的情况，都必须更换电池或风扇。在更换电池之前，应先备份数据。NCU 的电池和风扇位于电池风扇单元中，电池风扇单元安装在 NCU 盒底部，可以分别更换电池和风扇，也可以更换整个单元（图 3.1.23）。如果电池电压降至 2.8 ~ 2.9 V，则触发报警编号 "2100 NCK battery warning threshold reached"；如果电池电压持续 2.4 ~ 2.6 V，则触发报警 "2101 NCK battery alarm"，此时，一旦数控系统断开电源，则存储数据可能丢失。（注意，更换电池的时候，要在系统带电时进行，否则容易丢失数据。）

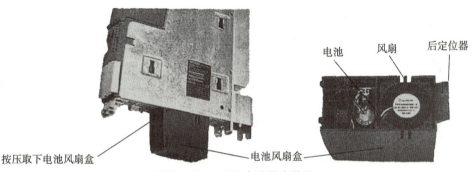

图 3.1.23　NCU 电池风扇单元

NCU 电池风扇单元的更换步骤如下：
①向后轻推电池风扇单元，释放固定夹。
②向下移出电池风扇单元，使后定位器从 NCU 盒中移出。
③使新的电池风扇单元略微前倾，并将定位器插入 NCU 盒底部的导轨中。
④向上提起电池风扇单元的前端，使固定夹锁定在固定位置上。
⑤电池风扇单元和控制单元通过两个小插头/插孔相连，当电池风扇单元锁定就位时，这些组件会自动连接。

4. 报警查阅

西门子数控系统报警有系统报警以及机床外围用户报警，报警及信息在数控机床的报警操作界面下查看，数控机床报警及信息查看步骤如图 3.1.24 所示。

图 3.1.24　数控机床报警及信息查看步骤

其中，"报警清单"界面中显示机床当前所有的报警事件，这些报警通常会导致机床无法运行或无法正常加工；而"信息"界面中显示的是机床的提示信息，通常不会导致机床无法运行操作，只是给操作人员一个提示提醒作用。

二、安全文明生产

1. 安全注意事项

①工作时请穿好工作服、安全鞋，戴好工作帽及防护镜。注意：不允许戴手套操作机床。

②不要移动或损坏安装在机床上的警告标牌。

③如需要两人或多人共同完成时，应注意相互间的协调一致。

④禁止用手或其他任何方式接触正在旋转的主轴、工件或其他运动部位。

⑤在加工过程中，不允许打开机床防护门。

2. 开机前注意事项

①检查机床后面润滑油泵中的润滑油是否充裕，若油量不足，请及时补充；若耗油过快或过慢，可适当调节油罐上的调节旋钮。

②检查气源压力是否达到0.5 MPa以上（机床在生产厂内调试时已设定好，一般不需要再做调整）。

③检查气路三件组合气水分离罐中是否有积水。若有，应及时放掉，按动气罐底部按钮即将水排出。若气罐积水过多，在ATC执行换刀动作时，会将水带入气路中，造成电磁阀阀芯及气缸锈蚀，从而产生故障。

3. 开机时注意事项

首先打开总电源，然后按下CNC电源中的开启按钮，顺时针旋转急停按钮。机床检测完所有功能后，NC指示灯绿灯亮，机床准备完毕。

4. 手动操作时注意事项

①必须熟悉机床使用说明书和机床的一般性能、结构，严禁超性能使用。

②必须时刻注意，在进行X方向、Y方向移动前，必须使Z轴处于抬刀位置。移动过程中，不能只看CRT屏幕中坐标位置的变化，还要观察刀具的移动。刀具移动到位后，再看CRT屏幕进行微调。

5. 编程时注意事项

对于初学者来说，编程时应尽量少用G00指令，特别在X、Y、Z 3轴联动中更应注意。在走空刀时，应把Z轴的移动与X轴、Y轴的移动分开进行，即多抬刀、少斜插。斜插时，刀具容易因碰到工件而造成损坏。

6. 换刀时注意事项

更换刀具时，应注意操作安全。在装入刀具时，应将刀柄和刀具擦拭干净。

7. 加工时注意事项

在自动运行程序前，必须认真检查程序，确保程序的正确性。在操作过程中，必须集中注意力，谨慎操作。运行过程中一旦发生问题，及时按下复位按钮或急停按钮。

8. 使用计算机进行串口通信时注意事项

使用计算机进行串口通信时，要做到先开机床、后开计算机；先关计算机、后关机床。避免在开关机床的过程中，由于电流的瞬间变化而冲击计算机。

9. 利用DNC（计算机与机床之间相互进行程序的输送）功能时注意事项

要注意机床的内存容量，一般从计算机向机床传输的程序总字节应小于额定字节。如果程序比较长，则必须采用边传输边加工的方法。

10. 关机时注意事项

①关机前，应使刀具处于安全位置，把工作台上的切屑清理干净，把机床擦拭干净。

②关机时，先关闭系统电源，再关闭电气总开关。

教学任务单

专业			班级	
学号		姓名		日期	
项目名称	镗削加工设备的使用		任务名称	支块零件五轴数控设备的使用

【学习步骤】

以支块的加工工序卡片提出任务，在支块加工的准备工作中，学会分析工序卡片及图样，根据分析选择合适的机床型号，对选定的机床的参数及其运动进行分析，掌握本机床的调整及操作方法，掌握刀、夹、附具及工件与机床的连接和安装，最后完成工序卡片零件加工操作及检验，掌握对一般机床故障的分析与排除能力，学会本类机床的操作规程维护及其保养。

【任务实施】

一、读懂工序卡片

请根据任务工序卡填写表 3.1.9。

表 3.1.9 工序卡识读

序号	项目名称	内容填写	备注
1	零件的外形特点		
2	主要加工表面及加工精度		
3	生产批量		
4	备选的机床类型		

出现的问题：

_____

_____

解决措施及经验总结：

_____

_____

二、选择合适机床选型号

1. 为什么优先选择五轴数控机床进行零件的加工？

2. 数控铣床、五轴数控机床的应用有什么不同？

3. 请列出你选定的机床型号并解释其含义。

出现的问题：

_____

解决措施及经验总结：

_____

三、完成刀具、工件、夹具以及机床的安装

1. 正确选择支块零件加工使用的夹具，并进行说明。

2. 请根据图 3.1.21 所示，完成换刀任务，并将步骤写入表 3.1.10。

表 3.1.10　工件安装表

序号	内容	备注
1		
2		
3		
4		
5		

出现的问题：

_____

解决措施及经验总结：

_____

四、调整操作机床

1. 请根据下列步骤完成机床刀具表的创建。

①建立铣刀与删除刀具。

②删除刀具。

③装载刀具。

④卸载刀具。

把详细操作过程中出现的问题写下来。

2. 完成支块"3＋2"定向加工工件坐标系的建立及程序编制。

出现的问题：

_____

_____

解决措施及经验总结：

_____

_____

五、完成支块的加工

请根据工序图的要求完成花键轴的加工，并记录加工过程中出现的问题及解决问题的措施。

出现的问题：

_____

_____

解决措施及经验总结：

_____

_____

六、产品检测

请完成支块的检验并填写表3.1.11。

表3.1.11 检测记录表

序号	检测项目	使用工具	测量数据	备注

续表

序号	检测项目	使用工具	测量数据	备注

出现的问题：

_____

_____

解决措施及经验总结：

_____

_____

【任务考核】

评分标准

序号	考核评价项目		考核内容	学生自检	小组互检	教师终检	配分	成绩
任务 3.1　支块零件五轴数控设备的使用								
1	过程考核	素养目标	爱党爱国，爱岗敬业；团队协作、开拓创新；热爱劳动				20	
2		知识目标	循环指令应用，五轴数控机床参数选择				35	
3		能力目标	五轴数控机床操作调整，零件程序编制				30	
4	常规考核	作业					5	
5		回答问题					5	
6		其他					5	

【任务总结】

_____

_____

_____

_____

_____

【大国工匠】杨永修

"耐住寂寞，让兴趣成为最好的老师"

杨永修不仅把平时业余时间学到的数控加工的新知识、新工艺和掌握的数控机床操作技能及传统加工经验，揉成独特技能在历次大赛中完美展现，并且应用于日常的生产加工工作，两次登上全国数控技能大赛的领奖台，攀上数控领域的高峰。杨永修在国家顶级赛事中，分别在四轴赛项和五轴赛项获得了一等奖和第三名，拿到了数控赛事上的大满贯。在攻克机床操作、产品加工、刀具研制、宏程序开发等难题方面能力突出。他设计制作的多角度铣刀、套镗外圆镗刀、快换夹具等工具，保证了项目的时间节点，并为企业节省了 150 多万元刀具夹具费用。改进活塞试制装夹方案，解决了每件找正的难题，效率提高 75% 以上，合格率提高到 100%。在 HS7 梯形臂项目中，他设计组装 400 多毫米的细长刀具，通过编制多个角度的复杂程序，连续工作近 20 个小时，成功完成首件调试工作，并保证无一超差。

杨永修以品德、知识、技能高度提升人生高度，从一名普通数控操作工华丽变身为全国技术能手，让青春在平凡岗位秀出精彩，不断书写出自己的职业辉煌。

（来源：中国吉林网）

任务 3.2 支架孔镗削加工设备的使用

任务描述

某企业要加工一批支架孔零件，为了更好地服务企业日常生产运作，请你通过查阅相关资料和文献，按照支架孔零件的镗削工序卡片完成支架孔零件的镗削加工过程。

任务要求

读懂工序卡片，选择合适的机床型号，完成刀具、工件、夹具与机床的安装，调整操作机床，完成支架孔零件的镗削加工过程。

学习目标

素质目标：

1. 培养学生爱岗敬业、业务精干、无私奉献等良好的职业道德素质；
2. 培养学生独立分析问题和处理问题的能力。

知识目标：

1. 能读懂工序卡片及刀、量、附、夹具的内容；
2. 理解镗床主运动及进给运动传统系统和辅助运动；
3. 能理解各典型传动件和机床附件的结构与工作原理。

能力目标：

1. 能够根据零件加工表面形状、加工精度、表面质量选择合适的机床型号；
2. 能理解镗床主运动传动、进给运动传动系统；
3. 能调整 TP619 卧式铣镗床，安装刀具、工件，操作镗床加工支架孔零件；
4. 能正确使用量具检验工件；
5. 简单机床故障的诊断处理能力。

工艺分析

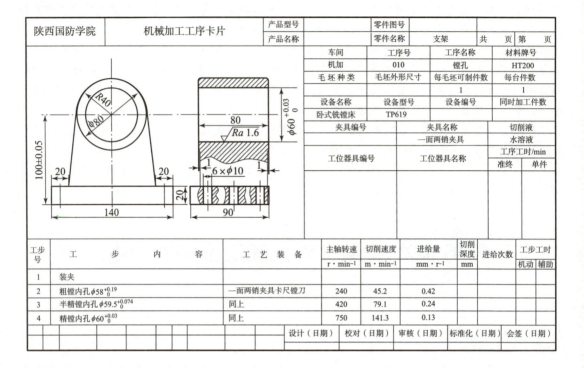

陕西国防学院	机械加工工序卡片		产品型号		零件图号					
			产品名称		零件名称	支架	共 页	第 页		

车间	工序号	工序名称	材料牌号
机加	010	镗孔	HT200
毛坯种类	毛坯外形尺寸	每毛坯可制件数	每台件数
		1	1
设备名称	设备型号	设备编号	同时加工件数
卧式铣镗床	TP619		
夹具编号		夹具名称	切削液
		一面两销夹具	水溶液
工位器具编号		工位器具名称	工序工时/min
			准终 | 单件

工步号	工 步 内 容	工 艺 装 备	主轴转速	切削速度	进给量	切削深度	进给次数	工步工时
			$r \cdot min^{-1}$	$m \cdot min^{-1}$	$mm \cdot r^{-1}$	mm		机动 | 辅助
1	装夹							
2	粗镗内孔 $\phi58_0^{+0.19}$	一面两销夹具卡尺镗刀	240	45.2	0.42			
3	半精镗内孔 $\phi59.5_0^{+0.074}$	同上	420	79.1	0.24			
4	精镗内孔 $\phi60_0^{+0.03}$	同上	750	141.3	0.13			

设计（日期）	校对（日期）	审核（日期）	标准化（日期）	会签（日期）

1. 加工精度分析

根据工序卡片中图样加工表面为支架内孔，保证孔径尺寸 $\phi60_0^{+0.03}$，尺寸精度为 IT7 级；孔中心到底面即孔心的位置尺寸为 100 ± 0.05，尺寸精度为 IT9 级。

2. 表面粗糙度分析

工件各表面的粗糙度 Ra 均为 $1.6 \ \mu m$，镗削加工可以达到加工要求。

3. 材料分析

HT200 成品低，价格低廉，有一定的强度，但是塑性和韧性很低。

4. 形体分析

该零件为支架类零件，结构简单。

问题引导

问题1：加工支架孔零件，如何选择机床的类型和型号？

问题2：加工支架孔零件，如何选择合适的刀具和夹具？

问题3：加工支架孔零件，如何对机床进行调整？

问题4：镗孔和钻孔的主要区别是什么？

问题5：镗床的工艺范围是什么？

任务3.2.1　机床选用

镗床的工艺范围

一、机床选型及型号确定

1. 加工工艺范围的认识

镗床类机床常用于加工尺寸较大且精度要求较高的孔，特别是分布在不同表面上、孔距和位置精度（平行度、垂直度和同轴度等）要求较严格的孔系，利用坐标装置和镗模较容易保证加工精度。镗削加工的尺寸可大亦可小，一把镗刀可以加工不同直径的孔，对于不同的生产类型和精度要求的孔都可以采用这种加工方法。镗孔时，其尺寸精度为IT8、IT7、IT6，孔距精度可达0.015 mm，表面粗糙度 Ra 为1.6~0.8 μm。若用坐标镗床和金刚镗床，则加工质量可更好。如各种箱体、支架和汽车发动机缸体等零件上的孔系加工。

镗床的主要工作是用镗刀镗削工件上铸出或已粗钻出的孔。机床加工时的运动与钻床类似，但进给运动则根据机床类型和加工条件不同，或者由刀具完成，或者由工件完成。镗床除了镗孔，还可进行钻孔、铣平面和车削等工作。当配备各种附件、专用镗杆和装置后，在镗床上还可以切槽、车削螺纹、镗锥孔和加工球面等。

2. 车床类型的选择

镗床可分为卧式铣镗床、坐标镗床以及精镗床。此外，还有立式镗床、深孔镗床和落地镗床等。

（1）卧式铣镗床

卧式铣镗床的工艺范围十分广泛，因而得到普遍应用。卧式铣镗床除镗孔外，还可车端面，铣平面，车外圆，车内、外螺纹，钻、扩、铰孔等。零件可在一次安装中完成大量加工工序。卧式铣镗床尤其适合加工大型、复杂的具有相互位置精度要求孔系的箱体、机架和床身等零件。由于机床的万能性较大，所以又称为万能镗床。卧式铣镗床的主要加工方法如图3.2.1所示。

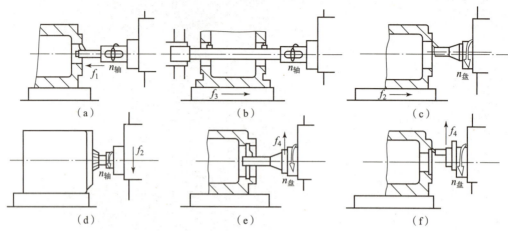

f_1、f_2、f_3、f_4—进给运动；$n_{轴}$—主轴旋转运动；$n_{盘}$—平旋盘旋转运动。

图 3.2.1　卧式铣镗床的主要加工方法

（a）用镗轴上的悬伸刀杆镗孔；（b）用后支架支承长镗杆加工同轴孔；
（c）用平旋盘上的悬伸刀杆镗大直径孔；（d）用镗轴上的端铣刀铣平面；
（e）用平旋盘刀具溜班上的车刀车内沟槽；（f）用平旋盘刀具溜班上的车刀车端面

（2）坐标镗床

坐标镗床是一种高精度机床，其特征是具有测量坐标位置的精密测量装置。为了保证高精度，这种机床的主要零部件的制造和装配精度要求都很高，并具有较好的刚度和抗振性。该机床主要用来镗削孔本身精度（IT5 级或更高精度等级）及位置精度要求很高的孔系（定位精度可达 0.002 ~ 0.01 mm），如镗削钻模、镗模上的精密孔。

镗床的运动

坐标镗床的工艺范围广，依据坐标测量装置，能精确地确定工作台、主轴箱等移动部件的位移量，实现工件和刀具的精确定位。例如，工作台面宽 200 ~ 300 mm 的坐标镗床，坐标定位精度可达 0.002 mm。坐标镗床除镗孔、钻孔、扩孔、铰孔、锪端面以及精铣平面和沟槽外，因其具有很高的定位精度，故还可用于进行精密刻线和划线、孔距和直线尺寸的精密测量工作。

坐标镗床主要用于工具车间加工工具、模具和量具等，也可用于生产车间成批地加工精密孔系，如在飞机、汽车、拖拉机、内燃机和机床等行业中加工某些箱体零件的轴承孔。

（3）金刚镗床

金刚镗床是一种高速精密镗床，因它以前采用金刚石镗刀而得名。现已广泛使用硬质合金刀具。这种机床的特点是切削速度很高（加工钢件 $v = 1.7 \sim 3.3$ m/s，加工有色合金件 $v = 5 \sim 25$ m/s），而切削深度（背吃刀量）和进给量极小（切削深度一般不超过 0.1 mm，进给量一般为 0.01 ~ 0.14 mm/r），因此可以获得很高的加工精度（孔径精度一般为 IT6 ~ IT7 级，圆度不大于 3 ~ 5 μm）和表面质量（表面粗糙度一般为 0.08 μm < $Ra \leqslant 1.25$ μm）。金刚镗床在成批生产、大量生产中获得了广泛的应用，常用于加工发动机的气缸、连杆、活塞等零件上的精密孔。

金刚镗床的种类很多，按其布局形式，可分为单面、双面和多面；按其主轴位置，可分为立式、卧式和倾斜式；按其主轴数量，可分为单轴、双轴和多轴。

图 3.2.2 所示为单面卧式金刚镗床的外形图。机床的主轴箱 1 固定在床身 4 上，主轴 2 高速旋转，带动镗刀做主运动。工件通过夹具安装在工作台 3 上，工作台 3 沿床身导轨做平稳的低速纵向移动，以实现进给运动。工作台 3 一般为液压驱动，可为半自动循环。

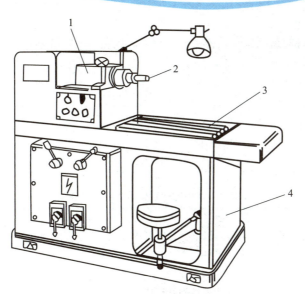

1—主轴箱；2—主轴；3—工作台；4—床身。

图 3.2.2　单面卧式金刚镗床外形

主轴组件是金刚镗床的关键部件，它的性能好坏，在很大程度上决定着机床的加工质量。这类机床的主轴短而粗，在镗杆的端部设有消振器；主轴采用精密的角接触球轴承或静压轴承支承，并由电动机经皮带直接传动主轴旋转，从而可保证主轴组件准确、平稳地运转。

镗床的分类

（4）落地镗床及落地铣镗床

在重型机械中，大而重的工件移动困难，可采用落地镗床或落地铣镗床，其外形如图 3.2.3 所示。落地镗床及落地铣镗床均没有工作台，工件直接固定在地面平板上，运动由机床来实现。由于机床庞大，机床的移动部件重量也大，为提高移动灵敏度，避免产生爬行现象，可采用滚动导轨或静压导轨。为方便观察部件的位移，移动部件应备有数控显示装置，以节省时间和减轻劳动强度。

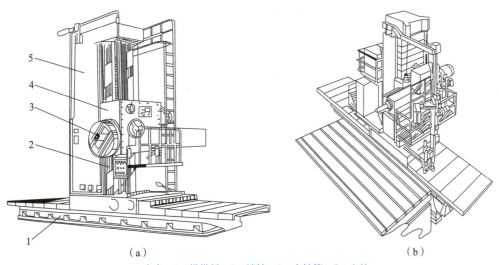

（a）　　　　　　　　　　　　　（b）

1—床身；2—操纵板；3—镗轴；4—主轴箱；5—立柱。

图 3.2.3　落地镗床和落地铣镗床外形

（a）落地镗床外形图；（b）落地铣镗床外形图

3. 机床型号的确定

镗床型号的组代号和名称及常用镗床系代号、名称和主参数分别见表 3.2.1 和表 3.2.2。

表 3.2.1　镗床型号的组代号和名称

镗床类	组代号和名称									
	代号	0	1	2	3	4	5	6	7	8	9
T	名称			深孔镗床		坐标镗床	立式镗床	卧式铣镗床	精镗床	汽车拖拉机修理用镗床	其他车床

表 3.2.2　常用镗床系代号、名称和主参数

组		系			主参数
代号	名称	代号	名称	折算系数	名称
4	坐标镗床	0			
		1	立式单柱坐标镗床	1/10	工作台面宽度
		2	立式双柱坐标镗床	1/10	工作台面宽度
		3	卧式单柱坐标镗床	1/10	工作台面宽度
		4	卧式双柱坐标镗床	1/10	工作台面宽度
		5			
		6	卧式坐标镗床	1/10	工作台面宽度
		7			
		8			
		9			
5	立式镗床	0			
		1	立式镗床	1/10	最大镗孔直径
		2			
		3			
		4			
		5			
		6	立式铣镗床	1/10	镗轴直径
		7	转塔式铣镗床	1/10	最大镗孔直径
		8			
		9			

续表

组		系		主参数	
代号	名称	代号	名称	折算系数	名称
6	卧式铣镗床	0			
		1	卧式镗床	1/10	镗轴直径
		2	落地镗床	1/10	镗轴直径
		3	卧式铣镗床	1/10	镗轴直径
		4	短床身卧式铣镗床	1/10	镗轴直径
		5	刨台卧式铣镗床	1/10	镗轴直径
		6	立卧复合铣镗床	1/10	镗轴直径
		7			
		8			
		9	落地铣镗床	1/10	镗轴直径

二、结构布局及主要参数的认识

根据前述对工序卡中图样的分析，选择 TP619 型卧式铣镗床。

1. 机床结构布局的认知

卧式铣镗床的外形如图 3.2.4 所示。主轴箱 8 可沿前立柱 7 的导轨上下移动。在主轴箱 8 中装有镗杆 4、平旋盘 5、主运动和进给运动变速传动机构及操纵机构。根据加工情况，刀具可以装在镗杆 4 或平旋盘 5 上。镗杆 4 旋转做主运动，并可沿轴向移动做进给运动；平旋盘 5 只能做旋转主运动。装在后立柱 2 上的后支架 1 用于支承悬伸长度较大的镗杆 4 的悬伸端，以增加刚度［图 3.2.1（b）］。后支架 1 可沿后立柱 2 上的导轨上下移动，以便与主轴箱 8 同步升降，从而保持后支架 1 支承孔与镗杆 4 在同一轴线上。后立柱 2 可沿床身 10 的导轨移动，以适应镗杆 4 的不同程度悬伸。工件安装在工作台 3 上，可与工作台 3 一起随下滑座 11

卧式铣镗床的结构

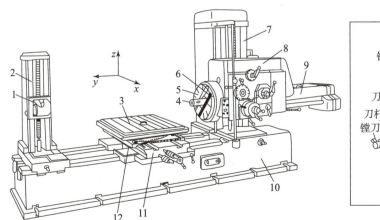

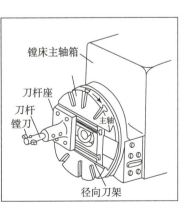

1—后支架；2—后立柱；3—工作台；4—镗杆；5—平旋盘；6—径向刀具溜板；7—前立柱；
8—主轴箱；9—后尾座；10—床身；11—下滑座；12—上滑座。

图 3.2.4　卧式铣镗床的外形

或上滑座 12 做纵向或横向移动。工作台 3 还可绕上滑座 12 的圆导轨在水平面内转位，以便加工互相成一定角度的平面和孔。当刀具装在平旋盘 5 的径向刀架上时，径向刀架可带着刀具做径向进给，以车削端面［图 3.2.1（f）］。

TP619 的运动及组成

2. 机床主要参数的认识

TP619 型卧式铣镗床主要技术参数见表 3.2.3。

表 3.2.3　TP619 型卧式铣镗床主要技术参数

主项目	项目名称	机床参数
主轴	主轴直径/mm	90
	主轴锥孔	莫氏 5 号
	主轴最大扭矩/(N·m)	1 225
	主轴最大轴向抗力/N	12 250
	主轴转速级数	23
	主轴转速范围/(r·min^{-1})	8～1 250
	主电机功率/kW	7.5
	主轴最大行程/mm	630
平旋盘	平旋盘最大扭矩/(N·m)	1 960
	平旋盘直径/mm	630
	平旋盘转速范围/(r·mm^{-1})	4～200
	平旋盘转速级数	18
	平旋盘径向刀架最大行程/mm	160
工作台	工作台尺寸（长×宽）/(mm×mm)	1 100×950
	工作台最大承重/kg	2 200
	T 形槽尺寸/mm	22
	T 形槽数/个	10
速度及进给	快速速度/(mm·min^{-1})	2 500
	主轴每转各轴进给量范围/(mm·r^{-1})	0.04～6
	各轴进给量范围/(mm·min^{-1})	0.01～1.53
精度	直线测量系统读数精度（$X/Y/Z$）/mm	0.005
外形	机床外形尺寸（长×宽×高）/(mm×mm×mm)	4 900×2 400×2 700
质量	机床质量/kg	11 000

三、加工方法的选择

在箱体上通常分为三种孔系，分别为平行孔系、同轴孔系和交叉孔系，如图 3.2.5 所示，加工时要保证孔系的位置要求。

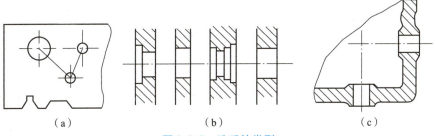

图 3.2.5　孔系的类型

（a）平行孔系；（b）同轴孔系；（c）交叉孔系

1. 平行孔系镗削方法

（1）找正法

找正法包括划线找正法、量块心轴找正法［图 3.2.6（a）和图 3.2.6（b）］和样板找正法
［图 3.2.6（c）］。

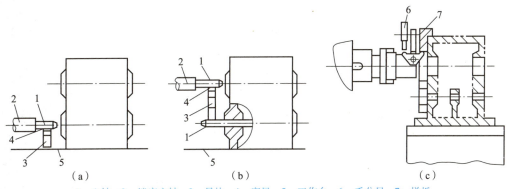

1—心轴；2—镗床主轴；3—量块；4—塞尺；5—工作台；6—千分尺；7—样板。

图 3.2.6　找正法

（a）划线找正法；（b）量块心轴找正法；（c）样板找正法

（2）坐标法

在普通卧式镗床、坐标镗床或数控镗铣床等设备
上，借助测量装置调整机床主轴在工件间水平和垂直
方向的相对位置，来保证孔心距精度的一种镗孔方法，
称为坐标法。图 3.2.7 所示为在普通镗床上用百分表 1
和量块 2 来调整主轴垂直和水平位置示意图。百分表
分别装在镗床头架和横向工作台上。这种装置调整费
时，效率低。坐标法用得最多的是经济刻度尺与光学
读数头测量装置，读数精度高的是光栅数字显示装置
和感应同步器测量装置。

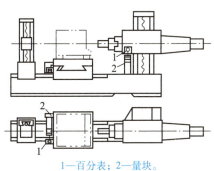

1—百分表；2—量块。

图 3.2.7　坐标法镗削平行孔系

（3）镗模法

利用镗模夹具加工孔系的方法称为镗模法。如图 3.2.8 所示，镗孔时，工件装夹在镗模上，
镗杆被支承在镗模的导套里，镗刀通过模板上的孔将工件上相应的孔加工出来。在批量生产中

广泛采用这种方法加工孔系。

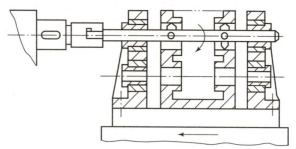

图 3.2.8　镗模法镗削平行孔系

（4）金刚镗

金刚镗也称为高速细镗，一般在专用镗床上采用金刚石作镗刀，在高速、小背吃刀量下进行镗孔，能获得高的精度和表面质量。对于铸铁和钢铁，金刚镗通常作为研磨和滚压前的准备工序；对于有色金属件的精密孔，金刚镗通常作为最终加工工序，如图 3.2.9 所示。

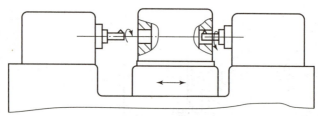

图 3.2.9　金刚镗削

2. 同轴孔系镗削方法

①转动工作台方法（图 3.2.10（a））。这种方法适用于在回转工作台装置精度高的卧式铣镗床上加工中小型工件。

②工件调头重新装夹方法（图 3.2.10（b））。这种方法利用工件基准面或工艺基准面找正，使平面与镗杆的轴线平行。镗削一孔后，工件回转 180°。重新校准平面与镗杆的轴线平行，这样可保证同轴孔系中心线的平行度。

③利用已加工孔做支承导向（图 3.2.10（c））。

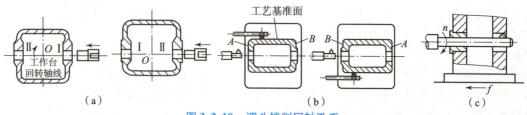

（a）　　　　　　　　　　　　（b）　　　　　　　　　　　　（c）

图 3.2.10　调头镗削同轴孔系

（a）转动工作台方法；（b）工件调头重新装夹方法；（c）利用已加工孔作支承导向

3. 垂直孔系镗削方法

（1）弯板与回转工作台结合方法（图 3.2.11（a））

这种方法适用于较小工件。在回转工作台上装夹一块弯板，将工件的基准面夹压在弯板上，同样利用回转工作台保证垂直精度。工件不仅有垂直孔，而且还有平行孔，可先加工Ⅳ、Ⅲ、Ⅱ孔，转90°后再加工Ⅰ孔；也可以先加工Ⅰ孔，转90°后再加工Ⅳ、Ⅲ、Ⅱ孔。

（2）回转法（图3.2.11（b））

利用回转工作台定位精度，镗削垂直孔系，首先将工件安装在回转工作台上，按侧面或基面找正，待加工孔中心线与镗杆轴线同轴，镗好Ⅰ孔后，将回转工作台逆时针回转90°，再镗削Ⅱ孔。这种方法是依靠镗床工作台回转精度来保证孔系的垂直度。

（3）心轴校正法（图3.2.11（c））

利用已加工好的Ⅰ孔，按Ⅰ孔选配检验心轴插入Ⅰ孔，镗杆上装百分表校对心轴两端，待两端等值后，加工Ⅱ孔。另一种方法，镗出Ⅰ孔后，在一次装刀下镗出基准面A，然后转动回转工作台按A面找正，使之与镗杆轴线平行，再镗出Ⅱ孔。这种方法比光依靠镗床工作台回转精度保证孔系的垂直度更加可靠。

数控镗床加工
弧面加工演示

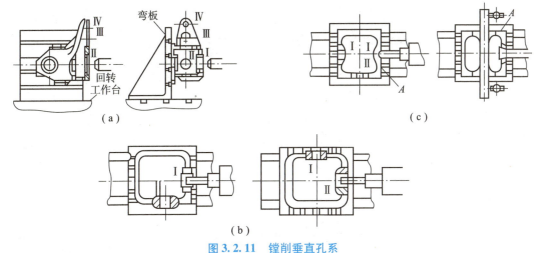

图 3.2.11　镗削垂直孔系

（a）弯板与回转工作台结合；（b）回转法；（c）心轴校正法

4. 镗削内沟槽的方法

（1）利用斜榫式径向内沟槽镗刀杆及镗刀头镗内沟槽（图3.2.12）

利用专用工具，完成刀具径向切入及切出内槽，专用工具锥柄与镗床主轴锥孔连接，转动手轮和螺杆，在螺母中旋转并移动。凹形斜榫向前或向后平移，内槽镗刀在斜榫作用下从刀体方孔中伸出或在拉簧作用下内缩，完成切槽和回刀动作。一般镗刀的切削刃宽≤5 mm，当要求槽宽＞5 mm时，可通过镗床工作台移动来完成切削槽宽。

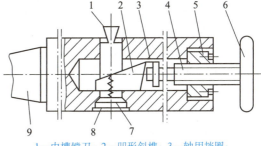

1—内槽镗刀；2—凹形斜榫；3—轴用挡圈；
4—螺杆；5—倒顺牙螺母；6—手轮；
7—拉簧；8—拉簧连接座；9—锥柄。

图 3.2.12　专用工具

（2）平旋盘镗内沟槽（图3.2.13）

这种方法适用于内孔孔径较大的内槽加工。镗内槽时，镗刀固定在平旋盘径向刀架的刀杆上，刀架带动刀杆径向进给镗削出内槽。这种方法刚性较好。

（3）用铣头镗内沟槽（图3.2.14）

这种方法适用于大型工件的较大孔径上加工不通孔的内槽，镗床主轴通过传动轴使一对锥齿轮上的键带动铣头上的主轴转动，完成镗内槽工作，槽深由主轴箱升降来控制。

根据前述对工序卡中图样的分析，选择 TP619 型卧式铣镗床。

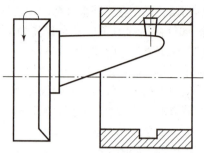

图 3.2.13　平旋盘镗内沟槽

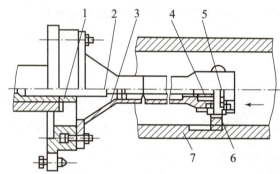

1—主轴；2—传动轴；3—本体；4—90°锥齿轮副；5—铣刀主轴；6—立铣刀；7—工件。

图 3.2.14　用铣头镗内沟槽

任务 3.2.2　机床调整与加工

一、机床传动系统分析

1. TP619 卧式铣镗床的运动分析

镗床的发展

卧式铣镗床具有下列运动：镗杆的旋转主运动；平旋盘的旋转主运动；镗杆的轴向进给运动；主轴箱的垂直进给运动；工作台的纵向进给运动；工作台的横向进给运动；旋盘上的径向刀架进给运动；辅助运动，包括主轴、主轴箱及工作台在进给方向上的快速调位运动，后立柱的纵向调位运动，后支架的垂直调位移动，工作台的转位运动，这些辅助运动可以手动，也可由快速电动机传动。

2. 主运动传动链分析

图 3.2.15 所示为 TP619 型卧式铣镗床的传动系统。

主电动机的运动经由轴 I—V 间的几组变速组传至轴 V 后，可分别由轴 V 上的滑移齿轮 K（$z = 24$）或滑移齿轮 H（$z = 17$）将运动传向主轴或平旋盘。

TP619 型卧式铣镗床在传动系统中采用了一个多轴变速组（轴Ⅲ—V间），该变速组由安装在轴Ⅲ上的固定齿轮 $z = 52$、固定宽齿轮 $z = 21$，以及安装在轴Ⅳ上的三联滑移齿轮、安装在轴

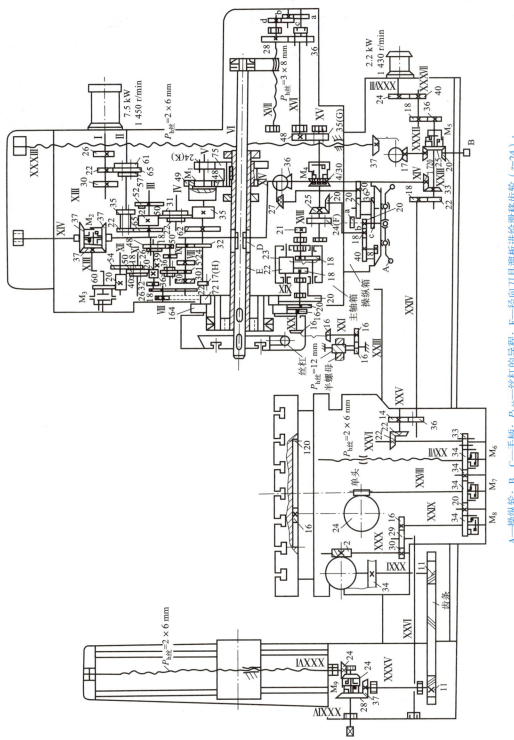

图3.2.15　TP619型卧式铣镗床传动系统图

A—操纵轮；B、C—手柄；$P_{h丝}$—丝杠的导程；$P_{h丝}$—丝杠的导程；F—径向刀具溜板进给滑移齿轮（$z=24$）；G—镗轴轴向进给滑移齿轮（$z=350$）；H—接通平旋盘旋转滑移齿轮（$z=17$）；M_2—M_8—离合器。

V 上的固定齿轮 $z = 62$ 及固定宽齿轮 $z = 35$ 等组成。其变速原理如图 3.2.16 所示。当三联滑移齿轮处于如图 3.3.16 所示中间位置时，变速组传动比为 $\dfrac{21}{50} \times \dfrac{50}{35}$；当滑移齿轮处于如图 3.3.16 所示左边位置时，传动比为 $\dfrac{21}{50} \times \dfrac{22}{62}$；当滑移齿轮处于如图 3.2.16 所示右边位置时，传动比为 $\dfrac{52}{31} \times \dfrac{50}{35}$。可见，该变速组共有 3 种不同的传动比。

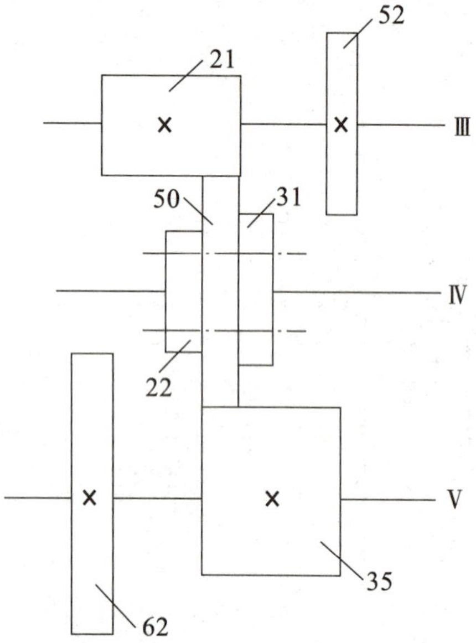

图 3.2.16　Ⅲ—Ⅴ轴间的多轴变速组

主运动传动路线表达式为：

$$\text{主电动机}\begin{pmatrix}7.5\ \text{kW}\\ 1\ 450\ \text{r/min}\end{pmatrix} - \text{I} - \begin{bmatrix}\dfrac{26}{61}\\ \dfrac{22}{65}\\ \dfrac{30}{57}\end{bmatrix} - \text{II} - \begin{bmatrix}\dfrac{22}{65}\\ \dfrac{35}{52}\end{bmatrix} - $$

$$\text{III} - \begin{bmatrix}\dfrac{52}{31} - \text{IV} - \dfrac{50}{35}\\ \dfrac{21}{50} - \text{IV} - \dfrac{50}{35}\\ \dfrac{21}{50} - \text{IV} - \dfrac{22}{62}\end{bmatrix} - \text{V} - \begin{bmatrix}\begin{bmatrix}\dfrac{24}{75}(\text{齿轮 K 处于右位})\\ M_1\ \text{合}(\text{齿轮 K 处于左位}) - \dfrac{49}{48}\end{bmatrix} - \text{VI}(\text{镗轴})\\ -\text{齿轮 H 左移} - \dfrac{17}{22} \times \dfrac{22}{26} - \text{VII} - \dfrac{18}{72} - \text{平旋盘}\end{bmatrix}$$

镗杆主轴可获得 22 级转速，转速范围为 8～1 250 r/min。平旋盘可获得 18 级转速，转速范围为 4～200 r/min。

3. 进给运动传动链分析

进给运动由主电动机驱动，各进给运动传动链的一端为镗轴或平旋盘，另一端为各进给运动执行件。各传动链采用公用换置机构，即自轴Ⅷ至轴Ⅻ间的各变速组是公用的，运动传至垂直光杠ⅪⅤ后，再经由不同的传动路线，实现各种进给运动。

（1）进给运动传动路线表达式

$$\left.\begin{array}{l}\text{VI}(\text{镗轴}) - \begin{bmatrix}\dfrac{75}{24}\\ \dfrac{48}{49}M_1\end{bmatrix} - \\ \text{平旋盘} - \dfrac{72}{18} - \text{VII} - \dfrac{26}{22} \times \dfrac{22}{17}\end{array}\right\} - \text{V} - \dfrac{32}{50} - \text{VIII} - \begin{bmatrix}\dfrac{15}{36}\\ \dfrac{24}{36}\\ \dfrac{30}{30}\end{bmatrix} - \text{IX} - \begin{bmatrix}\dfrac{18}{48}\\ \dfrac{39}{26}\end{bmatrix} - \text{X} -$$

$$\begin{bmatrix}\dfrac{20}{50} - \text{XI} - \dfrac{18}{54}\\ \dfrac{20}{50} - \text{XI} - \dfrac{50}{20}\\ \dfrac{32}{40} - \text{XI} - \dfrac{50}{20}\end{bmatrix} - \text{XII} - \dfrac{20}{60} - M_3 - \text{XIII} - \begin{bmatrix}\dfrac{37}{37}M_2\uparrow\\ \dfrac{37}{37}M_2\downarrow\end{bmatrix} - \text{XIV}(\text{垂直光杠}) -$$

$$\frac{4}{30}-M_4\,合-XV-\begin{cases}\begin{bmatrix}\dfrac{35}{48}-XVI-\begin{bmatrix}\dfrac{ac}{bd}\\[4pt]\dfrac{36}{28}\end{bmatrix}-XVII（丝杠）—镗杆轴向进给\\[10pt]\dfrac{24}{21}-u_合-XIX-\dfrac{20}{164}\times\dfrac{164}{16}-XX-\dfrac{16}{16}-XXI-\dfrac{16}{16}\rightarrow\end{bmatrix}\\[10pt]\rightarrow XXII（丝杠）—半螺母—平旋盘的径向刀架进给运动\end{cases}$$

$$\frac{17}{33}-IX\,XIII-\begin{cases}M_5-\dfrac{25}{20}-XXXII-\dfrac{17}{37}XXXIII（丝杠）—主轴箱垂直进给\\[10pt]\dfrac{22}{18}-XXIV-\dfrac{36}{14}-XXV-\dfrac{22}{22}-XXVI-\dfrac{33}{34}\begin{cases}M_6-XXVII\ 丝杠\rightarrow\\\rightarrow 工作台横向进给\\[4pt]\dfrac{34}{34}-\dfrac{34}{34}\Rightarrow\end{cases}\\[14pt]\begin{cases}M_7\,合-XXVIII-\dfrac{1}{24}\times\dfrac{16}{120}—工作台转位运动\\[6pt]\Rightarrow\dfrac{34}{20}-\dfrac{20}{34}-M_8\,合-XXIX-\dfrac{16}{29}\,\dfrac{29}{30}-XXX-\dfrac{2}{34}-XXXI\rightarrow\\[6pt]\rightarrow\dfrac{11}{齿条}—工作台纵向进给\end{cases}\end{cases}$$

（2）进给运动的操纵

机床设有一个带两个手柄的操纵轮 A（图3.2.15），该手轮有前、中、后 3 个位置，依次实现机动进给、手动粗进给或快速调整移动以及手动微量进给。如将操纵轮 A 的手把向前拉（近操作者方向），通过杠杆的作用，使中间轴上的齿轮 $z=20$ 处于"a"位置，脱开与其他齿轮的啮合，同时，通过电液控制，使端面齿离合器 M_4 啮合，从而接通了机动进给传动路线；当将操纵轮 A 的手把扳至中间位置时（图示位置），齿轮 $z=20$ 处于"b"位置，齿轮 $z=18$ 啮合，转动手轮就可经齿轮副 20/18 及锥齿轮副 20/25 使轴 XV 转动，从而使镗轴轴向或平旋盘刀架径向得到快速调整移动。此时，在电液控制下，离合器 M_4 脱开啮合，断开机动进给传动链；如将操纵轮 A 的手把向后推（远离操作者方向），齿轮 $z=20$ 处于"c"位置，与齿轮 $z=36$ 啮合，此时，转动操纵轮 A，就可通过齿轮副 20/36 和 20/50、锥齿轮副 27/36 及蜗杆副 4/30 传动轴 XV。此时，在电液控制下，离合器 M_4 得以结合，而离合器 M_3 脱开啮合，断开机动进给传动链。由于这时在传动路线中增加了几对降速齿轮副，故可使镗轴轴向或平旋盘刀架径向得到微量进给。

二、机床的调整与操作

根据图样要求，支架内孔的表面粗糙度为 $Ra\,1.6\ \mu m$，保证孔径尺寸 $\phi60^{+0.03}_{0}$，尺寸精度为 IT7 级，孔中心到底面即孔心的位置尺寸为 100 ± 0.05，尺寸精度为 IT9 级，并且与底面孔有位置精度要求。故选择 TP619 型卧式铣镗床加工。零件材料为 HT200，毛坯为铸件，并经时效处理。箱体毛坯已铸出 $\phi45$ mm 的孔。

1. 刀具的选择与安装

（1）刀具的类型、材料

刀具的类型有单刃镗刀、固定尺寸双刃镗刀、浮动镗刀；刀头材料为 YG6、YG8 类硬质合金。

（2）刀具的角度

①粗镗 $\phi 58_{0}^{+0.19}$ 孔。

单刃镗刀切削角度：主偏角 $\kappa_r = 75° \sim 90°$，副偏角 $\kappa_r' = 4°$，前角 $\gamma_0 = 10°$，后角 $\alpha_0 = 6°$，刃倾角 $\lambda_s = 2°$，刀尖过渡刃倾斜角 $\kappa_{st} = 45°$，过渡刃宽度 $b_\varepsilon = 2$ mm，负倒棱 5°，宽 0.5 mm。

②半精镗 $\phi 59.5_{0}^{+0.074}$ 孔。

半精镗刀切削角度选择同上。

③精镗 $\phi 60_{0}^{+0.03}$ 孔。

浮动镗刀切削角度：前角 $\gamma_0 = 12°$，主偏角 $\kappa_r = 1°30' \sim 2°30'$，修光刃长 6 mm，刃宽为 0.20 mm。

（3）刀具的安装

根据加工要求选择相应刀具安装在镗床镗杆位置上。

2. 调整镗削用量

粗镗：调整主轴转速 $n = 240$ r/min，切削速度为 45.2 m/min，进给量为 0.42 mm/r，镗削深度为 7.5 mm。

半精镗：调整主轴转速 $n = 420$ r/min，切削速度为 79.1 m/min，进给量为 0.24 mm/r，镗削深度为 0.75 mm。

精镗：调整主轴转速 $n = 750$ r/min，切削速度为 141.3 m/min，进给量为 0.13 mm/r，镗削深度为 0.25 mm。

3. 装夹与找正工件及加工

（1）开机前的准备工作

①工件的装夹找正。

按加工工序卡片图样所示，工件的底面为安装面，左侧面为找正面。

由于工件是单孔加工，所以选择装夹位置应靠近主轴，这样有利于工件的加工。找正侧面时，如图 3.2.17 所示，利用工作台的 T 形槽安装挡铁来间接找正，这样可以避免直接找正时工件的走动，保证定位的可靠性。

工件装上工作台前，先要清理台面及工件定位面毛刺；安装时，侧面要靠紧找正挡铁，并在前后放入等厚纸条，靠紧后不要拉出纸条，待预紧压紧装置后，可拉出纸条；随后压紧工件。如图 3.2.18 所示。

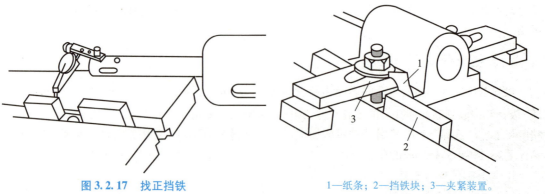

图 3.2.17　找正挡铁

1—纸条；2—挡铁块；3—夹紧装置。

图 3.2.18　工件的装夹

②开机前应注意的工作。

开机前，应注意检查机床各部件机构是否完好，各手柄的位置是否正确。启动后，应使主轴低速运转几分钟，使传动件得到良好润滑，每次移动机床部件时，要注意刀具、工具等的相对位置，快速移动前，应观察移动方向和部位是否正确。

（2）粗镗

①加工孔位找正。

被加工孔的横向尺寸无精度要求，通常以划线为基准，在主轴上安装中心定位轴，调节横向距离，使其尖端对准孔位横向中心线，根据划线找正横向中心，如图3.2.19（a）所示。

②孔的高低尺寸找正

孔的高低尺寸找正要用定位心轴、量规、百分表来进行，如图3.2.19（b）所示。量块高度为心轴半径加上孔距尺寸。

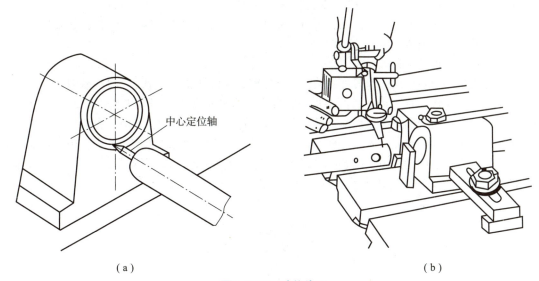

（a）　　　　　　　　　　　　　　　　　（b）

图3.2.19　孔位找正

高低尺寸找正时，将已粘合的量块放在定位心轴附近，用百分表测量出量块的读数（以百分表指针摆动20格为宜），并转动百分表刻度表面对零位。机动主轴箱使定位心轴停留在量块低处附近，并移动百分表至定位心轴上方，微量进给主轴箱上升。当百分表开始读数时，主轴箱停止移动，百分表做测量定位心轴最高点的径向移动并在最高点处停留。做主轴箱的夹紧试验，测出变化数值，以便精找正时作修正用。松开及微量进给上升移动主轴箱，当百分表出现所需零位读数时，再次夹紧主轴箱，则孔位垂向尺寸已找正。

因卧式镗床主轴箱质量一般都比机床平衡锤的质量要大，所以主轴箱会产生向下的作用力。当主轴箱随着丝杠旋转上升后，丝杠产生的向上作用力与主轴箱产生的向下作用力抵消，所以主轴箱夹紧后就不容易移动，故找正时宜使主轴箱向上移动。

③粗镗用刀具的选择。

粗镗时镗刀杆要根据加工孔的孔径尺寸尽量选择粗大些，以提高刚性，有利于提高孔的形状位置精度，镗刀可选择单刃镗刀并修磨其切削刃，如图3.2.20所示。

（3）半精镗

①半精镗所用刀具的选择。

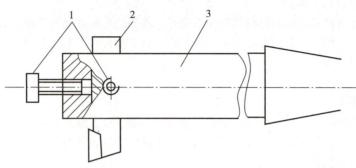

1—径、轴向紧固螺钉；2—单刃镗刀；3—镗刀杆。

图 3.2.20　粗镗刀具与工具

半精镗时，一般使用固定尺寸单刃或双刃镗刀刀具。

半精镗以控制孔的尺寸精度为主，用准备好的固定尺寸双刃镗刀装在有中心定位的镗刀杆方孔内，然后进行切削加工。

②双刃镗刀的正确装夹。

精镗加工中心必须注意：镗刀杆的精度必须完好，镗刀杆装上主轴后，要测量刀杆的径向圆跳动，误差应在 0.03 mm 之内，否则会形成孔径尺寸误差；双刃镗刀装夹要正确，镗刀装夹好后须正确对中，否则会形成单刃切削，导致孔径尺寸超差。安装双刃镗刀时，先把擦净后的镗刀杆装夹在主轴上，并把镗刀装入镗刀杆的方孔内，然后将定位螺钉放入定位孔内，用内六角扳手将定位螺钉旋入，并使镗刀做径向游动，直至螺钉斜面与镗刀缺口斜面紧贴，这时螺钉已紧固，便可做切削加工，如图 3.2.21 所示。

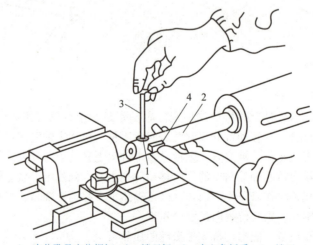

1—定位孔及定位螺钉；2—镗刀杆；3—内六角扳手；4—镗刀。

图 3.2.21　双刃镗刀的正确装夹

（4）精镗

①精镗用刀具的选择。

精镗时，选择浮动镗刀，并用千分尺检测浮动镗刀的镗削直径，调整刀具镗削直径为被加工孔的最小极限尺寸，如图 3.2.22 所示。

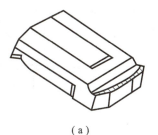
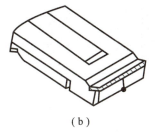

（a）　　　　　　　　　　（b）

图 3.2.22　精镗用浮动镗刀

（a）通孔浮动镗刀；（b）不通孔浮动镗刀

精镗是孔的最后加工工序。由于浮动镗刀在镗刀杆的刀孔内不作强迫定心，径向可自由移动，能补偿中心偏差，因此，利用浮动镗刀切削可以获得正确的孔形。

②浮动镗刀的正确安装。

浮动镗刀安装前，应先点动机床主轴，使方孔呈水平状态，取出定位螺钉并擦净方孔表面，然后将浮动镗刀装入方孔内做径向移动，其应移动灵活，轴向不能松动，如图 3.2.23 所示。

精镗加工时，除正确安装浮动镗刀外，还应注意正式切削前浮动镗刀的位置，切削前，浮动镗刀应随主轴伸长，渐渐接近并到达孔口，直至镗刀的切削刃到达孔口且刀体不能移动为止，如图 3.2.24 所示。然后点动使刀具转动几圈后才可进行镗削加工。

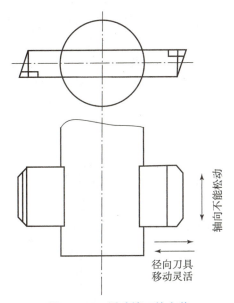

图 3.2.23　浮动镗刀的安装

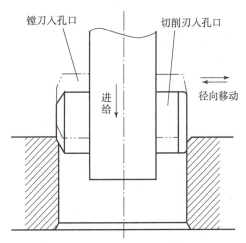

图 3.2.24　浮动镗刀切削前的位置

用校正尺寸的浮动镗刀进行精镗加工，当镗至 8～10 mm 深时，应停机并将镗刀转至水平位置退出，待检查孔径尺寸符合要求后再继续进行镗削，如图 3.2.25（a）所示。用浮动镗刀进行镗削，浮动镗刀不能全部镗出孔外，如图 3.2.25（b）所示。

4. 检验

（1）孔内径尺寸的检测

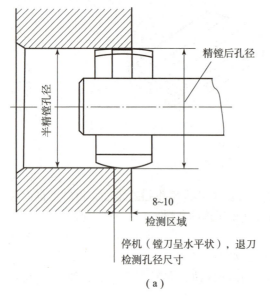
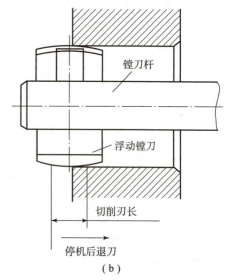

（a）

（b）

图 3.2.25 浮动镗刀精镗

孔内径尺寸的检测方法较多，这里介绍镗削时使用较多的两种方法。

①用内卡钳测量孔的内径尺寸。首先用千分尺将内卡钳的张开度调整到孔的最小极限尺寸，然后将其放入被测孔内，使其一个卡脚固定不动，另一个卡脚左右摆动。可利用公式 $S^2 = 8de$ 算出间隙值 $e = S^2/(8d)$，然后将内卡钳的张开度 d 加上间隙量 e，即为被测孔的实际尺寸，如图 3.2.26 所示。

②用内径百分表测量内径。内径百分表是测量内孔的常用精密量具，其使用方便，读数直观，能准确地测出孔的直径尺寸。内径百分表在使用前需要用千分尺来校对或用标准圈来比较校对，测量时，内径百分表应该与被测孔垂直放置，如图 3.2.27 所示。应掌握活动测头由孔口向里侧摆动的手势，百分表上反映的最小数值就是孔的实际尺寸。

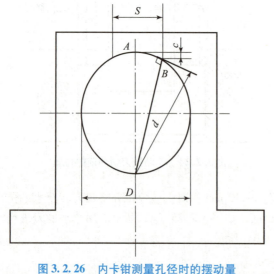
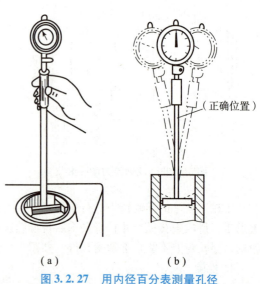

（a）

（b）

图 3.2.26 内卡钳测量孔径时的摆动量

图 3.2.27 用内径百分表测量孔径

（2）孔距尺寸检测

当孔与基准面之间有尺寸要求时，将镗削好的工件放在平板上，孔内装入检验心轴，移动装在磁性表架上的百分表，比较百分表测得心轴两端的读数与标准块处测得的读数，就可知孔距的实际尺寸，如图3.2.28所示。

（3）平行度检测

利用测量孔距的方法，移动百分表检测孔外两端检验棒，两处测得的读数之差若在图样规定的平行度要求之内就为合格，如图3.2.29所示。

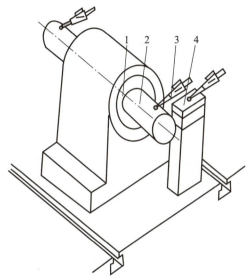

1—工件；2—检验心轴；3—百分表；4—标准块。

图3.2.28 孔距尺寸检测

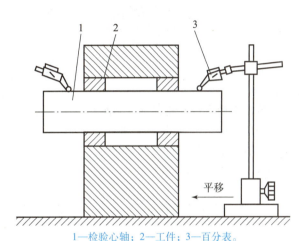

1—检验心轴；2—工件；3—百分表。

图3.2.29 平行度检测

三、机床的工装

1. 镗刀的安装

镗刀的安装角度 δ 是指镗刀轴线与镗杆径向截面之间的夹角，如图3.2.30所示。$\delta = 90° - 53°8'$。

当镗杆系统刚性强时（镗刀杆短而粗，镗的孔直径大而长度短），可垂直安装；刚性差时，应倾斜安装。镗刀倾斜安装后，刀片的工作主、副偏角会相应地变化。

镗刀块与单刃镗刀的安装有所不同。由于镗刀块通常镗大直径的通孔，镗刀杆直径比较粗，浮动镗刀块又用作精加工，所以通常镗刀块与镗刀杆垂直安装。

2. 工件的安装与找正

（1）工件的安装

在镗削之前，刀具和工件之间必须调整到一个合理的位置，为此，工件在机床上必须占据某一正确的位置。在镗削加工过程中，工件的安装方法较多。

底平面安装是镗削加工最常用的安装方法之一。利用工件底平面安装，一般地，工件的底面面积比较大，而且大都经过不同程度的粗、精加工，可直接安装在镗床工作台上；若工件底面是毛坯面，则可用楔形垫块或辅助支承安装在镗床工作台上。

若一次安装加工几个面上的孔，工作台转到任一加工位置时，主轴的悬伸量都不能过长，以

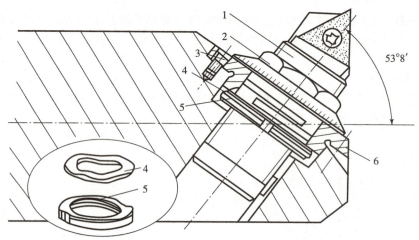

1—镗刀头；2—微调螺母；3—螺钉；4—波形垫圈；5—调节螺母；6—固定座套。

图 3.2.30　微调镗刀

免影响加工精度。若加工一个侧面上的孔，或两个互相垂直的孔时，可将工件安装在工作台的一端或一角，如图 3.2.31（a）和图 3.2.31（b）所示；若工件四个侧面上的孔都需镗削，则可将工件安装在工作台中间的合适位置，如图 3.2.31（c）所示，这样可使加工各孔时主轴的悬伸长度相差不大，保证镗削质量。

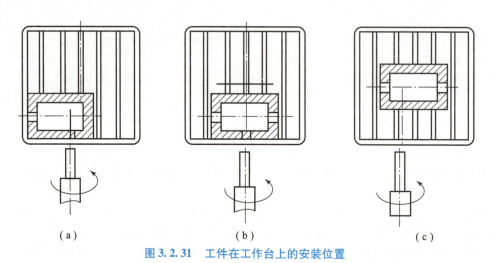

（a）　　　　　　　　　　（b）　　　　　　　　　　（c）

图 3.2.31　工件在工作台上的安装位置

（2）工件的找正

工件安装在工作台上位置是否正确，必须按照图样要求，用划线盘、百分表或其他工具确定工件相对于刀具的正确位置和角度，此过程称为工件的找正。找正的方法很多，在大批量生产中，可用夹具直接定位找正；在小批量生产中，一般应用简单的定位元件，如方铁、V 形铁、定位板等。

若在卧式镗床上不用定位元件，有以下几种找正方法：

①按划线找正。粗加工时，工件可按划线工根据图样要求划出的纵、横基准线和镗削孔径等找正。如图 3.2.32 所示，在主轴锥孔刀杆上装上划针，然后移动工作台或主轴找正。

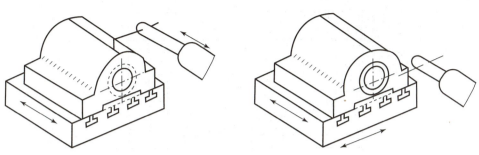

图 3.2.32 按规划找正

②按粗加工面找正。对于有一定精度要求的镗削工件，往往镗孔前，在工件的侧面或底面的前端先铣（或刨）出一个较长平面，作为镗削加工找正用的粗基准面，如图 3.2.33 所示。

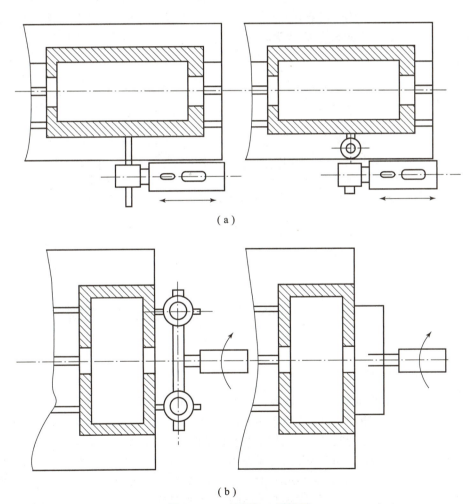

（a）

（b）

图 3.2.33 按粗加工面找正

③按精加工面找正。精度要求高的工件，其基准面必须经过精加工，按精基准用百分表找正，其找正方法与按粗加工面找正方法相同，还可以用量块作侧面找正，如图 3.2.34 所示。

173

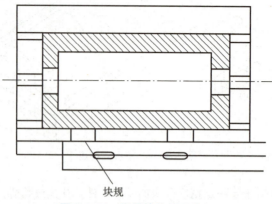

块规

图 3.2.34　用量块作侧面找正

④按已加工的孔找正。对于已有加工孔，但无侧面或底面可作为工艺定位基准的工件，可用工件已有的孔进行找正，如图 3.2.35 所示。

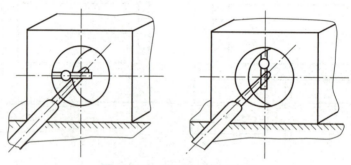

图 3.2.35　按已加工的孔找正

任务 3.2.3　机床常见故障诊断与排除

一、典型结构认知

卧式铣镗床主轴部件的结构形式较多，这里介绍 TP619 型卧式铣镗床的主轴部件。如图 3.2.36 所示，它主要由镗轴 2、镗轴套筒 3 和平旋盘 7 组成。镗轴 2 和平旋盘 7 用来安装刀具并带动其旋转，两者可同时同速转动，也可以不同转速同时转动。镗轴套筒 3 用作镗轴 2 的支承和导向，并传动其旋转。镗轴套筒 3 采用三支承结构，前支承采用 NN3026K/P5（D3182126）型双列圆柱滚子轴承，中间和后支承采用 32026/P5（D2007126）型圆锥滚子轴承，三支承均安装在箱体轴承座孔中，后轴承间隙可用调整螺母 13 调整。在镗轴套筒 3 的内孔中，装有 3 个淬硬的精密衬套 8、9 和 12，用于支承镗轴 2。镗轴 2 用优质合金结构钢（如 38CrMoAlA）经热处理（如氮化处理）制成，具有很高的表面硬度，它和衬套的配合间隙很小，而前后衬套间的距离较大，使主轴部件有较高的刚度，以保证主轴具有较高的旋转精度和平稳的轴向进给运动。

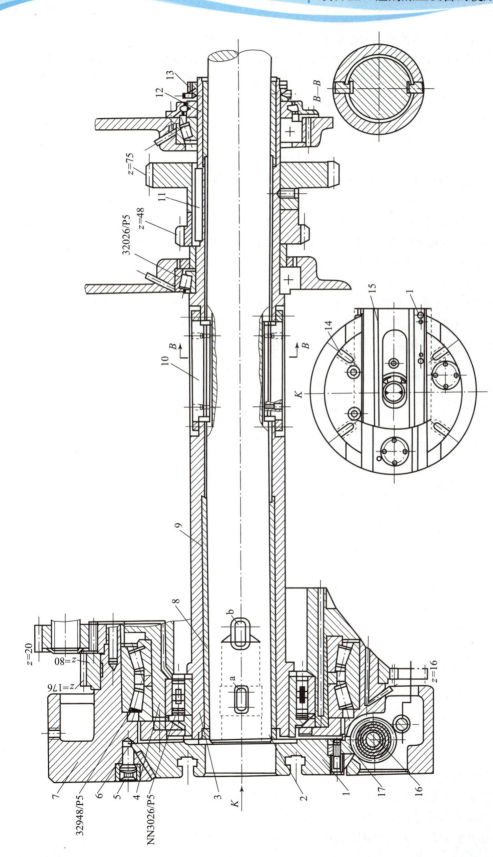

图3.2.36 TP619型卧式铣镗床主轴部件结构

1—刀具溜板；2—镗轴；3—镗轴套筒；4—法兰盘；5—螺塞；6—销钉；7—平旋盘；8、9—前支承衬套；10—导键；11—平键；12—后支承衬套；13—调整螺母；14—径向T形槽；15—T形槽；16—丝杠；17—半螺母；a、b—腰形孔。

镗轴 2 的前端有一精密的 1：20 锥孔，供安装刀具和刀杆用。它由后端齿轮（$z = 48$ 或 $z = 75$）通过平键 11 使镗轴套筒 3 旋转，再经套筒上 2 个对称分布的导键 10 传动旋转。导键 10 固定在镗轴套筒 3 上，其突出部分嵌在镗轴 2 的 2 条长键槽内，使镗轴 2 既能由镗轴套筒 3 带动旋转，又可在衬套中沿轴向移动。镗轴 2 的后端通过推力球轴承和圆锥滚子轴承与支承座连接。支承座装在后尾筒的水平导轨上，可由丝杠（轴XVII）经半螺母传动移动，带动镗轴 2 做轴向进给运动。镗轴 2 前端还有 2 个腰形孔 a、b，其中，孔 a 用于拉镗孔或倒刮端面时插入楔块，以防止镗管被拉出，孔 b 用于拆卸刀具。镗轴 2 不做轴向进给时（例如铣平面或由工作台进给镗孔时），利用支承座中的推力球轴承和圆锥滚子轴承使镗轴 2 实现轴向定位。其中，圆锥滚子轴承还可以作为镗轴 2 的附加径向支承，以免镗轴后部的悬伸端下垂。

平旋盘 7 通过 32948/P5（D2007948）型双列圆锥滚子轴承支承在固定于箱体上的法兰盘 4 上。平旋盘 7 由螺钉和定位销连接其上的齿轮 $z = 72$ 传动。传动刀具溜板的大齿轮 $z = 164$ 空套在平旋盘 7 的外圆柱面上。平旋盘 7 的端面上铣有 4 条径向 T 形槽 14，可以用来紧固刀具或刀盘；在它的燕尾导轨上，装有径向刀具溜板 1，刀具溜板 1 的左侧面上铣有 2 条径向 T 形槽 15（K 向视图），可用来紧固刀夹或刀盘。刀具溜板 1 可在平旋盘 7 的燕尾导轨上做径向进给运动，燕尾导轨的间隙可用镶条进行调整。当加工过程中刀具溜板 1 不需做径向进给时（如镗大直径孔或车外圆柱面时），可拧紧螺塞 5，通过销钉 6 将其锁紧在平旋盘 7 上。

二、常见故障诊断与排除

镗床常见的故障及产生的原因如下：

1. 镗削中工件表面产生波纹

①由于电动机内轴承损坏而产生电动机振动。

②机床振动。

a. 电机支架松动；

b. 传动 V 带长短不一或调节不当；

c. 主轴套上轴承松动、间隙过大。

2. 镗削孔径的圆度和圆柱度超差

①机床主轴径向跳动过大。

②镗杆与导向套的精度或配合间隙不适当。

3. 孔系镗削中同轴度和平行度超差

①床身导轨直线度超差。

②镗杆弯曲。

③主轴箱和工作台径向刀架的镶条间隙调整不当。

④主轴箱夹紧装置不稳定。

⑤台面和床身导轨不平行。

4. 在机床运转中出现的故障

①主轴箱内有周期性声响。

②工作台快速移动时，一个方向正常，而另一个方向有撞击声。

③下滑座最低速运动时，有爬行现象，光杆明显抖动。

④纵向移动下滑座时，主轴箱与上滑座同时或分别移动。

⑤主轴承受负荷时，转速明显降低或停转，而电动机仍在转动。

任务 3.2.4 机床维护保养

一、机床的维护保养

1. 使用前的准备、检查及使用中的安全、防护

①使用前要先检查一下铣镗床各部分机构是否正常，然后低速试空车，听一下是否有异常之声，如发现不正常，应立即进行调整修理。

②安装工件、夹具或铣镗床附件时，要注意轻放，避免损伤台面；导轨上不准堆放工具及工件等物。

③安装夹具或铣镗床附件前，要将接合处揩擦干净。

④操作时要集中精力，不要擅自离开铣镗床，发现工件振动、切削负荷增大、台面跳动及机床产生异常声音等不正常情况时，应及时停车检查，并加以排除。

⑤使用快速进给时，刀具离工件 30～50 mm 处，便应停止，然后用手动进给，使刀具缓慢地接近工件，避免发生刀具与工件相撞的事故。

⑥在工作台纵、横两个方向的往返行程的极限位置处，均装有限位装置。机床使用时，行程挡铁不许超过规定范围，更不允许任意拆卸挡铁，以防止工作台移动时超过行程极限而损坏机床零件。

2. 镗床的维护保养

镗床的维护保养工作主要是注意清洁、润滑和合理的操作。日常维护保养工作分为三个阶段进行：

①工作开始前，检查机床各部件机构是否完好，各手柄位置是否正常。清洁机床各部位，观察各润滑装置，对机床导轨面直接浇油润滑；开机低速空转一定时间。

镗床操作要点

②工作过程中，主要是操作正确，不允许机床超负荷工作，不可用精密机床进行粗加工等。工作过程中发现机床有任何异常现象，应立即停机检查。

③工作结束后，清洗机床各部位，把机床各移动部件移至规定位置，关闭电源。

二、机床安全操作规程

①操作者必须接受三级安全教育。严格遵守操作时的文明生产、安全操作等各项规定。

②工作开始前，必须检查机床各部件机构是否完好，各手柄位置是否正常。清洁机床各部位，观察各润滑装置，对机床导轨面直接浇油润滑；开机低速空转一定时间，排除故障和事故隐患。

③机床运转时，不允许测量尺寸，用样板或手触摸加工面。镗孔、扩孔时，严禁将头贴近加工位置观察切削情况，更不允许隔着转动的镗杆取东西。

④使用平旋盘进行切削时，刀架上的螺钉要拧紧；不准站在对面或伸头观察；要防止衣服被旋转的刀盘勾住；不准用手去触摸旋转着的镗杆和平旋盘。

⑤工作台机动转动角度时，必须将镗杆缩回，以避免镗杆与工件相撞。

⑥不准任意拆装电器设备，不允许机床超负荷工作，不可用精密机床进行粗加工等。工作过程中如果发现机床有任何异常现象，应立即停机检查。

⑦下班前应清除机床上及周围场地的切屑和切削液，把机床各移动部件移至规定位置，并在规定部位加润滑油；严格执行交接班制度；工件尚未加工完毕而需下一班继续加工时，应挂上"工件未加工完毕，请勿拨动手柄"的牌子；应关闭电源。

⑧批量加工工件时，首件加工完毕后，应执行首件检验制度，待检验合格后方可继续加工。

教学任务单

专业			班级		
学号		姓名		日期	
项目名称	镗削加工设备的使用		任务名称	支架孔的镗削加工设备的使用	

【学习步骤】

以支架孔镗削加工工序卡片提出任务，在镗削支架孔的准备工作中学会分析工序卡片及图样，根据分析选择合适的机床型号，对选定的机床的参数及其运动进行分析，掌握本机床的调整及操作方法，掌握刀、夹、附具及工件与机床的连接和安装，最后完成工序卡片零件加工操作及检验，掌握对一般机床故障的分析与排除能力，学会本类机床的操作规程维护及其保养。

【任务实施】

一、读懂工序卡片

请根据任务工序卡填写表3.2.4。

表3.2.4　工序卡识读

序号	项目名称	内容填写	备注
1	零件的外形特点		
2	主要加工表面及加工精度		
3	生产批量		
4	备选的机床类型		

出现的问题：

_____

_____

解决措施及经验总结：

_____

_____

二、选择合适机床选型号

1. 为什么优先选择镗床进行零件的加工？

2. 简述镗床的种类。

3. 请列出你选定的机床型号并解释其含义。

出现的问题：

_____

_____

解决措施及经验总结：

_____

_____

三、完成刀具、工件、夹具以及机床的安装
根据内容，如何安装与找正工件？

出现的问题：

_____

_____

解决措施及经验总结：

_____

_____

四、调整操作机床
请根据加工内容，将工件的加工步骤填入表 3.2.5。

表 3.2.5　工件加工表

序号	内容	备注
1		
2		
3		
4		
5		
6		
7		
8		

出现的问题：

_____

_____

解决措施及经验总结：

_____

_____

五、完成支架孔的加工

请根据工序图的要求完成支架孔的加工，并记录加工过程中出现的问题及解决问题的措施。

出现的问题：

_____

_____

解决措施及经验总结：

_____

_____

六、产品检测

请完成支架孔的检验并填写表 3.2.6。

表 3.2.6　检测记录表

序号	检测项目	使用工具	测量数据	备注

出现的问题：

_____

_____

解决措施及经验总结：

_____

_____

【任务考核】

评分标准

序号	考核评价项目		考核内容	学生 自检	小组 互检	教师 终检	配分	成绩
			任务3.2　支架孔镗削加工设备的使用					
1	过程 考核	素养目标	业务精干，无私奉献；热爱劳动，服务国防				15	
2		知识目标	镗床的加工范围、镗床的加工方法				25	
3		能力目标	操作镗床，解决生产实际问题，以及维修和保养机床				30	
4	常规 考核		任务完成情况				10	
5			回答问题				15	
6			其他				5	

【任务总结】

_____

_____

_____

_____

【大国工匠】 李万君

　　"技能报国"是他终生夙愿，"大国工匠"是他至尊荣光。李万君他从一名普通焊工成长为我国高铁焊接专家，是"中国第一代高铁工人"中的杰出代表，是高铁战线的"杰出工匠"，被誉为"工人院士""高铁焊接大师"。在如何在外国对我国高铁技术封锁面前实现"技术突围"方面，他凭着一股不服输的钻劲儿、韧劲儿，积极参与填补国内空白的几十种高速车、铁路客车、城铁车转向架焊接规范及操作方法，先后进行技术攻关100余项，其中21项获国家专利，《氩弧半自动管管焊操作法》填补了我国氩弧焊焊接转向架环口的空白。面对使用外国技术无法解决的难题，他勇攀高峰，他一次又一次地试验，取得了一批重要的核心试制数据，专家组以这些数据为重要参考编制了《超高速转向架焊接规范》。如今，中车长春轨道客车股份有限公司的转向架年产量超过9 000个，比庞巴迪、西门子和阿尔斯通等世界三大轨道车辆制造巨头的总和还多。他研究探索出的"环口焊接七步操作法"成为公司技术标准。如何为中国高铁储备世界级人才"因子"，依托"李万君大师工作室"，先后组织培训近160场，为公司培训焊工1万多人次，创造了400余名新工提前半年全部考取国际焊工资质证书的"培训奇迹"，培养带动出一批技能精湛、职业操守优良的技能人才，为打造"大国工匠"储备了坚实的新生力量。

181

项目四
磨削加工设备的使用

任务4.1 光轴磨削加工设备的使用

 任务描述

光轴是某设备上的定心轴，起支承和定心的作用。某企业现有外圆磨床若干台，为了让设备更好地服务于企业生产运作，请查阅相关资料，按机械加工工序卡片完成零件的磨削加工，并对常见故障进行诊断。

任务要求

读懂工序卡片，选择合适的机床类型与型号，完成工件的装夹和工装的安装，调整操作机床，完成光轴的磨削加工过程。

 学习目标

素质目标：

1. 培养学生能尊重世界多元文化的多样性和差异性，积极参与跨文化交流；
2. 培养学生良好的学习习惯，具备积极的学习态度和浓厚的学习兴趣；
3. 培养学生进行知识、技能与方法的积累；
4. 培养学生能主动作为，履职尽责，对自我和他人负责；
5. 培养学生理解生命意义和人生价值，敬畏、尊重和关爱生命；具有安全意识与自我保护能力；

6. 培养学生具有以人为本的意识，尊重、维护人的尊严和价值，能尊重他人和爱护他人。

知识目标：

1. 掌握机械加工工序卡片相关内容；

2. 了解磨床的加工工艺范围与分类；

3. 了解磨床常用的工装；

4. 了解磨床主运动及进给运动系统；

5. 了解磨床典型结构及其工作原理；

6. 了解磨床维护保养相关知识。

技能目标：

1. 能根据工艺要求合理选择机床类型并确定机床型号；

2. 能根据工艺要求确定适合的加工方法；

3. 了解磨床整体结构和技术参数；

4. 能分析磨床的传动系统；

5. 能对外圆磨床进行调整操作，完成工件和工装的安装；

6. 能正确调整主轴转速和进给量；

7. 能操作外圆磨床进行光轴零件的磨削加工并检验；

8. 能对常见故障进行诊断与排除；

9. 能完成磨床的维护保养工作和安全文明生产。

工艺分析 NEW!

机械加工工序卡片			产品型号		零件图号					
			产品名称		零件名称	定位轴	共　页	第　页		

	车间	工序号	工序名称	材料牌号
	机加	003	磨外圆	45钢

图示：$2-B2/63$，$\bigtriangleup 0.01$，$\sqrt{Ra\,0.8}$，$\phi 30^{\ 0}_{-0.02}$，长度 200

毛坯种类	毛坯外形尺寸	每毛坯可制件数	每台件数
棒料		1	
设备名称	设备型号	设备编号	同时加工件数
万能外圆磨床	M1432A		1

夹具编号		夹具名称		切削液
				水溶液
工位器具编号		工位器具名称		工序工时/min
				准终	单件

工步号	工　步　内　容	工　艺　装　备	主轴转速 r·min⁻¹	切削速度 m·min⁻¹	进给量 mm·r⁻¹	切削深度 mm	进给次数	工步工时 机动	辅助
1	装夹								
2	磨削外圆到尺寸$\phi 30^{\ 0}_{-0.02}$	两顶尖、鸡心夹头、卡尺、$\phi 400$平行砂轮	1 400	1 758.4	0.03~0.07/往复				

	设计（日期）	校对（日期）	审核（日期）	标准化（日期）	会签（日期）

1. 加工精度分析

根据零件图可知，加工部位主要是外圆柱表面，外圆尺寸为 $\phi 30_{-0.02}^{0}$ mm，圆柱度公差为 0.01 mm，主要加工表面的公差等级是 IT7 级。

2. 表面粗糙度分析

工件主要表面的粗糙度为 Ra 0.8 μm，磨削加工可以满足加工要求。

3. 材料分析

45 钢为优质碳素结构钢，硬度不高，易切削加工，切削性能好。热处理调质 220～250 HBS。

4. 形体分析

该零件为圆柱体形状的坯件，为细长轴，磨削加工时，可采用双顶尖的装夹方式进行。

问题引导

问题 1：常用磨床的类型有哪些？

问题 2：砂轮的安装需要注意什么问题？

问题 3：磨削工件时，存在哪些安全隐患？应如何避免？

问题 4：磨床的常见故障有哪些现象？

任务 4.1.1　机床选用

一、机床选型及型号确定

1. 加工工艺范围的认识

磨床可以加工各种表面，如内外圆柱面和圆锥面、平面、渐开线齿廓面、螺旋面以及各种成形面等，还可以刃磨刀具和进行切断等，工艺范围非常广泛。

随着科学技术的不断发展，对机器及仪器零件的精度和表面粗糙度要求越来越高；各种高硬度材料的使用增加。同时，由于精密铸造和精密锻造工艺的进步，毛坯可不经过其他切削加工而直接磨成成品。此外，高速磨削和强力磨削工艺的发展进一步提高了磨削效率。因此，磨床的使用范围日益扩大，其在金属切削机床中所占的比重不断上升。磨床加工时的特点主要有：

①适合磨削硬度很高的淬硬钢件及其他高硬度的特殊金属材料和非金属材料。

②使工件较易获得高的加工精度和小表面粗糙度值。在一般磨削加工中，加工精度可达到 IT5～IT7 级，表面粗糙度值为 $Ra\ 0.32～1.45\ \mu m$；在超精磨削和镜面磨削中，表面粗糙度值可分别达至 $Ra\ 0.04～0.08\ \mu m$ 和 $Ra\ 0.01\ \mu m$。

③在通常情况下，磨削余量较其他切削加工的切削余量小得多。因此，磨床广泛地应用于零件的精加工，尤其是淬硬钢件和高硬度特殊材料的精加工。

2. 磨床类型的选择

为了适应磨削各种加工表面、工件形状及生产批量的要求，磨床的种类很多，其中主要类型有：

磨床简介

①外圆磨床：包括普通外圆磨床、万能外圆磨床、半自动宽砂轮外圆磨床、端面外圆磨床和无心外圆磨床等。

②内圆磨床：包括内圆磨床、无心内圆磨床和行星式内圆磨床等。

③平面磨床：包括卧轴矩台平面磨床、立轴矩台平面磨床、卧轴圆台平面磨床和立轴圆台平面磨床等。

④工具磨床：包括工具曲线磨床和钻头沟槽磨床等。

⑤刀具刃磨磨床：包括万能工具磨床、拉刀刃磨床和滚刀刃磨床等。

⑥各种专门化磨床：是专门用于磨削某一类零件的磨床，如曲轴磨床、凸轮轴磨床、花键轴磨床、活塞环磨床、齿轮磨床和螺纹磨床等。

⑦研磨机。

⑧其他磨床：有珩磨机、抛光机、超精加工机床和砂轮机等。

3. 机床型号的确定

根据之前磨削光轴的工序卡片以及外圆磨床的工艺特点等选定机床为 M1432A 万能外圆磨床。磨床常用型号见表 4.1.1。

表 4.1.1　磨床型号表

机床名称	组别	系列	主参数名称	折算系数
抛光机	0	4	—	—
刀具磨床	0	6	—	—
无心外圆磨床	1	0	最大磨削直径	1
外圆磨床	1	3	最大磨削直径	1/10
万能外圆磨床	1	4	最大磨削直径	1/10
宽砂轮外圆磨床	1	5	最大磨削直径	1/10
端面外圆磨床	1	6	最大回转直径	1/10
内圆磨床	2	1	最大磨削孔径	1/10
立式行星内圆磨床	2	5	最大磨削孔径	1/10

续表

机床名称	组别	系别	主参数名称	折算系数
落地砂轮机	3	0	最大砂轮直径	1/10
落地导轨磨床	5	0	最大磨削宽度	1/100
龙门导轨磨床	5	2	最大磨削宽度	1/100
万能工具磨床	6	0	最大回转直径	1/10
钻头刃磨床	6	3	最大刃磨钻头直径	1
卧轴矩台平面磨床	7	1	工作台面宽度	1/10
卧轴圆台平面磨床	7	3	工作台面直径	1/10
立式圆台平面磨床	7	4	工作台面直径	1/10
曲轴磨床	8	2	最大回转直径	1/10
凸轮轴磨床	8	3	最大回转直径	1/10
花键轴磨床	8	6	最大磨削直径	1/10
曲线磨床	9	0	最大磨削长度	1/10

二、结构布局及主要参数的认识

1. 机床结构布局的认知

M1432A 型万能外圆磨床的外形结构图如图 4.1.1 所示，它由下列主要部件组成：

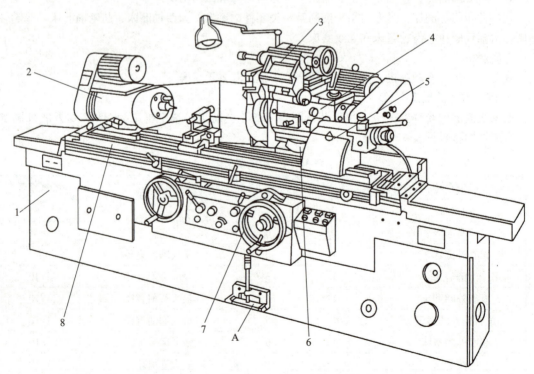

1—床身；2—头架；3—内圆磨装置；4—砂轮架；5—尾座；6—滑鞍；7—手轮；8—工作台；A—脚踏操作板。

图 4.1.1　M1432A 型万能外圆磨床的外形结构图

①床身。它是磨床的基础支承件。在它的上面装有砂轮架、工作台、头架、尾座及横向滑鞍等部件，使它们在工作时保持准确的相对位置。床身内部用作液压油的油池。

②头架。它用于安装及夹持工件，并带动工件旋转，实现圆周进给运动。在水平面内可逆时针方向转90°。

③内圆磨装置。它用于支承磨内孔的砂轮主轴。内圆磨具主轴由单独的电动机驱动。

④砂轮架。它用于支承并传动高速旋转的砂轮主轴。砂轮架装在滑鞍6，当需磨削短圆锥面时，砂轮架可以在水平面内调整至一定角度位置（±30°）。

⑤尾座。它和头架的前顶尖一起支承工件。

⑥滑鞍及横向进给机构。转动横向进给手轮7，可以使横向进给机构带动滑鞍6及其上的砂轮架做横向进给运动。

⑦工作台8。它由上、下两层组成。上工作台可绕下工作台在水平面内回转一个角度（±10°），用于磨削锥度不大的长圆锥面。上工作台的上面装有头架和尾座，它们随着工作台一起，沿床身导轨做纵向往复运动。

2. 机床主要参数的认识

机床的技术参数是表示机床尺寸大小及其工作能力的各种技术数据。它是用户选择和使用机床的重要技术资料。M1432A机床主要技术参数见表4.1.2。

表4.1.2 M1432A外圆磨床的技术参数

项目名称	机床参数	项目名称	机床参数
最大磨削外圆长度/mm	1 500	砂轮尺寸/mm	$\phi 400 \times 50$
最大磨削直径/mm	$\phi 320$	砂轮线速度/$(m \cdot s^{-1})$	35
最小磨削直径/mm	$\phi 15$	砂轮架快速进退量/mm	50
磨削内圆直径/mm	$\phi 16 \sim 125$	砂轮架回转角度/(°)	±30
最大磨削内圆长度/mm	125	手轮一格砂轮架进给量/mm	粗：0.01；细：0.025
头尾架顶尖孔锥度	莫氏4号	工作台换向时自动周期进给量/mm	最大：0.04；最小：0.025
手动最小进给量/mm	0.002 5		
总功率/kW	≤7.5		

三、加工方法的选择

1. 外圆柱面的磨削方法

外圆磨床磨削外圆的方法有以下几种：

（1）纵磨法

磨削时，砂轮高速旋转为主运动，工件在主轴带动下旋转并和磨床工作台一起做往复直线运动，分别为圆周进给运动和纵向进给运动，工件每转一转的纵向进给量为砂轮宽度的2/3左右，致使磨痕互相重叠。当工件一次往复行程结束时，砂轮做周期性的横向进给（背吃刀量），这样就能使工件上的磨削余量不断被切除，如图4.1.2（a）所示。磨削特点是：散热条件较好；加工精度和表面质量较高；具有较大的适应性，可以用一个砂轮加工不同长度的工件；生产率较低。广泛适用于单件、小批生产及精磨，特别适用于细长轴的磨削。

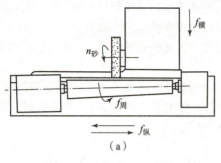
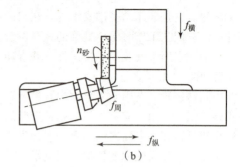

（a）　　　　　　　　　　　　　　　　　（b）

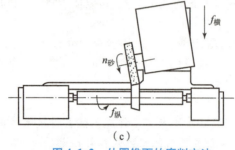

（c）

图 4.1.2　外圆锥面的磨削方法

（a）斜置工作台法；（b）斜置头架法；（c）斜置砂轮架法

纵向磨削法是使工作台做纵向往复运动进行磨削的方法，用这种方法加工时，表面成形方法采用相切－轨迹法。共需要三个表面成形运动。

①砂轮的旋转运动

当磨削外圆表面时，磨外圆砂轮做旋转运动 $n_砂$，按"切削原理"的定义，这是主运动；当磨削内圆表面时，磨内孔砂轮做旋转运动 $n_内$，它也是主运动。

②工件纵向进给运动

这是砂轮与工件之间的相对纵向直线运动。实际上，这一运动由工作台纵向往复运动来实现，称为纵向进给运动 $f_纵$。它与砂轮旋转运动一起用相切法磨削工件的轴向直线（导线）。

③工件旋转运动

这是用轨迹法磨削工件的母线——圆。工件的旋转运动称为圆周进给运动 $f_周$。

（2）横磨法（切入法）

磨削时，工件只需与砂轮做同向转动（圆周进给），不做纵向移动，而砂轮除高速旋转外，还需根据工件加工余量做缓慢连续的横向切入，直至磨去全部磨削余量，如图 4.1.2（b）所示。磨削的特点是：磨削效率高，磨削长度较短，磨削较困难，散热条件差，工件容易产生热变形和烧伤现象，且因背向力大，工件易产生弯曲变形。无纵向进给运动，磨痕明显，工件表面粗糙度 Ra 值较纵磨法大。一般用于大批大量生产中磨削刚性较好、长度较短的外圆以及两端都有台阶的轴颈。

2. 外圆锥面的磨削方法

外圆锥面的磨削方法主要有以下几种：

（1）斜置工作台法

如图 4.1.2（a）所示，采用纵磨法，适用于磨削锥度小而锥体长的工件。外圆磨床加工方法

（2）斜置头架法

如图 4.1.2（b）所示，采用纵磨法，工件用卡盘装夹，适用于磨削锥度大而锥体短的工件。

（3）斜置砂轮架法

如图 4.1.2（c）所示，适用于磨削长工件上锥度大而锥体短的表面。

任务 4.1.2　机床调整与加工

一、机床传动系统分析

M1432A 型磨床的运动，是由机械和液压联合传动的。液压传动的有工作台纵向往复移动、砂轮架快速进退和周期径向自动切入、尾座顶尖套筒缩回等，其余运动都由机械传动。机床的机械传动系统图如图 4.1.3 所示。

1. 主轴旋转的传动链分析

外圆磨削时，砂轮旋转主运动（$n_{砂}$）是由电动机（1 400 r/min，4 kW）经 V 带直接传动的，传动链较短，其传动路线为：

$$主电机 - \frac{\phi126}{\phi112} - 砂轮(n_{砂})$$

内圆磨削时，砂轮旋转的主运动（$n_{内}$）由单独的电动机（2 840 r/min，1.1 kW）经平带直接传动。更换平带轮，使内圆砂轮获得两种高转速：10 000 r/min 和 15 000 r/min。内圆磨具装在支架上，为了保证工作安全，内圆砂轮电动机的启动与内圆磨具支架的位置有联锁作用，只有当支架翻到工作位置时，电动机才能启动。这时，（外圆）砂轮架快速进退手柄在原位上自动锁住，不能快速移动。

2. 头架拨盘的传动链分析

工件旋转运动由双速电动机驱动，经 V 带塔轮及两级 V 带传动，使头架的拨盘或卡盘带动工件，实现圆周进给 $f_{周}$，其传动路线表达式为：

$$头架电动机（双速）- I - \begin{Bmatrix} \frac{\phi130}{\phi90} \\ \frac{\phi111}{\phi109} \\ \frac{\phi48}{\phi164} \end{Bmatrix} - II - \frac{\phi61}{\phi184} - III - \frac{\phi68}{\phi177} - 拨盘或卡盘(f_{周})$$

由于电机为双速电动机，因而可使工件获得 6 种转速。

二、机床的调整与操作

万能外圆磨床

1. 开机前准备工作

①检查工件中心孔。若不符要求，需修磨正确。

②找正头架、尾座的中心，不允许偏移。

③用金刚石笔粗修整砂轮。

④检查工件磨削余量。

⑤将工件装夹于两顶尖间。一般光轴要分两次安装，调头磨削才能完成。该工件因两端有中心孔，可用前、后顶尖支承工件，并由夹头、拨盘带动工件旋转。

在磨床上磨削轴类零件外圆，一般都以两端中心孔作为装夹定位基准。由于工件在粗加工

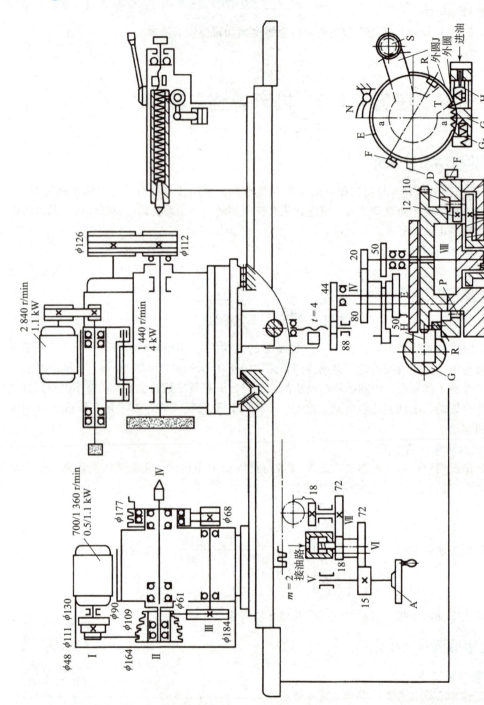

图4.1.3　M1432A型外圆磨床机械传动系统图

时中心孔有一定程度的磨损或碰伤，而热处理则会使中心孔产生变形，这些缺陷都会直接影响到工件的磨削精度，使外圆产生圆度误差等。因此，在磨削前对工件中心孔的60°圆锥部分应进行研磨工序的修正，以消除粗加工所造成的种种缺陷，保证定位基准的准确，这也是保证磨削质量的关键。

装夹的方法基本上与车床两顶尖装夹相同。与车外圆不同的是，磨外圆时，头架和尾座的装夹方法如图4.1.4所示。

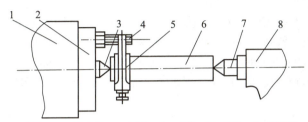

1—头架；2—拨盘；3—前顶尖；4—拨销；5—夹头；6—工件；7—后顶尖；8—尾座。

图4.1.4　两顶尖装夹工件

调整拨销位置，使其能拨动夹头；将工件两端中心孔擦干净，并加润滑油，前、后顶尖60°圆锥也需擦拭干净；调整尾座位置，然后将尾座套筒后退，装上工件，尾座顶尖适度顶紧工件。装夹工件时，应注意选用夹头大小应适中；为防止夹伤被夹持的精磨表面，工件被夹持部分应垫铜皮；顶尖对工件的夹紧力要适当。

工件6支承在前顶尖3和后顶尖7上，由磨床头架1上的拨盘2和拨销4带动夹头5旋转。由于夹头与工件固接在一起，因此带动工件旋转。

⑥调整工作台行程挡铁位置，以控制砂轮接刀长度和砂轮越出工件长度，接刀长度如图4.1.5所示，应尽量短一些。

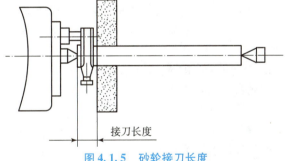

接刀长度

图4.1.5　砂轮接刀长度

2. 试磨

（1）砂轮的选择

所选砂轮的特性为：磨料 WA – PA，粒度40#～60#，硬度 L～M，黏合剂 V。平形砂轮，砂轮标记为1—300×50×75—WA60L5V—35 m／s，GB 2485。

（2）试磨

试磨时，用尽量小的背吃刀具磨出外圆表面，圆柱度误差不大于0.01 mm。用百分表检查工件圆柱度误差。若超出要求，则调整找正工作台至理想位置，以保证圆柱度误差。值得注意的是，整个磨削过程均需采用乳化液进行充分冷却。

3. 粗磨外圆

磨削用量的选择：

①砂轮圆周速度的选择。

由公式 $v_c = \pi dn／(1\,000×60)$（m／s）＝ 3.14×300×1 400／(1 000×60)（m／s）＝22（m／s）。

说明：M1432A外圆磨床砂轮主轴转速为1 400 r／min，因此砂轮圆周速度小于35 m／s，满足要求。

②工件圆周速度的选择。采用纵磨法，工件的转速不宜过高。通常工件圆周速度 v_ω 与砂轮网周速度 v_c 应保持适当的比例关系，外圆磨削取 $v_\omega = (1/80 \sim 1/100)v_c$。

③背吃刀量的选择。

背吃刀量增大时，工件表面粗糙度值增大，生产率提高，但砂轮寿命降低。根据试磨测得的工件尺寸 $d_{试}$，留精磨余量 0.05 mm，则 $a_p = d_{试} - 30 - 1/2$ mm，利用手轮刻度时注意，粗加工手轮刻度为 0.01 mm/格。

④纵向进给量的选择。

纵向进给量加大，对提高生产率、加快工件散热、减轻工件烧伤有利，但不利于提高加工精度和降低表面粗糙度值。特别是在磨削细、长、薄的工件时，易发生弯曲变形。一般粗磨时，纵向进给量 $f = (0.04 \sim 0.08)B$（B 为砂轮宽度），取 $f = 0.05B = 2.5$ mm/r。

由于切深分力的影响会使实际的切入深度小于给定的切深，因此需反复多次磨削，直至无火花产生。

粗磨外圆至 $\phi30.1_{-0.02}^{0}$ mm，圆柱度误差不大于 0.01 mm。

4. 工件调头装夹

5. 粗磨接刀

在工件接刀处涂上薄层显示剂，用切入磨削法接刀磨削，当显示剂消失时，立即退刀。

6. 精修整砂轮

7. 精磨外圆

①磨削用量的选择。

a. 砂轮圆周速度的选择。M1432A 外圆磨床砂轮主轴转速为 1 400 r/min。

b. 工件圆周速度的选择。根据表，可选择 300 r/min。

c. 背吃刀量的选择。$a_p = 0.05$ mm。利用手轮刻度时注意，精加工手轮刻度为 0.002 5 mm/格。

d. 纵向进给量的选择。$f = 0.01B = 0.5$ mm/r。

②精磨外圆至 $\phi30.1_{-0.02}^{0}$ mm，圆柱度误差不大于 0.01 mm，表面粗糙度在 Ra 0.8 μm 以内。

8. 调头装夹工件并找正

9. 精磨接刀

在工件接刀处涂显示剂，用切入磨削法接刀磨削，待显示剂消失，立即退刀。保证外圆尺寸为 $\phi30.1_{-0.02}^{0}$ mm，圆柱误差不大于 0.01 mm，表面粗糙度为 Ra 0.8 μm 以内。

10. 检验

（1）外圆尺寸的检验

用千分尺来测量外圆尺寸时，使用千分尺的微分筒，测砧与测量螺杆张开，卡在光轴上，操作锁紧装置，固定测量数值，读取测量数据。

（2）圆柱度的检验

用三点法来测量圆柱度。将光轴放在 $2\alpha = 90°$ 的 V 形块上；安装好表座、表架和百分表，使百分表量头垂直于测量面，并将指针调零，如图 4.1.6 所示；记录光轴在回转一周过程中测量截面上百分表读数的最大值与最小值，将最大值与最小值之差的一半作为该截面的同轴度误差；移动百分表，测量四个不同截面，取截面同轴度误差中最大误差值作为光轴的同轴度误差。

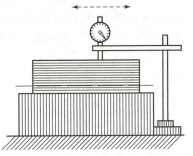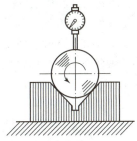

图 4.1.6 三点法测量同轴度

三、机床的工装

1. 砂轮的安装

（1）砂轮的选择

选择砂轮时，根据工件的材料、工作情况及加工要求，来选用适当的磨粒粒度、硬度及组织黏结剂等的砂轮。

砂轮的选择一般为：加工钢料采用氧化铝砂轮，加工铸铁采用碳化硅砂轮，其硬度选用 ZR2。

材料越硬，则应选用砂轮的硬度越小，这样磨削时，工件发热少，能获得较好的工作面，用硬的砂轮磨削，工件在慢速的时候砂轮最容易被嵌塞，使工作物大量散热，有时适当地提高工作台的速度，会起到调整砂轮硬度的作用，使其适应于工件的要求。

砂轮的粒度越细，则获得工件的表面越光洁，用粒度较大的砂轮在工作物和磨削用量选择恰当的情况下，也能获得较好的加工表面。选择砂轮时参考表 4.1.3。

表 4.1.3 选择砂轮时参考推荐表

工作物材料	砂轮的磨料	粒度	硬度	工作物材料	砂轮的磨料	粒度	硬度
镍铬钢	氧化铝	24～60	ZR1～ZR2	低碳钢	氧化铝	24～46	ZR1
渗碳钢	氧化铝	36～80	ZR1～ZR2	一般钢料	氧化铝	24～80	ZR2～ZR3
工具钢	氧化铝	36～80	ZR1～ZR2	淬火钢	氧化铝	36～80	ZR2～ZR3

（2）砂轮的安装

由于砂轮高速旋转工作，而且质地又较脆，因此安装前必须经过外观检查，不应有裂纹和损伤，以免砂轮碎裂飞出，造成严重的设备事故和人身伤害。

（3）砂轮的磨损与修整

砂轮工作一段时间后会出现磨损，使磨削温度升高，磨削力增大，甚至引起振动，产生噪声，加工质量恶化等。为此，对砂轮应及时进行修整。砂轮修整的目的主要是去除砂轮工作表面上的钝化磨粒层和被切屑堵塞层，恢复砂轮的切削能力和外形精度。

2. 工件的安装

外圆磨床上安装工件的方法常用的有顶尖安装、卡盘安装和心轴安装等。

（1）顶尖安装

①死顶尖安装。

轴类工件常用死顶尖安装，其方法与车削基本相同，但磨床所用顶尖都不随工件一起转动。如图 4.1.7 所示，装夹时，利用工件两端的顶尖孔将工件支承在磨床的头架及尾座顶尖间，这种装夹方法的特点是装夹迅速方便，加工精度高。头架主轴和尾座套筒的径向圆跳动误差和顶尖本身的同轴度误差不会对工件的旋转运动产生影响。只要中心孔的形状正确，装夹得当，就可以使工件的旋转轴线始终不变，获得较高的圆度和同轴度。适用于轴类工件。

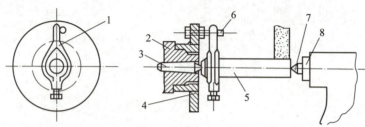

1—卡箍；2—头架主轴；3—前顶尖；4—拨盘；5—工件；6—拨杆；7—后顶尖；8—尾架套筒。

图 4.1.7　死顶尖安装

②自磨顶尖安装。

自磨顶尖参见自磨顶尖装置，这时，拨盘通过杆 10 带动头架主轴旋转。

（2）卡盘安装

卡盘适用于装夹没有中心孔的工件，三爪卡盘适用于装夹圆形、三角形和六边形等规则表面的工件，而四爪卡盘特别适用于夹持表面不规则的工件。

（3）心轴安装

盘套类工件则用心轴和顶尖安装，如图 4.1.8 所示。

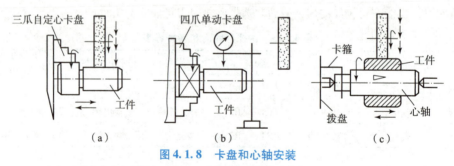

（a）　　　　　　　　（b）　　　　　　　　（c）

图 4.1.8　卡盘和心轴安装

（a）三爪自定心卡盘装夹；（b）四爪单动卡盘装夹及其找正；（c）锥度心轴装夹

任务 4.1.3　机床常见故障诊断与排除

一、典型结构的认知

1. 砂轮架

砂轮架中的砂轮主轴及其支撑部分结构直接影响工件的加工质量，应具有较高的回转精度、刚度、抗震性和耐磨性，它是砂轮架部件中的关键机构，如图 4.1.9 所示。砂轮主轴的前后径

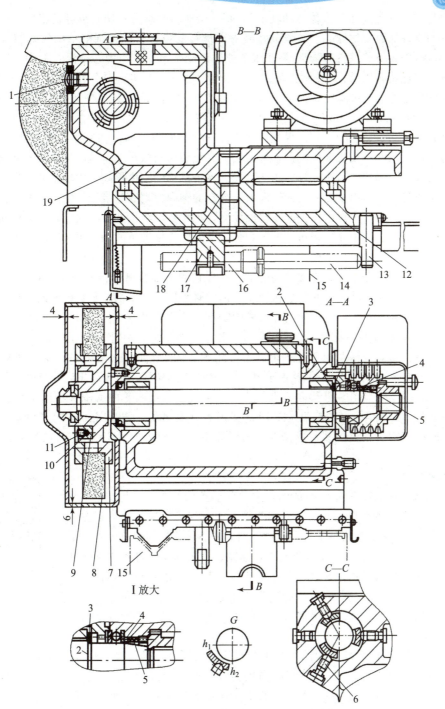

1—油窗；2—主轴右端轴肩；3—止推环；4—柱销；5—弹簧；6—球面支承螺钉；7—法兰；8—砂轮；
9—平衡块；10—钢球；11—螺钉；12—滑鞍；13—挡销；14—柱塞；15—床身；16—柱塞油缸；
17—油缸支座；18—圆柱销；19—壳体。

图 4.1.9　M1432A 型万能外圆磨床砂轮架

向支撑都为"短三瓦动压型液体滑动轴承"，每一个滑动轴承由三块扇形轴瓦组成，每块轴瓦都支撑在球面支撑螺钉 6 的球头上。调节球面支承螺钉的位置，即可调整轴承的间隙（通常间隙为 $0.015 \sim 0.025$ mm）。短三瓦轴承是动压型液体滑动轴承，工作中必须浸在油中。当砂轮主轴向一个方向高速旋转以后，3 块轴瓦各在其球面螺钉的球头上摆动到平衡位置，在轴和轴瓦之间形成 3 个楔形缝隙。当吸附在轴颈上的油液由入口 h_1 被带到出口 h_2 时（图 G），使油液受到挤压（因为 $h_1 < h_2$），于是形成压力油楔，将主轴浮在 3 块瓦中间，不与轴瓦直接接触，所以它的回转精度较高。当砂轮主轴受到外界载荷作用而产生径向偏移时，在偏移方向，楔形缝隙变小，油膜压力升高，而在相反方向处的楔形缝隙增大，油膜压力减小。于是产生了一个使砂轮主轴恢复到原中心位置的趋势，减小偏移。由此可见，这种轴承的刚度很高。砂轮主轴右端轴肩 2 靠在止推滑动轴承环 3 上，以承受向右的轴向力。向左的轴向力则通过装于带轮上 6 个小孔内的 6 根小弹簧 5 及 6 根小滑柱 4 作用在止推滚动轴承上。小弹簧可给止推滚动轴承以预加载荷。润滑油装在砂轮架壳体内，油面高度通过油窗 1 观察。在砂轮主轴轴承的两端用橡胶油封密封。

砂轮主轴运转的平稳性对磨削表面质量影响很大，所以，对于装在砂轮主轴上的零件，都要经过仔细平衡。特别是砂轮，直接参与磨削，如果它的重心偏离旋转的几何中心，将引起振动，降低磨削表面的质量。在将砂轮装到机床上之前，必须进行静平衡。平衡砂轮的方法是：首先将砂轮夹紧在砂轮法兰 7 上，法兰 7 的环形槽中安装有 3 个平衡块 9，先粗调平衡块 9，使它们处在周向大约相距为 120°的位置上。再把夹紧在法兰上的砂轮放在平衡架上，继续周向调整平衡块的位置，直到砂轮及法兰处于静平衡状态。然后，将平衡好的砂轮及法兰装到砂轮架的主轴上。每个平衡块 9 分别用螺钉 11 及钢球 10 固定在所需的位置。由于砂轮运动速度很高，外圆线速度达 35 m/s，为了防止由于砂轮碎裂损伤工人或设备，在砂轮的周围（磨削部位除外）安装有安全保护罩（砂轮罩）。砂轮架壳体 19 用 T 形螺钉紧固在滑鞍 12 上，它可绕滑鞍上定心圆柱销 18 在 ±30°范围内调整位置。磨削时，滑鞍带着砂轮架沿床身 15 上的滚动导轨做横向进给运动。

2. 头架

机床头架结构图如图 4.1.10 所示。主轴直接支承工件，因此，主轴及其轴承应具有较高的旋转精度、刚度和抗振性。M1432A 磨床的头架主轴轴承采用 P5 级精度的精密轴承，并通过仔细修磨主轴前端的台阶厚度，垫圈 9、5、4、3 等的厚度，对主轴轴承进行预紧，以提高主轴部件的刚度和旋转精度。主轴的运动由带传动，使运动平稳。带轮采用卸荷结构，以减

砂轮架进给运动调整

少主轴的弯曲变形。带的张紧力和更换带可移动电动机座及转动偏心套 11 来实现。头架可绕底座 13 上的圆柱销 12 转动，以调整头架的角度，其范围为 0° ~ 90°（逆时针方向）。

3. 内圆磨具

图 4.1.11 为内圆磨具装配图，图 4.1.12 是内圆磨具支架。内圆磨具装在支架的孔中，图 4.1.12 所表示的为工作位置，如果不工作时，内圆磨具应翻向上方。磨削内孔时，因砂轮直径较小，要达到足够的磨削线速度，就要求砂轮轴具有很高的转速（本机床为 10 000 r/min 和 15 000 r/min）。因此，要求内圆磨具在高转速下运转平稳，主轴轴承应具有足够的刚度和寿命，并采用平带传动内圆磨具的主轴。主轴支承用 4 个 P5 级精度的角接触球轴承，前后各两个。它们用弹簧 3 预紧，预紧力的大小可用主轴后端的螺母来调节。弹簧 3 共有 8 根，均匀分布在套筒 2 内，套筒 2 用销子固定在壳体上，所以弹簧力通过套筒 4 将后轴承的外圈向右推紧，又通过滚子、内圈、主轴后螺母及主轴传到前端的轴肩，使前轴承内圈也向右拉紧。于是前后两对轴承都得到预紧。当主轴热膨胀伸长或者轴承磨损时，弹簧能自动补偿，并保持较稳定的预紧力，使

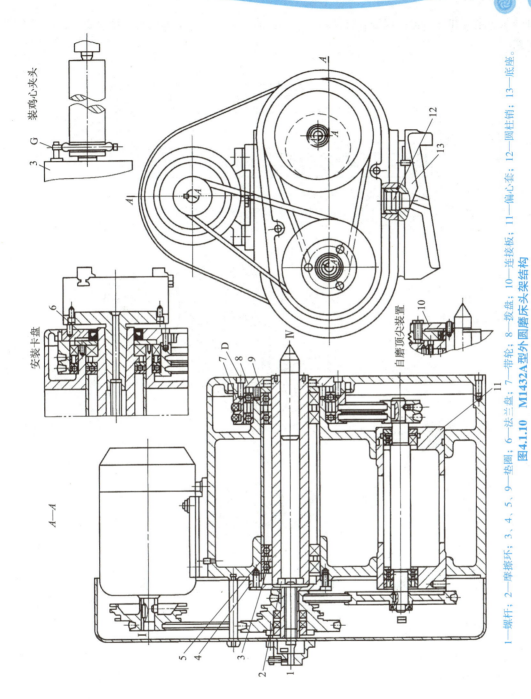

图4.1.10　M1432A型外圆磨床头架结构

1—螺杆；2—摩擦环；3、4、5、9—垫圈；6—法兰盘；7—带轮；8—拨盘；10—连接板；11—偏心套；12—圆柱销；13—底座。

主轴轴承的刚度和寿命得以保证。轴承用锂基润滑脂润滑。当被磨削内孔长度改变时，接杆 1 可以更换。

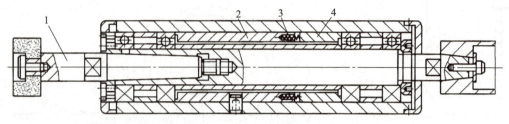

1—接杆；2、4—套筒；3—弹簧。

图 4.1.11　M1432A 型万能外圆磨床的内圆磨具

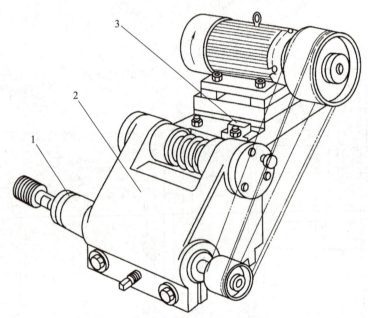

1—内圆磨具；2—磨具支架；3—挡块（支架翻上时用）。

图 4.1.12　M1432A 型万能外圆磨床的内圆磨具支架

二、常见故障诊断与排除

1. 磨床启动后工作台断续运动

（1）故障原因分析

①磨床长时间未用，液压油池里，液压系统中已进入空气。

②液压油流失，液压系统中进入空气。

③工作台导轨润滑油不足。

④液压系统中油压过低，推动活塞困难，或油液过稠。

（2）故障排除方法

①工作台做高速全程往复运动十多分钟，以排净液压系统中的空气。

②消除流油点，加液压油达油标上限，吸油管及回油管完全浸入油里，开动工作台做高速全

程往复运动十多分钟，以排净液压系统中的空气。

③调整工作台导轨润滑油，使其油压达 $8.2 \sim 12.3\ \text{N/cm}^2$。

④调整液压系统油压达 $71.4 \sim 91.8\ \text{N/cm}^2$，或按说明书更换液压油。

2. 工件表面烧伤

（1）故障原因分析

①机床振动造成磨削深度不断变化而烧伤。

②砂轮太钝。

③散热条件差。

④冷却液脏或变质。

⑤砂轮太硬或粒度太细。

⑥砂轮修整太细，不够锋利。

⑦头架传动皮带过松，工件转动不均匀。

⑧磨削深度，纵向进给量过大，或工件的圆周速度过低。

（2）故障排除方法

①削除振动源。它来自外部，应及时找出并消除之；来自内部，应仔细检查，如平衡砂轮及主轴，调整皮带传动物松紧，检查电动机振动否，合理布置和固定油管等。

②用 $70° \sim 80°$ 锥角的修整笔及时修整砂轮。

③增大冷却液，并对准加工区。

④更换新冷却液。

⑤更换并合理选择砂轮。

⑥合理选择砂轮参数。

⑦将皮带张紧，保证砂轮轴转速均匀。

⑧适当减小磨削深度及纵向进给量，或适当增大工件的圆周速度。

3. 砂轮主轴抱轴

（1）故障原因分析

①润滑油不清洁。

②润滑油成分不合要求。

③没有定期检修机床和清洗换油，润滑油变质，黏性差。

④修理后的轴承未洗干净，有残余的研磨剂。

⑤主轴上的传动皮带拉得过紧。

⑥主轴与轴承的间隙过小，运转时，二者之间没有建立润滑油膜，形成局部的干摩擦。

⑦主轴轴颈表面有缺陷，例如：有裂纹、拉毛及硬度低、表面粗糙度差等，破坏油膜。

（2）故障排除方法

①换油。放净旧油，清洗油池，擦净导轨与工作台接合面，用煤油冲洗油管，修好油漆与铁锈剥落面。

②按说明书加上合格的油液。

③一般 $4 \sim 5$ 个月就应当清洗换油。

④去净脏物与毛刺，清洗干净。

⑤调整皮带松紧程度，用手转动主轴不卡涩。

⑥调整二者的间隙，保证建立润滑油膜。

⑦修复轴颈和轴承，或更换主轴。

4. 砂轮主轴有轴向裂纹

（1）故障原因分析

①主轴在运转中，曾发生抱轴现象，使轴颈表面产生裂纹。

②主轴轴颈产生疲劳裂纹。

③主轴在热处理和机械加工中残余的内应力没有消除彻底。

（2）故障排除方法

①修复轴颈或更换主轴。

②更换主轴。

③更换主轴，以后在主轴加工工艺规程中增加消除应力工序。

任务 4.1.4 机床维护保养

一、机床维护与保养

磨床维护保养主要包含下列内容：

①正确使用机床，熟悉自用磨床各部件的结构、性能、作用、操作方法和步骤。

②开动磨床前，应首先检查磨床各部分是否有故障；工作后仍需检查各传动系统是否正常，并做好交接班记录。

③严禁敲击磨床的零部件，不碰撞或拉毛工作面，避免重物磕碰磨床的外部表面。装卸工件前，最好预先在台面上垫放木板。

④工作台上调整尾座、头架位置时，必须擦净台面与尾座接缝处的磨屑，涂上润滑油后移动部件。

⑤磨床工作时，应注意砂轮主轴轴承的温度，一般不得超过 60 ℃。

⑥工作完毕后，应清除磨床上的磨屑和切削液，擦净工作台，并在敞开的滑动面和机械机构涂油防锈。

二、安全文明生产

磨床操作应遵守规则，坚持安全、文明生产是保障操作人员和设备的安全，防止工伤和设备事故的根本保证，同时也是实训车间科学管理的一项十分重要的手段。磨床安全操作规程如下：

①未经检查有无裂纹和未经平衡的砂轮不能使用。

②装夹砂轮的法兰盘时，要严格按操作规程进行。其底盘与压盘直径要相等，并且不能小于砂轮直径的1/3。

③砂轮和法兰盘之间必须加垫 0.3～3 mm 的胶皮、毛毡等弹性垫片，增加接触面。装夹后，经静平衡，砂轮应在最高转速下至少试转 5 min 才能使用。

④平面磨削前，要清理干净工件和吸盘上的铁屑，保证安装可靠。

⑤用电磁吸盘安装工件时，首先检查工件是否吸牢，确认工件牢固可靠后，方可开机作业。

⑥对较长、较宽工件，要反复翻转磨削，保证加工表面的精度要求。

⑦磨斜面时，先确定基准面，依此装夹。调整夹具或机床（头架或下作台）到所需角度，

按磨削一般平面进行磨削。

⑧磨削外圆工件时，若采用两顶或一夹一顶装夹方法时，顶紧力要适当，要检查中心孔有无毛刺、碰伤或过大现象，如有，应及时修研。精度要求较高的工件要用百分表来找正。

⑨磨削外锥面时，无论是扳转头架还是砂轮架角度，都要注意对准刻度线。试磨后，应进行检查，及时修正，保证锥度的精度。

⑩磨削前应根据工件长度调整好行程挡铁，避免超程，发生碰撞。

⑪开机前，检查磨削液供给系统，查看磨削液是否充足，保证冷却润滑正常。

⑫开机前穿好劳动保护用品。

教学任务单

专业			班级		
学号		姓名		日期	
项目名称	磨削加工设备的使用		任务名称		光轴磨削加工设备的使用

【学习步骤】

　　分析工序卡片及图样，选择合适的机床型号及参数，能根据操作规程完成机床的调整与操作。掌握工装的选用，完成零件加工并检验。能对常见故障进行分析，能进行安全文明生产。

【任务实施】

一、选择合适的机床类型

1. 常见的磨床类型及应用是什么？

2. 请列出你选定的机床型号并解释其含义。

出现的问题：

_____

_____

解决措施及经验总结：

_____

二、工装的选择

1. 砂轮调平的作用是什么？步骤有哪些？

2. 完成工件的装夹并将步骤写入表 4.1.4。

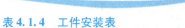
表 4.1.4 工件安装表

序号	内容	备注
1		
2		
3		
4		
5		
6		

出现的问题:

_____

_____

解决措施及经验总结:

_____

_____

三、光轴的加工

请根据要求完成零件加工,并记录加工过程中出现的问题及解决问题的措施。

出现的问题:

_____

_____

解决措施及经验总结:

_____

_____

四、产品检测

请完成零件检验并填写表 4.1.5。

表 4.1.5 检测记录表

序号	检测项目	使用工具	测量数据	备注

出现的问题：

_____

_____

解决措施及经验总结：

_____

_____

【任务考核】

评分标准

任务4.1 光轴磨削加工设备的使用							
序号	考核评价项目		考核内容	学生自检	小组互检	教师终检	配分	成绩
1	过程考核	素养目标	能主动作为、履职尽责；尊重他人、关爱生命；热爱劳动、开拓创新				15	
2		知识目标	了解典型结构及工作原理；具备良好的学习习惯等				25	
3		能力目标	具备动手能力和劳动技能，能操作机床完成加工；安全文明生产与质量保障意识等				30	
4	常规考核	作业					15	
5		回答问题					10	
6		其他					5	

【任务总结】

_____

_____

_____

_____

【大国工匠】龙小平

0.01 mm，相当于人类头发丝的1/10。试想一下，在一件重达几百吨的大型轴类产品上做出0.01 mm以内的加工，对操作工人而言是一种怎样的极限挑战？

国机重装二重装备铸锻公司加工一厂的职工龙小平，他就是那个无畏的挑战者。

龙小平是在2014年接到核电转轴这项"极限挑战"的。当时，中国发展核电的关键部件"核电转轴"长期被日本垄断，造出中国人自己的核电转轴刻不容缓，而加工核电转轴的一大难点就在于其精度要求达到0.01 mm。

"当时在国内，我们做这个事情是第一次，所以我们倾注了厂里精加工能力最强的一批人，一起来突破这道难关。"龙小平说。从 18 岁进入二重装备起，30 年间，龙小平练就了"绝世"刀工，"稳、准、快"就是他的技术特点。

在 30 多天的时间里，从每天从早上 8 点到晚上 8 点，龙小平团队不停地试切、失败、调整、再试切、再失败、再调整……最后，他们不可思议地将核电转子架口的精度从 0.01 mm 提升到了 0.003 mm，精度提升了惊人的 3.4 倍。这是极其了不起的成就，因为提高 0.01 mm 就意味着延长机器 10～20 年的使用寿命。

2015 年 1 月 13 日，中国首件 CAP1400 核电转轴制造成功！这件产品打破了日本对该类型产品的技术垄断，填补了国内核电市场空白，大大降低了核电企业的生产成本。

"0.003 mm 相当于头发丝的 1/30～1/20，是加工的极限了。"龙小平说，"就是靠我们工人的技能，不断改变参数和方法，最终取得成功。"

还有一次，龙小平团队接到了加工 300 MW 发电机转子的任务，要求架口圆度控制在 0.007 5 mm 之内。这是连磨床都达不到的精度，更何况是在车床上。突破架口精度加工"瓶颈"成了首要技术难点。在加工第一件转子架口时，龙小平和他的团队仍沿用老工艺，最终架口精度仅达到 0.009 mm，并且效率低，光是磨架口就耗时近半个月，无法跟上合同规定的一个月出产 1 支的节奏。

回忆起这段经历，龙小平说："大家憋着一口气，一定要把这个技术突破。"他带领团队夜以继日，无数次尝试之后，终于研发出了利用双托静压系统加工架口的全新工艺方案，不仅达到微米级，而且还非常稳定，成功实现了 300 MW 发电机转子精加工批量出产。

手有金刚钻，不怕瓷器活。这些年来，龙小平车过许多了不起的"作品"，比如为国产大飞机 C919 提供装备部件的 8 万吨模锻压机的横梁与底座之间的拉杆就出自龙小平之手。其拉杆长度 22 m，长度直径比 1∶40。要车好长达 22 m 的细长杆，加工难度是非常大的，尤其带螺纹的拉杆难度更大。

凭借眼睛观察和手的触摸来判断一根头发丝 1/5 的精度误差堪称龙小平的"神技"。可追求极致的龙小平竟然又开创了另一项独门绝技——盲听刀具。不用眼看，不用手摸，光靠一双耳朵，在方寸之间就能精准感知刀具走向，令人不得不拍案叫绝。

"把每件产品当成自己的孩子来孕育。"这是龙小平的信念。30 多年来，龙小平开启了全新的大型轴类件精深加工的微米时代，更以产品"零缺陷"的优质率诠释着工匠精神，默默践行着"从制造大国向质量强国转变"的伟大中国梦。

任务 4.2　平板磨削加工设备的使用

任务描述

某企业需要加工一批平板垫块，现有平面磨床若干台，为了让设备更好地服务于企业生产运作，请查阅相关资料，按工序卡片完成零件的磨削加工，进行安全文明生产，并对常见故障进行诊断。

任务要求

读懂工序卡片，选择合适的机床类型与型号，完成工件的装夹和磨削加工的过程。

学习目标

素质目标：

1. 培养学生具有积极的心理品质，自信自爱，坚韧乐观；

2. 培养学生了解中国共产党的历史和光荣传统，具有热爱党、拥护党的意识和行动；

3. 培养学生崇尚真知和真理，能理解和掌握基本的科学原理和方法；

4. 培养学生善于发现和提出问题，有解决问题的兴趣和热情；

5. 培养学生能依据特定情境和具体条件，选择制订合理的解决方案；

6. 培养学生具有工程思维，能将创意和方案转化为有形物品或对已有物品进行改进与优化等；

7. 培养学生敢于质疑，敢于向传统挑战，发现问题，用创新的思维去解决问题。

知识目标：

1. 掌握机械加工工序卡片相关内容；

2. 了解磨床常用的工装；

3. 了解磨床典型结构及其工作原理；

4. 了解磨床维护保养相关内容。

技能目标：

1. 能根据工艺要求合理选择机床类型并确定机床型号；

2. 能根据工艺要求确定适合的加工方法；

3. 了解磨床结构特点，能对平面磨床进行调整操作；

4. 能操作卧式磨床进行平板零件的磨削加工并检验；

5. 能对常见故障进行诊断与排除；

6. 能完成维护保养工作和安全文明生产。

工艺分析

机械加工工序卡片		产品型号		零件图号				
		产品名称		零件名称	铁垫	共 页	第	页

车间	工序号	工序名称	材料牌号
机加	007	磨平面	45钢

毛坯种类	毛坯外形尺寸	每毛坯可制件数	每台件数
			1

设备名称	设备型号	设备编号	同时加工件数
平面磨床	M7130		多件

夹具编号	夹具名称	切削液
	磁力	水溶液

工位器具编号	工位器具名称	工序工时/min	
		准终	单件

工步号	工步内容	工艺装备	主轴转速 r·min⁻¹	切削速度 m·min⁻¹	进给量 mm·r⁻¹	切削深度 mm	进给次数	工步工时 机动	工步工时 辅助
1	装夹								
2	磨上表面	磁力夹具卡尺	1 500	1 648.5	纵向0.3/往复				
3	磨下表面	φ350×40×127砂轮	1 500	1 648.5	纵向0.3/往复				
4	磨前表面	φ350×40×127砂轮	1 500	1 648.5	纵向0.07/往复				
5	磨后表面	φ350×40×127砂轮	1 500	1 648.5	纵向0.07/往复				

设计（日期）	校对（日期）	审核（日期）	标准化（日期）	会签（日期）

（图：√Ra 0.8，// φ0.005 A，30±0.01，A，√Ra 0.8，300，100）

1. 加工精度分析

根据零件图可知，加工部位主要是平面，主要加工表面的公差等级是 IT5 级。厚度尺寸为 (30 ± 0.01) mm，两平面平行度公差为 0.005 mm。

2. 表面粗糙度分析

工件主要表面的粗糙度为 Ra 0.8 μm，磨削加工可以满足加工要求。

3. 材料分析

45 钢为优质碳素结构钢，硬度不高，易切削加工，热处理淬火硬度 40~45 HRC。

4. 形体分析

该零件的上下表面和前后表面需要加工，由此可知，是磨削加工工件上相互平行的两个平面，那么此时磨削的主要技术要求是被磨削平面的粗糙度和平面度、两平面之间的平行度和尺寸精度。

5. 工艺分析

磨削平板工件时，首先决定先磨哪个面，一般是当磨削工件上的两个平行平面时，选择两个平面中面积较大或者较平、粗糙度值较小的一个面作为第一次磨削的定位基准面。如果两个平面与其他平面或者轴线有位置要求，基准面应根据工件的技术要求和前道工序的加工方法来确定。由工序卡片可知，工件在一次装夹中车出端面 A，磨削时以端面 A 作为定位基准面，将另一端面全部磨起，然后翻身磨端面 A，保证尺寸、平行度及粗糙度要求。

问题引导

问题1：平面磨床装夹工件的方式有哪些？各有什么特点？

问题2：平面磨床如何进行操作？操作过程应注意什么问题？

问题3：磨床有哪些常见的故障？应如何发现问题？

任务 4.2.1　机床选用

一、机床选型及型号确定

1. 加工工艺范围的认识

平面磨床主要用于磨削各种工件上的平面。尺寸公差可达 IT5～IT6 级，两平面平行度误差小于 0.01 mm，表面粗糙度一般可达 $0.4～0.2\ \mu m$，精密磨削可达 $0.01～0.1\ \mu m$。

2. 磨床类型的选择

（1）平面磨床的分类

常用的平面磨床按其砂轮轴线的位置和工作台的结构特点，可分为卧轴矩台平面磨床、卧轴圆台平面磨床、立轴矩台平面磨床、立轴圆台平面磨床等几种类型。如图4.2.1所示。

磨床类型

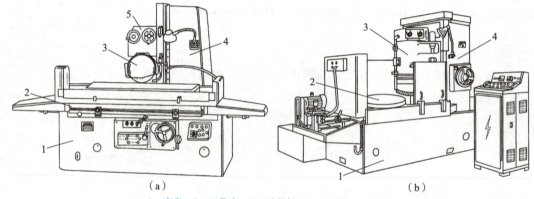

（a）　　　　　　　　　　　　　　　（b）

1—床身；2—工作台；3—砂轮架；4—立柱；5—滑座。

图 4.2.1　平面磨床

（a）卧轴矩台平面磨床；（b）立轴圆台平面磨床

（2）平面磨削方式

根据机床结构形式及运动方式不同，通常将磨削分为周边磨削和端面磨削两种方式。图 4.2.2（a）和图 4.2.2（c）所示为卧轴磨床，用砂轮的周边磨削；图 4.2.2（b）和图 4.2.2（d）所示为立轴磨床，用砂轮的端面磨削。

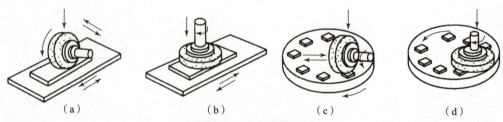

（a）　　　　　　　（b）　　　　　　　（c）　　　　　　　（d）

图 4.2.2　平面磨床类型

（a）卧轴矩台周边磨削；（b）立轴矩台端面磨削；（c）卧轴圆台周边磨削；（d）立轴圆台端面磨削

周边磨削时，砂轮与工件的接触面积小，磨削力小，排屑及冷却条件好，工件受热变形小，且砂轮磨损均匀，所以加工精度较高。但砂轮主轴承刚性较差，只能采用较小的磨削用量，生产率较低，故常用于精密和磨削较薄的工件，在单件小批量生产中应用较广。

端面磨削时，砂轮与工件的接触面积大，同时参加磨削的磨粒多，另外，磨床工作时，主轴受压力，刚性较好，允许采用较大的磨削用量，故生产率高。但在磨削过程中，磨削力大，发热量大，冷却条件差，排屑不畅，造成工件的热变形较大，且砂轮端面沿径向各点的线速度不等；使砂轮磨损不均匀，所以这种磨削方法的加工精度不高，故多用于粗磨。

（3）平面的磨削方法

①横向磨削法。如图 4.2.3（a）所示。磨削工件时，工作台带动工件做纵向进给运动，行程终了时，砂轮主轴做一次横向进给，砂轮磨削厚度等于实际磨削深度，磨削宽度等于横向进给量。工件上第一层金属磨削完后，砂轮架垂直进给，再按上述过程磨削第二层金属，直至工件厚度达到图纸尺寸要求。

②深度磨削法。如图 4.2.3（b）所示。磨削工件时，一般砂轮只做两次垂直进给，砂轮第一次垂直进给量等于粗磨余量，当工作台纵向行程终了时，将砂轮沿砂轮主轴线横向移动 0.75~0.8 的砂轮宽度，直到工件整个表面全部粗磨完毕，砂轮第二次垂直进给量等于精磨余量，重复横向磨削过程至满足图纸要尺寸要求。

③阶梯磨削法。如图 4.2.3（c）所示。根据工件加工形状及尺寸要求，将砂轮修整成阶梯形状，使其在一次垂直进给中磨去全部加工余量。

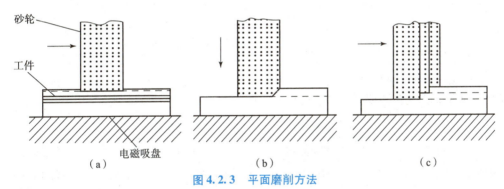

图 4.2.3　平面磨削方法

（a）横向磨削法；（b）深度磨削法；（c）阶梯磨削法

3. 机床型号的确定

根据之前磨削平板的工序卡片以及平面磨床的工艺特点等因素选择平面磨床较为合适，机床为 M7130A 万能外圆磨床。

二、结构布局及主要参数的认识

1. 机床结构布局的认知

图 4.2.4 所示为 M7130A 平面磨床外形图。

平面磨床是一种卧轴矩台平面磨床。它由床身、工作台、立柱、磨头和砂轮修整器等主要部件组成。床身用于支承磨床其他部件，有供工作台纵向往复移动的导轨。立柱支承床鞍，其上有供床鞍垂直移动的导轨。床鞍可在立柱上垂直移动，其上有供磨头横向移动的导轨。工作台置于床身导轨上，可沿床身导轨纵向往复移动，工作台上安装磁力吸盘，用来吸紧工件。磨头用于安装磨削用的砂轮，可在床鞍上横向移动。

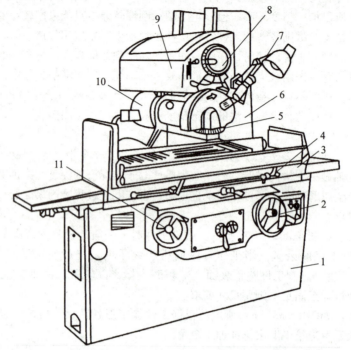

1—床身；2—升降手轮；3—工作台；4—撞块；5—砂轮；6—立柱；7—砂轮修整器；
8—横向手轮；9—溜板；10—磨头；11—纵向手轮。

图 4.2.4　平面磨床外形图

2. 机床主要参数的认识

M7130A 平面磨床的主要技术参数见表 4.2.1。

表 4.2.1　M7130A 平面磨床的技术参数

项目名称		机床参数	项目名称		机床参数
工作台面尺寸/(mm×mm)		300×1 000	最大磨削尺寸/(mm×mm×mm)		300×1 000×400
工作台纵向移动量/mm		200~1 100	T 形槽宽度/mm		18
工作台纵向移动速度/(m·min^{-1})		3~25	T 形槽数/个		3
冷却泵电动机	功率/kW	0.125	磨头横向移动	连续进给量/(m·min^{-1})	0.5~4.5
	流量/(L·min^{-1})	251		断续进刀量/(mm·次$^{-1}$)	3~30
磨头垂直移动	机动速度/(m·min^{-1})	400	磨头电动机	功率/kW	7.5
	手轮进给量/(mm·格$^{-1}$)	0.005		转速/(r·min^{-1})	1 440
快速升降电动机	功率/kW	0.37	液压泵电动机	功率/kW	3
	转速/(r·min^{-1})	1 400		转速/(r·min^{-1})	960

任务 4.2.2　机床调整与加工

一、机床的运动分析

平面磨削运动如图 4.2.5 所示，砂轮旋转做主运动 u_s，工件用电磁吸盘或夹具装夹在工作台上，工作台安装在床身纵向导轨上，由液压传动做纵向往复直线运动 f_1（纵向进给运动），保证工件磨削长度。砂轮架可沿床鞍的燕尾导轨做横向间歇进给 f_2（手动或液动），保证工件磨削宽度，床鞍和砂轮架一起沿立柱的导轨做垂直间歇进给运动 f_3（手动），保证工件的磨削深度。

图 4.2.5　平面磨削运动

二、机床的调整与操作

M7130A 平面磨削加工机床磨削平板零件的具体操作如下。

1. 操作前检查、准备

①擦净电磁吸盘台面，清除工件毛刺、氧化皮。

②将工件装夹在电磁吸盘上。

③用金刚石笔修整砂轮。

④检查磨削余量。

⑤调整工作台行程挡铁位置。

2. 粗磨上平面

（1）砂轮的选择

一般用平形砂轮，采用陶瓷黏合剂。由于平面磨削时砂轮与工件的接触弧比外圆磨削大，所以砂轮的硬度应比外圆磨削时稍低些，粒度再大些，所选的是特性为 1—350×40×127—WA46K5V，GB 2485 的平形砂轮。

砂轮的常见形状

（2）磨削用量的选择

①砂轮主轴转速为 1 440 r/min。

②横向进给量。一般粗磨时，横向进给量为 $f_{横} = （0.1～0.48）B$/双行程（B 为砂轮宽度），取 $f_{横} = 0.2B = 0.2 × 40 = 8$（mm）。

③垂向进给量，由于该工件经淬火热处理，变形大，留的磨削单面加工余量应为 0.25 mm，取 $a_p = 0.15$ mm。留 0.10 mm 精磨余量。

（3）粗磨上平面

采用横向磨削法，保证平行度误差不大于 0.005 mm。

注意：整个磨削过程均需采用乳化液进行充分冷却。

3. 翻转装夹

装夹前清除毛刺。

4. 粗磨另一平面

采用相同的切削用量，采用横向磨削法，保证平行度误差不大于0.005 mm。

5. 精修整砂轮

6. 精磨平面

（1）磨削用量的选择

①横向进给量。一般精磨时，横向进给量为$f_横 = (0.05 \sim 0.1)B/$双行程，取$f_横 = 0.1B = 0.1 \times 40 = 4$（mm）。

②垂向进给量。精磨时，a_p为0.1 mm。

（2）精磨平面

表面粗糙度为$Ra\,0.8\,\mu m$以内。

7. 翻转装夹

装夹前清除毛刺。

8. 精磨另一平面

垂向进给量$a_p = s_测 = 30$ mm，$s_测$为精磨一面测得的实际尺寸，保证厚度尺寸（30 ± 0.01）mm，平行度误差不大于0.005 mm，表面粗糙度为$Ra\,0.8\,\mu m$以内。

9. 检验

（1）平行度误差的检验

工件平面之间的平行度误差可以用下面两种方法检测。

①用外径千分尺（或杠杆千分尺）测量。在工件上用外径千分尺相隔一定距离测出几点厚度值，其差值即为平面的平行度误差值。

②用千分表（或百分表）测量。将工件和千分表支架都放在平板上，把千分表的测量头顶在平面上，然后移动工件，让整个工件平面均匀地通过千分表测量头，其读数的差值即为工件平行度的误差值。测量时，应将工件、平板擦拭干净，以免拉毛工作平面或影响平行度误差测量的准确性。

（2）厚度尺寸的检验

用千分尺来测量厚度尺寸。用千分尺的微分筒，测砧与测量螺杆张开，卡在垫板上，操作锁紧装置，固定测量数值，读取测量数据。

三、机床的工装

1. 砂轮的安装

同外圆磨床砂轮的安装。

砂轮特性

2. 工件的安装

一般钢或铸铁等导磁性材料所制成的形状简单的中小型工件，可直接装夹在电磁吸盘上，这种方法能同时安装许多工件，装卸工件方便、迅速。为了避免工件在磨削力的作用下弹出，一般在工件四周或左右两端用较大的挡板围住，如图4.2.6（a）所示。小工件安装时，应使工件遮住较多的绝磁层，如图4.2.6（b）所示，以便提高磁盘对工件的吸力，使吸力均匀，保证工件的平行度。若如图4.2.6（c）所示安装工件，将不能保证有效吸紧工件，从而影响工件的磨削。对于铜、铝、不锈钢等非磁性材料制成的工件，不能直接安装在电磁吸盘上，应采用平口钳等夹具装夹，如图4.2.6（d）所示。

（1）电磁吸盘

电磁吸盘由底壳、铁芯、线圈、面板、接线盒组成。

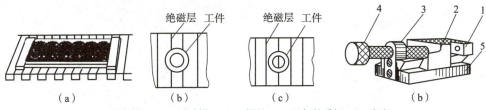

1—固定钳口；2—活动钳口；3—螺母；4—丝杠的手柄；5—底座。

图 4.2.6　磨削平行平面夹具

电磁吸盘采用直流电供电，具有稳定、吸力强、剩磁小等特点。

电磁吸盘按照吸力不同，可分为普通吸力吸盘和强力吸盘两种，普通吸力吸盘吸力为 1 ~ 1.2 MPa，强力电磁吸盘不低于 1.5 MPa。按照用途，可分为磨床用电磁吸盘、铣床用电磁吸盘、刨床用电磁吸盘、磨刀机电磁吸盘等。

磨床用电磁吸盘是根据电磁吸盘的用途分类而命名的。磨床用电磁吸盘的种类见表 4.2.2。

表 4.2.2　磨床用电磁吸盘的种类

分类依据	名称
极条排列	纵极电磁吸盘
	横极电磁吸盘
极条密度	宽极电磁吸盘
	密极电磁吸盘
电磁强度	普通电磁吸盘
	强力电磁吸盘
磁盘外形	矩形电磁吸盘
	圆形电磁吸盘

磨床用电磁吸盘的选择条件：根据工件的磨削方向来确定是使用横极电磁吸盘还是纵极电磁吸盘；根据工件大小选择是宽极还是密极电磁吸盘；根据工件的材料选择是使用普通电磁吸盘还是强力电磁吸盘。

①圆形电磁吸盘。

圆形电磁吸盘用于外圆及万能磨床。在圆台平面磨床上，其工作台多为圆形电磁吸盘。圆形电磁吸盘的示意图如图 4.2.7 所示。

②矩形电磁吸盘。

矩形电磁吸盘是平面磨床的常用磁力工作台，用于吸附各类导磁工件，实现工件的定位和磨削加工。该系列吸盘吸力均匀，定位可靠，操作方便，可直接安装在平面磨床上使用，是一种理想的磁力夹具。它的内部构造与圆形电磁吸盘相同。

矩形电磁吸盘两侧有吊装螺孔，在安装时拧入 T 形螺钉即可吊装，用 T 形块和螺钉固定在工作台上，接通机床上的直流电源和地线，然后将吸盘自身对地面的平行度。

在吸附工件时，只要搭接相邻的两个磁极，即可获得足够的定位吸力，进行磨削加工。通过机床按钮，可实现工件的通磁和消磁。

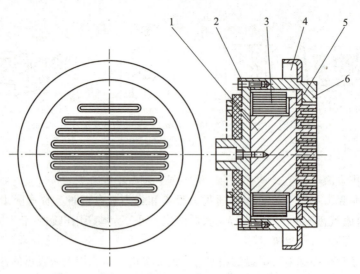

1—铁芯；2—螺钉；3—线圈；4—罩子；5—隔磁层；6—本体。

图 4.2.7　圆形电磁吸盘

电磁吸盘不得严重磕碰，以免破坏精度；在闲置时，应擦净，涂防锈油。电磁吸盘外壳应接地，以免漏电伤人。

（2）电磁吸盘的安装

磨削中小型工件的平面，常用电磁吸盘吸住工件进行磨削。电磁吸盘的工作原理如图 4.2.8 所示。1 为钢制吸盘体，在吸盘体中部的铁芯 A 上绕有线圈 4；钢盖板 3 分为三块，其间由绝缘层 2 隔开。当线圈 4 中有直流电通过时，铁芯 A 被磁化，磁力线由铁芯经过钢盖板→工件→钢盖板→吸盘体→铁芯而闭合（如图 4.2.8 中虚线所示），工件被吸住。绝缘层 2 是用铅、铜或巴氏合金等非磁性材料支撑的，它有阻止磁力线通过的作用。

磨削尺寸小或薄壁工件时，因工件与吸盘接触面积小，吸力弱，容易被磨削力弹出而造成事故。所以，装夹这类工件时，必须在四周用挡铁围住，如图 4.2.9 所示。

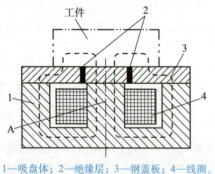

1—吸盘体；2—绝缘层；3—钢盖板；4—线圈。

图 4.2.8　电磁吸盘工作台的工作原理

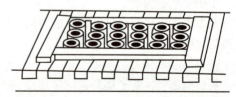

图 4.2.9　挡铁围住工件

（3）压板和弯板安装

磨削大型工件上的平面时，可直接利用磨床工作台的 T 形槽或压板与弯板装置来安装工件，如图 4.2.10 所示。

（4）辅助夹具安装

由铜、铜合金、铝、铝合金等非磁性材料制成的工件安装时，应在电磁吸盘上或直接在磨床工作台上安放台虎钳或用简易夹具安装工件。如图 4.2.11 所示，用 V 形铁装夹工件。

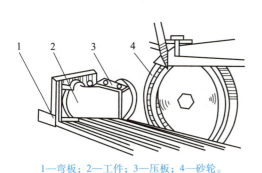

1—弯板；2—工件；3—压板；4—砂轮。

图 4.2.10　平面磨削时用压板和弯板装夹

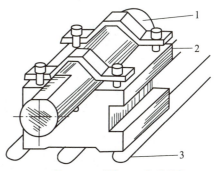

1—工件；2—V 形铁；3—电磁吸盘。

图 4.2.11　用 V 形铁装夹工件

任务 4.2.3　机床常见故障诊断与排除

一、典型结构的认知

横向进刀机构如图 4.2.12 所示。齿轮轴 8 与紧固在磨头上的齿条啮合，来自液压系统的压力油控制齿轮轴 8 与磨头齿条啮合或分开，蜗轮 7 与齿轮轴 8 用平键相连。当齿轮与齿条啮合时，转动手轮 1 经蜗杆 2 蜗轮 7 及齿轮轴而使磨头移动。当液压磨头不需要横向进给时，压力油推动活塞，将弹簧压缩，使齿轮轴 8 与齿条脱开，保证了机构动作的安全。

操纵板机构位于床身前壁，供工作台转向之用。当工作台向左移动时，撞块推动杠杆柄脚使其绕轴回转，杠杆另一轴就拨动操纵箱的换向阀，使工作台换向。当工作台向右移动时，另一撞块推动柄脚。杠杆向右回转，又使工作台换向。

借助滚轮和销子的作用，杠杆在回转时能迅速达到极端位置停留，不敢停在中间位置，手柄作手动换向之用。

二、常见故障诊断与排除

1. 工件表面产生直波形振痕

（1）故障原因分析

①砂轮不平衡，转动时产生振动。

②主轴动平衡欠佳。

③砂轮硬度过高或磨钝磨削时引起较大的振动。

④金刚石顶角已磨平，修出的砂轮不锋利。

⑤砂轮主轴配合间隙过大，产生径向跳动。

⑥砂轮压紧盘松动。

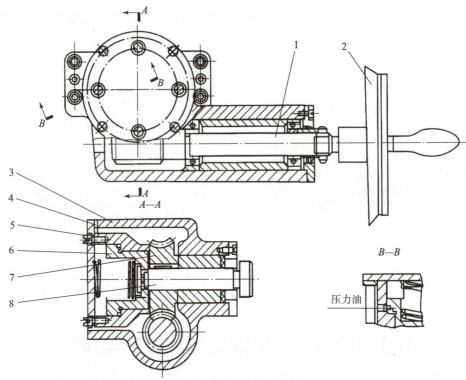

1—蜗杆轴；2—手轮；3—壳体；4—垫；5—螺钉；6—弹簧座；7—蜗轮；8—齿轮轴。

图 4.2.12　横向进刀机构

⑦砂轮主轴与砂轮的锥体或键磨损。

⑧工作台爬行。

⑨磨头横向导轨松动过大。

（2）故障排除方法

①做好砂轮静平衡，避免主轴的振动。

②做好主轴（包括转子）动平衡，精度取高一些，避免机床的主轴振动。

③根据工件材质选择适当硬度的砂轮并及时修整。

④修磨修整笔，保持锥角达 70°～80°，再修整砂轮。

⑤修研主轴。

⑥将砂轮装夹紧固。

⑦检查并修理好。

⑧检查导轨润滑和液压系统，导轨产生干摩擦，应清除导轨上的毛刺，尤其注意平面导轨上的毛刺，并增大润滑油量。清除过滤器上的脏物或更换过滤器。管接头泄漏，将管接头拧紧或更换。液压油油量不够，加足液压油。液压系统里有空气，放掉空气。油泵内轴承磨损，密封圈损坏，更换之。油泵体与电动机的连轴器不平衡，平衡连轴器。

⑨调整镶条，保持适当间隙。

2. 工件表面烧伤

（1）故障原因分析

①砂轮太硬或粒度太细，组织过密。

②砂轮掉刀。

③垂直进刀量太大。

④冷却液不足，冷却位置不当。

⑤冷却液太脏。

⑥砂轮钝化。

⑦机床振动，磨削深度不断产生变化而烧伤。

⑧工作台运动速度过低。

（2）故障排除方法

①合理选择砂轮。

②检查并消除之。升降螺杆与螺母间隙大，调整好。垂直导轨润滑不良，调大润滑油量。垂直导轨上镶条太紧，造成升降不灵活，将镶条调整到手动适宜。

③严格控制垂直进刀量，特别是磨薄片时更应注意。

④增大冷却液流量，调整冷却位置。

⑤更换新的冷却液。

⑥及时修整砂轮。

⑦消除振动源。它来自外部，应及时找出并消除之；来自内部，应仔细检查，如平衡砂轮及主轴，检查并消除电动机振动；合理布置和固定油管等。

⑧检查油泵的供油量大小，予以修复；检查并修好液压系统，防止漏油。

3. 磨工件时出现进给不准

（1）故障原因分析

①进给机构传动链误差过大。

②导轨配合间隙过大或过小。

③竖导轨润滑不良。

④横进给磨头导轨镶条过紧。

⑤横导轨润滑不良。

⑥进给阀两端的节流阀结构不好或调整不当。

（2）故障排除方法

①检查并消除之。

②调整到适宜的间隙。

③清除脏物，改善润滑。

④调整导轨镶条达适宜的配合，并加注润滑油。

⑤清洗和更换各润滑纱线，更换润滑油。

⑥改进节流阀的结构或适当调整。

任务 4.2.4　机床维护保养

一、机床维护与保养

平面磨床的保养如下：

①研磨前，请校正砂轮平衡。

②必须依工件材质、硬度慎选砂轮。

③主轴端与砂轮凸缘应涂薄油膜，以防生锈。

④请注意主轴旋转方向。

⑤禁止使用空气枪清洁工作物及机器。

⑥请注意钢索是否松动，及时调整。

⑦请注意油窗油路是否顺畅。

⑧吸尘箱、过滤钢每周清洁一次。

⑨吸力弱时，检查吸尘管是否有粉屑堵塞。

⑩必须保持吸尘管道清洁，否则会引起燃烧。

二、安全文明生产

磨床操作应遵守规则，坚持安全、文明生产是保障操作人员和设备的安全，防止工伤和设备事故的根本保证，同时也是实训车间科学管理的一项十分重要的手段。M7130A 平面磨床的操作规程如下：

①开车前必须穿好工作服，扣好衣、袖，留长发者，必须将长发盘入工作帽内，不得系围巾、戴手套操作机床。

②作业前，应将工具、卡具、工件摆放整齐，清除任何妨碍设备运行和作业活动的杂物。

③作业前，应检查传动部分安全护罩是否完整、固定，如发现异常，应及时处理。

④开车前，检查机床传动部分及操作手柄是否正常和灵敏，按维护保养要求加足各部润滑油。

⑤作业前，应按工件磨削长度，调整好换向撞块的位置，并固紧。

⑥安装砂轮必须进行静平衡，修正后应再次平衡，砂轮修整器的金刚石必须尖锐，其尖点高度应与砂轮中心线的水平面一致，禁止用磨钝的金刚石修整砂轮，修整时，必须用冷却液。

⑦开动砂轮前，应将液压传动调整手柄放在"低速"位置，砂轮快速移动手柄放在"后退"位置，以防碰撞。

⑧启动磨床空转 3 ~ 5 min，观察运转情况，应注意砂轮离开工件 3 ~ 5 mm；确认润滑冷却系统畅通，各部运转正常无误后再进行磨削作业。

⑨检查工件、装卸工件、处理机床故障要将砂轮退离工件后停车进行。

⑩不准在工作面、工件、电磁盘上放置非加工物品，禁止在工作面、电磁盘上敲击、校准工件。

教学任务单

专业		班级	
学号		姓名		日期	
项目名称	磨削加工设备的使用	任务名称	平板磨削加工设备的使用

◎【学习步骤】

通过分析工序卡片及图样选择合适的机床型号，能根据操作规程完成机床的调整与操作，能进行安全文明生产。能对常见故障进行分析与排除，能对机床进行维护与保养。

◎【任务实施】

一、读懂工序卡片

请根据任务工序卡填写表4.2.3。

表4.2.3　工序卡识读

序号	项目名称	内容填写	备注
1	零件的外形特点		
2	主要加工表面及加工精度		
3	生产批量		
4	备选的机床类型		

出现的问题：

_____

_____

解决措施及经验总结：

_____

_____

二、选择合适的机床型号

请列出你选定的机床型号并解释其含义。

出现的问题：

_____

_____

解决措施及经验总结：

_____

_____

三、机床的操作与加工

请根据要求完成加工并记录加工过程中出现的问题及解决问题的措施，填入表4.2.4。

表4.2.4　操作记录表

序号	遇到的问题	解决的办法	备注
1			
2			
3			
4			
5			

出现的问题：

_____

_____

解决措施及经验总结：

_____

_____

四、产品检测

请完成检验工作并填写表4.2.5。

表4.2.5　检测记录表

序号	检测项目	使用工具	测量数据	备注

出现的问题：

_____

_____

解决措施及经验总结：

_____

_____

【任务考核】

评分标准

序号	考核评价项目		考核内容	学生自检	小组互检	教师终检	配分	成绩
			任务4.2　平板磨削加工设备的使用					
1	过程考核	素养目标	自信自爱、坚韧乐观；崇尚真知和真理、辨伪存真；敢于质疑、勇于创新等				20	
2		知识目标	了解工艺知识；自主学习，善于分析解决问题；敢于尝试、归纳总结等				25	
3		能力目标	具备故障诊断与排除的能力；安全文明、质量保障意识等				25	
4	常规考核		作业				15	
5			回答问题				10	
6			其他				5	

【任务总结】

_____

_____

_____

_____

_____

【大国工匠】陶安

陶安，中国航发贵州红林航空动力控制科技有限公司车工，首席专家。把自己的青春年华献给了车工岗位。

31年的钻研，他的业务水平不断提升，练就了全能的车工本领。

31年的磨砺，他从平凡的工人到最美贵州人、贵州最美军工人、最美劳动者、贵州省劳动模范。

31年的坚持，成就了他"车工大王"的称号。

一路走来，他从师傅的徒弟到徒弟的师傅，一直坚守岗位，坚持梦想，给徒弟传授经验，给学生带去希望。

1986年，19岁的陶安技校毕业后分配到了中国航发红林，当上了一名普通的车工。

31年来，陶安扎根红林生产一线，踏踏实实地一直干着车工，从未挪位。到车间的这条路，见证着陶安的成长，见证他的成绩。

三十多年的生产实践中，陶安开动脑筋搞创新，经过反复实践，解决了用普通硬质合金加工高硬度零件以车代磨的技术难题。

陶安查阅资料不断试验，通过技术改进，解决了螺纹环规合格率低的技术难题，产品质量合格率由30%提高到99.9%。这项技术获得了国家专利，为行业作出了重大贡献。

陶安在实践中勤于思考，醉心发明，他想出的一些办法成功解决了军品工装加工余量大、加工困难等难题，每年为企业节约了一笔可观的刀具费用，为公司创造了经济效益。

贵州航空职业技术学院给他专门成立了工作室，让他安心培养学生。贵州省总工会以他的名字命名了贵州省劳模（高技能人才）创新工作室，让他在工作的同时，能够把技艺传授得更加广泛，让更多的人受益。当上客座教授，专门给学子传授车工技艺，他说要让更多学生学到自己掌握的所有技能。教学时，陶安既耐心教导，又严格要求，他说，有些孩子家庭贫困，希望通过自己的教学，改变这些孩子的命运。当看着自己的学生一步步掌握车工技艺，陶安脸上总是洋溢着笑容。

30多年来，从师傅的徒弟，到徒弟的师傅，已有30多人师从陶安，他没有丝毫保留。徒弟周作云在第41届世界技能大赛贵州片区选拔赛中获得车工组优秀奖；徒弟万光庭在贵州省青年职业技能大赛中获车工组第一名。

项目五
齿轮加工设备的使用

任务 5.1 斜齿圆柱齿轮加工设备的使用

 任务描述

　　某企业要加工一批斜齿圆柱齿轮零件，为了更好地服务企业日常生产运作，请你通过查阅相关资料和文献了解齿轮加工机床类型及加工工艺范围，能用 Y3150E 型滚齿机进行加工，能根据传动链做相应调整计算和工作调整。

任务要求

　　1. 根据要求合理选用齿轮加工机床；滚刀的安装与调试、工件的装夹；
　　2. Y3150E 型滚齿机滚切外圆柱齿轮。

 学习目标

素质目标：
1. 培养学生爱岗敬业、业务精干、无私奉献等良好的职业道德素质；
2. 培养学生独立分析问题和处理问题的能力。

知识目标：
1. 了解 Y3150E 型滚齿机的加工工艺范围和主要技术参数；
2. 掌握滚切直齿圆柱齿轮时传动链的调整计算和工作调整；

3. 掌握 Y3150E 型滚齿机的主要结构并能对常见简单故障进行诊断和排除。

能力目标：

1. 能合理选用齿轮加工机床并读懂说明书，正确使用刀具、夹具及其他附件；

2. 能使用 Y3150E 型滚齿机加工直齿圆柱齿轮和斜齿圆柱齿轮；了解机床结构并能对机床传动链进行调整计算和工作调整；

3. 具备较强识图能力，能根据典型结构理解其工作原理，对常见简单故障进行分析诊断和排除；

4. 安全文明生产，能使用合适的方法、仪器对工件进行检验。

工艺分析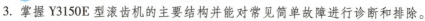

陕西国防学院	机械加工工序卡片		产品型号		零件图号				
			产品名称		零件名称	**齿轮**		共 页	第 页

法向模数	4
齿数	76
齿顶高系数	齿
法向压力角	20°
精度等级	8CJ
卡尺工作跨度	70.82
分度圆螺旋角	16°55′
螺旋方向	右旋
卡入齿数	4

车间	工序号	工序名称	材料牌号
机加		**滚齿**	45钢
毛坯种类	毛坯外形尺寸	每毛坯可制件数	每台件数
		1	1
设备名称	设备型号	设备编号	同时加工件数
滚齿机	Y3150E		
夹具编号		夹具名称	切削液
			水溶液
工位器具编号		工位器具名称	工序工时/min
			准终 单件

技术要求：调质处理210~230 HBS

工步号	工步内容	工艺装备	主轴转速 r·min⁻¹	切削速度 m·min⁻¹	进给量 mm·r⁻¹	切削深度 mm	进给次数	工步工时 机动 辅助
1	装夹							
2	滚齿	心轴、滚刀	100	23、36.5	2.5、1.25	9	2	
3								
4								
5								

设计（日期）	校对（日期）	审核（日期）	标准化（日期）	会签（日期）

1. 加工精度分析

根据零件图可知，所加工的零件是右旋斜齿圆柱齿轮，其法向模数 $m_n = 4$，法向压力角 $\alpha_n = 20°$，分度圆螺旋角 $\beta = 16°55'$，齿数 $z = 76$，8 级精度。

2. 表面粗糙度分析

齿轮的表面粗糙度 Ra 均为 $3.2\ \mu m$，滚齿加工可以达到加工要求。

3. 材料分析

齿轮材料为 45 钢，调质硬度 210~230 HBS，45 钢为优质碳素结构钢，硬度不高，易切削加工，切削性能好，可选用右旋滚刀进行加工。

问题1：加工齿轮零件，如何选择机床的类型和型号？

问题2：加工齿轮零件，如何选择合适的刀具和夹具？

问题3：加工齿轮零件，如何对机床进行调整？

问题4：滚齿机的组成有哪些？

问题5：滚齿机加工直齿圆柱齿轮和加工斜齿圆柱齿轮时，安装角如何确定？

任务5.1.1 机床选用

一、机床选型及型号确定

1. 加工工艺范围的认知

齿轮加工机床是用来加工齿轮轮齿的机床。齿轮是最常用的传动件，常用的有直齿、斜齿和人字齿的圆柱齿轮，直齿和弧齿圆锥齿轮，蜗轮以及应用很少的非圆形齿轮等。由于齿轮具有传动比准确、传力大、效率高、结构紧凑、可靠耐用等优点，因此，齿轮被广泛应用于各种机械及仪表当中。随着现代工业对齿轮的制造质量要求和需要量越来越高，齿轮加工机床成为机械制造业中一种重要的加工设备。

2. 机床型号的确定

机床的型号是赋予每种机床的一个代号，用于简明地表示机床的类型、通用和结构特性、主要技术参数等。根据 GB/T 15375—2008《金属切削机床型号编制方法》和加工零件的特点、要求，齿轮加工机床的型号见表 5.1.1。根据加工要求选择 Y3150E 滚齿机对项目零件进行加工。

表 5.1.1　齿轮加工机床类型表

机床名称	组别	系别	主参数名称	折算系数
弧齿锥齿轮磨齿机	2	0	最大工件直径	1/10
弧齿锥齿轮铣齿机	2	2	最大工件直径	1/10
直齿锥齿轮刨齿机	2	3	最大工件直径	1/10
滚齿机	3	1	最大工件直径	1/10
卧式滚齿机	3	6	最大工件直径	1/10
剃齿机	4	2	最大工件直径	1/10
珩齿机	4	6	最大工件直径	1/10
插齿机	5	1	最大工件直径	1/10
花键轴铣床	6	0	最大铣削直径	1/10
碟形砂轮磨齿机	7	0	最大工件直径	1/10
锥形砂轮磨齿机	7	1	最大工件直径	1/10
蜗杆砂轮磨齿机	7	2	最大工件直径	1/10
车齿机	8	0	最大工件直径	1/10

二、结构布局及主要参数的认识

1. 机床结构布局的认知

Y3150E 型滚齿机主要用于滚切直齿和斜齿圆柱齿轮。此外，可采用手动径向进给法滚切蜗轮，也可加工花键轴和链轮。

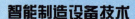

齿轮加工机床的分类

图 5.1.1 是机床的外形图。机床由床身 1、立柱 2、刀具溜板 3、刀架 5、后立柱 8 和工作台 9 等组成。刀具溜板 3 带动滚刀刀架可沿立柱导轨做垂直进给运动和快速移动；安装滚刀的滚刀杆 4 装在刀架 5 的主轴上；刀架连同滚刀一起可沿刀具溜板的圆形导轨在 240°范围内调整安装角度。工件安装在工作台 9 的工件心轴 7 上或直接安装在工作台上，随同工作台一起做旋转运动。工作台和小立柱装在同一溜板上，并沿床身的水平导轨做水平调整移动，以调整工件的径向位置或做手动径向进给运动。小立柱上的支架 6 可通过轴套或顶尖支承工件心轴的上端，以提高工件心轴的刚度，使滚切工作平稳。

2. 机床的主要参数的认识

Y3150E 型滚齿机机床型号解读：

Y 为机床类型代号，读作"牙"，意为齿轮加工机床；

3 为组代号，1 为系代号，3 组 1 系的齿轮加工机床为滚齿机；

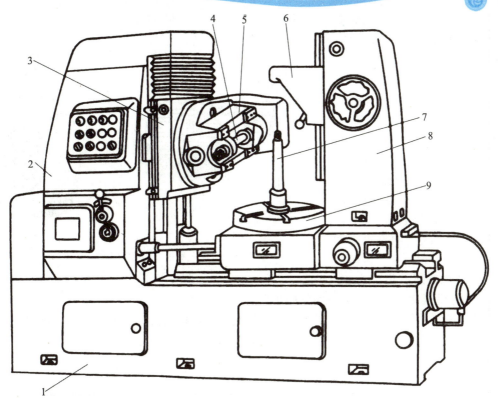

1—床身；2—立柱；3—刀架溜板；4—刀杆；5—刀架；6—支架；7—工件心轴；8—后立柱；9—工作台。

图 5.1.1　Y3150E 型滚齿机外形图

50 为主参数，由于折算系数为 1/10，加工最大工件直径为 500 mm；

E 为重大改进顺序号，Y3150E 型滚齿机经过了第五次重大改进。

Y3150E 型滚齿机的技术参数见表 5.1.2。

表 5.1.2　Y3150E 型滚齿机的技术参数

项目名称	机床参数	项目名称	机床参数
工件最大加工直径	500 mm	刀架轴向进给量	0.4 ~ 4 mm/r
工件最大加工宽度	250 mm	机床轮廓尺寸	2 439 mm × 1 272 mm × 1 770 mm
工件最大模数	8 mm	主电动机	4 kW，1 430 r/min
工件最少齿数	$5k$（k 为滚刀头数）	快速电动机	1.1 kW，1 410 r/min
滚刀主轴转速	40 ~ 250 r/min	机床质量	约 3 500 kg

三、加工方法的选择

制造齿轮的方法很多，虽然可以铸造、热轧或冲压，但目前这些方法的加工精度还不够高。精密齿轮加工仍然主要依靠切削法。按照形成齿形的原理不同，可以分为成形法和展成法两大类。

齿形加工方法

1. 成形法

这是用与被切齿轮齿槽形状完全相符的成形铣刀切出齿轮的方法。

成形法加工齿轮时，一般在普通铣床上进行加工，图 5.1.2（a）是用标准盘形齿轮铣刀加工直齿齿轮的情况。轮齿的表面是渐开面，形成母线（渐开线）的方法是成形法，不需要表面成形运动；形成导线（直线）的方法是相切法，需要两个成形运动，一个是盘形齿轮铣刀绕自己的轴线旋转 B_1，一个是铣刀旋转中心沿齿坯轴向移动 A_2。当铣完一个齿槽后，齿坯退回原处，用分度头使齿坯转过 $360°/z$ 的角度（z 是被加工齿轮的齿数），这个过程称为分度。然后，再铣第二个齿槽，这样一个齿槽一个齿槽地铣削，直到铣完所有齿槽为止。分度运动是辅助运动，不参与渐开线表面的成形。

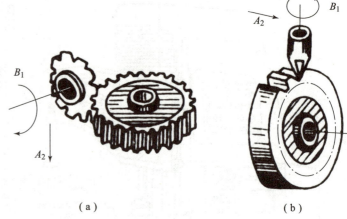

图 5.1.2　成型原理图
（a）展成法；（b）成形法

在加工模数较大的齿轮时，为了节省刀具材料，常用指状齿轮铣刀（模数立铣刀），如图 5.1.2（b）所示。用指状铣刀加工直齿齿轮所需的运动与用盘形铣刀时相同。

用成形法加工齿轮也可以用成形刀具在刨床上刨齿或在插床上插齿。

齿轮的齿廓形状取决于基圆的大小，如图 5.1.3 中的线 1、2 和 3。基圆越小，渐开线弯曲越厉害；基圆越大，渐开线越伸直，基圆半径为无穷大时，渐开线就成了直线 1。而基圆直径 $d_{基} = mz\cos\alpha$（m 为齿轮的模数，z 是齿轮齿数，α 是压力角），所以，要想精确制造一套具有一定模数和压力角的齿轮，就必须每一种齿数配有一把铣刀，这样并不经济。为了减少刀具数量，一般采用 8 把一套或 15 把一套的齿轮铣刀，其每一把铣刀可切削几个齿数的齿轮。8 把一套的齿轮铣刀可以参见表 5.1.3。

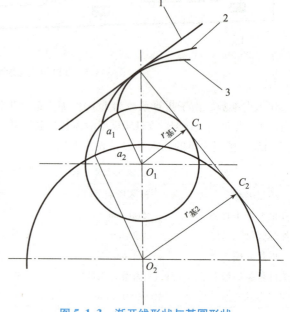

图 5.1.3　渐开线形状与基圆形状

表 5.1.3　齿轮铣刀的刀号

铣刀刀号	1	2	3	4	5	6	7	8
能加工的齿数范围	12~13	14~16	17~20	21~25	26~34	35~54	55~134	135 以上

为了保证加工出来的齿轮在啮合时不会卡住，每一号铣刀的齿形都是按所加工的一组齿轮中齿数最少的齿轮的齿形制成的，因此，用这把铣刀切削同组其他齿数的齿轮时，其齿形是有一些误差的。因此，成形法加工齿轮的缺点是精度低。这种方法采用单分齿法，即加工完一个齿退

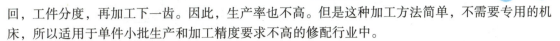

回，工件分度，再加工下一齿。因此，生产率也不高。但是这种加工方法简单，不需要专用的机床，所以适用于单件小批生产和加工精度要求不高的修配行业中。

2. 展成法

展成法加工齿轮是利用齿轮啮合的原理，其切齿过程模拟某种齿轮副（齿条、圆柱齿轮、蜗轮、锥齿轮等）的啮合过程。这时，把啮合中的一个齿轮做成刀具来加工另外一个齿轮毛坯。被加工齿的齿形表面是在刀具和工件包络（展成）过程中由刀具切削刃的位置连续变化而形成的，在后面将通过滚齿加工作较详细的介绍。用展成法加工齿轮的优点是，用同一把刀具可以加工相同模数而任意齿数的齿轮。生产率和加工精度都比较高。在齿轮加工中，展成法应用最为广泛。

本项目零件选择展成法进行加工。

滚齿加工是根据展成法原理来加工齿轮轮齿的。用齿轮滚刀加工齿轮的过程，相当于一对交错轴斜齿轮副啮合滚动的过程（图 5.1.4（a））。将其中的一个齿数减少到一个或几个，轮齿的螺旋倾角很大，就成了蜗杆（图 5.1.4（b））。再将蜗杆开槽并铲背，就成了齿轮滚刀（图 5.1.4（c））。因此，滚刀实质就是一个斜齿圆柱齿轮，当机床使滚刀和工件严格地按一对斜齿圆柱齿轮的速比关系做旋转运动时，滚刀就可在工件上连续不断地切出齿来。

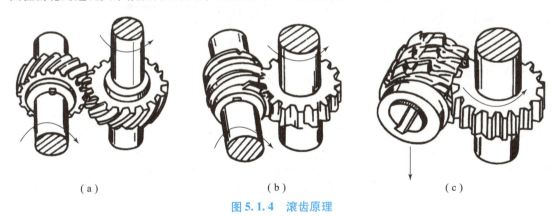

（a）　　　　　　　　（b）　　　　　　　　（c）

图 5.1.4　滚齿原理

滚齿加工具有以下特点：

①适应性好；

②生产效率高；

③齿轮齿距误差小；

④齿轮齿廓表面粗糙度较差；

⑤主要用于滚切直齿和斜齿圆柱齿轮。此外，还可以加工蜗轮、花键轴和链轮。

任务 5.1.2　机床调整与加工

一、机床传动系统分析

滚齿机是一种运动比较复杂的机床，其传动系统分支多而杂。要读懂其传动系统，就必须掌握正确的方法，方法如下：根据机床运动分析，结合机床的传动原理图，在传动系统图上对应地找到每一个独立运动的传动路线以及有关参数的换置机构。

Y3150E 型滚齿机的传动系统图如图 5.1.5 所示。

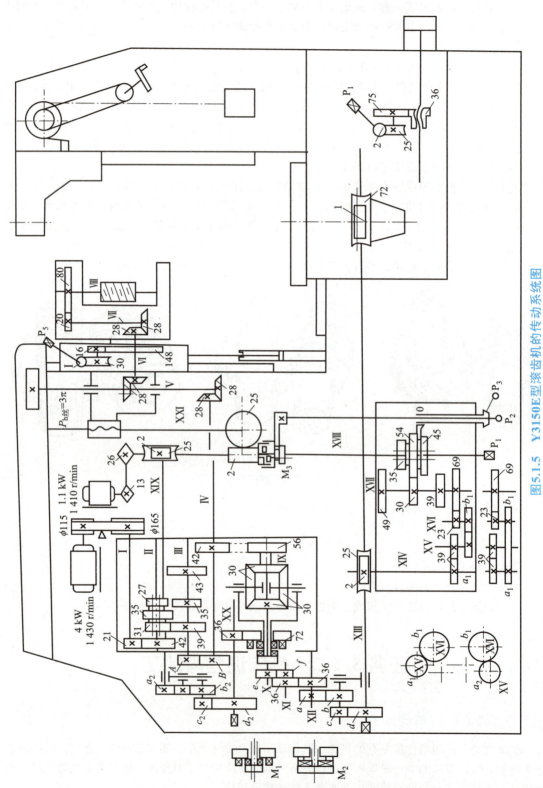

图5.1.5　Y3150E型滚齿机的传动系统图

1. 主运动传动链分析

主运动传动链是联系动力源（电动机）和执行件（滚刀主轴）之间的传动链，属于外联系传动链。

第一步：首末两端件为电动机—滚刀。

第二步：计算位移量：

$$n \text{（r/min）（电动机）} - n \text{（r/min）（刀）}$$

第三步：列平衡方程式：

$$1\,430 \text{ r/min（电动机）} \times \frac{115}{165} \times \frac{21}{42} \times u_{变} \times \frac{A}{B} \times \frac{28}{28} \times \frac{28}{28} \times \frac{28}{28} \times \frac{20}{80} = n \text{（r/min）（刀）}$$

第四步：计算换置公式：

$$u_v = u_{变} \frac{A}{B} = \frac{n_{刀}}{124.583}$$

式中，$u_{变}$ 为主运动传动链中三联滑移齿轮变速组的三种传动比；$\frac{A}{B}$ 为主运动变速挂轮齿数比，共三种：$\frac{22}{44}$，$\frac{33}{33}$，$\frac{44}{22}$。

当给定 $n_{刀}$ 时，就可算出 $u_{变} \frac{A}{B}$ 的传动比，并由此决定变速箱中变速齿轮的啮合位置和挂轮的齿数。滚刀共有表 5.1.4 所列的 9 级转速。

表 5.1.4　滚刀主轴转速

A/B	22/44			33/33			44/22		
$u_{变}$	27/43	31/39	35/35	27/43	31/39	35/35	27/43	31/39	35/35
$n_{刀}/(\text{r} \cdot \text{min}^{-1})$	40	50	63	80	100	125	160	200	250

若工件齿数较少，则需适当降低滚刀转速，以降低工作台转速，防止分度蜗轮因转速太高而过早磨损。

2. 展成运动传动链分析

展成运动传动链的传动路线表示式如下：

$$滚刀旋转 B_{11}（\text{Ⅷ}）- \frac{20}{80} - \text{Ⅶ} - \frac{28}{28} - \text{Ⅵ} - \frac{28}{28} - \text{Ⅴ} - \frac{28}{28} - \text{Ⅳ} - \frac{42}{56} - 合成机构 \Sigma - \text{Ⅸ} - \frac{e}{f} - \text{Ⅺ} -$$

$$\frac{a}{b} - \text{Ⅻ} - \frac{c}{d} \text{ⅩⅢ} - \frac{1}{72} - 工件主轴旋转 B_{12}$$

3. 轴向进给传动链分析

刀架沿工件轴向进给运动的传动链是外联系传动链。

第一步：首末两端件为工作台—刀架。

第二步：计算位移量：

$$1(\text{r})（工作台） - f(\text{mm})（刀架轴向移动）$$

第三步：列平衡方程式：

$$1(\text{r})（工作台） \times \frac{72}{1} \times \frac{2}{25} \times \frac{39}{39} \times \frac{a_1}{b_1} \times \frac{23}{69} \times u_{进} \times \frac{2}{25} \times 3\pi = f(\text{mm})（刀架轴向移动）$$

第四步：计算换置公式：

$$u_f = \frac{a_1}{b_1} u_{\text{进}} = \frac{f}{0.460\ 8\pi}$$

式中，$u_{\text{进}}$ 为进给传动链中三联滑移齿轮变速组的三种传动化。

进给量 f 的数值是根据齿坯材料、齿面表面粗糙度要求、加工精度及铣削方式（顺铣或逆铣）等情况选择。

当轴向进给量 f 确定后，可根据机床上的标牌或说明书进行换置，见表 5.1.5。

表 5.1.5　轴向进给量及挂轮齿数

a_1/b_1	26/52			32/46			46/32			52/26		
$u_{\text{进}}$	$\frac{30}{54}$	$\frac{39}{45}$	$\frac{49}{35}$	$\frac{30}{54}$	$\frac{39}{45}$	$\frac{49}{35}$	$\frac{30}{54}$	$\frac{39}{45}$	$\frac{49}{35}$	$\frac{30}{54}$	$\frac{39}{45}$	$\frac{49}{35}$
$f/(\text{mm}\cdot\text{r}^{-1})$	0.4	0.63	1	0.56	0.87	1.41	1.16	1.8	2.9	1.6	2.5	4

4. 差动传动链分析

差动传动链是联系刀架直线移动 A_{21} 和工件附加转动 B_{22} 之间的传动链。

第一步：首末两端件为刀架—工件。

第二步：计算位移量：

$$L\ (\text{mm})（刀架轴向移动）- 1(\text{r})（工件）$$

第三步：列平衡方程式：

$$\frac{L}{3\pi} \times \frac{25}{2} \times \frac{2}{25} \times \frac{a_2}{b_2} \frac{c_2}{d_2} \times \frac{36}{72} \times u_{\text{合成2}} \times \frac{e}{f} \times u_x \times \frac{1}{72} = \pm 1\ (\text{r})（工件）$$

式中，L 为被加工斜齿齿轮螺旋线导程（mm）：$L = \frac{\pi m_s z_{\text{工}}}{\tan\beta} = \frac{\pi m_n z_{\text{工}}}{\sin\beta}$；$u_{\text{合成2}}$ 为运动合成机构在差动传动链中的传动化，$u_{\text{合成2}} = 2$。

第四步：计算换置公式：

$$u_y = \frac{a_2}{b_2} \frac{c_2}{d_2} = 9 \frac{\sin\beta}{m_n K}$$

二、机床的调整与操作

在 Y3150E 型滚齿机上使用右旋单头滚刀对零件进行调整计算与加工操作。右旋斜齿圆柱齿轮参数为：材料 45 钢，8 级精度，齿数 $z = 76$，分度圆螺旋角 $\beta = 16°55'$，法面模数 $m_n = 4$，法向压力角 $\alpha_n = 20°$，调质硬度 210～230 HBS。调整操作步骤如下：

1. 滚刀选择与安装

根据要求，滚刀材料为高速钢，刀齿部分为硬质合金，前角为 0°。选择 A 级精度滚刀，螺旋升角为 3°20′，法向模数是 4，滚刀长度为 75 mm，内、外径分别为 27 mm、80 mm。

滚切斜齿圆柱齿轮所需的运动

应先保证刀杆的安装精度，刀杆安装到滚刀主轴上之后，应按图 5.1.6 检验刀杆在 a、b 位置的径向圆跳动，c 位置的端面轴向窜动，根据 8 级精度齿轮的要求，分别将 a、b、c 三个位置的数值控制在 0.025 mm、0.03 mm、0.02 mm 之内。刀杆安装合格后，装上滚刀、刀垫和活动支架。检查滚刀凸台 a、b 位置的径向圆跳动和 c 位置的轴向窜动。a、b 两位置的径向圆跳动应在同一轴向平面内，尽量避免对角跳动，其数值分别控制在 0.03 mm、0.035 mm 之内，c 位置的数值控制在 0.005～0.01 mm 之内。在滚刀安装过程中，应进行对中，以保证被加工齿轮齿形对称。

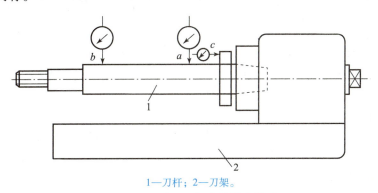

1—刀杆；2—刀架。

图 5.1.6 滚刀刀杆安装精度检验

2. 心轴及套筒的安装

如图 5.1.7 所示，检测心轴上 a、b、c 三点的跳动量，当 a、b 之间的距离为 150 mm，被切齿轮为 8 级精度时，a 点的径向圆跳动量应小于 0.025 mm、b 点应小于 0.015 mm、c 点应小于 0.01 mm。

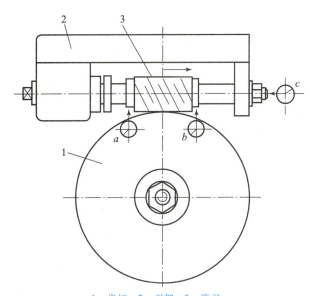

1—齿坯；2—刀架；3—滚刀。

图 5.1.7 滚刀安装精度检验

套筒与心轴采用小间隙配合，套筒外径与工件内孔基本尺寸相同，同样是小间隙配合，套筒的内孔与外圆经磨床磨削，保证表面粗糙度与尺寸精度，以后更换零件类型后，只需更换套筒，保证了心轴的配合精度。

3. 调整计算

（1）调整安装角

安装角为：

$$\gamma_{安} = \beta - \lambda = 16°55' - 3°20' = 13°35'$$

滚刀安装角的误差会使滚刀产生一个附加的轴向窜动，引起被加工齿轮的齿形误差。调整时，先根据刀架的主尺刻度值调整至13°，然后再按刀架滑板上的游标尺作精确调整，最终使安装角调整至13°35′。

（2）主运动传动链调整计算

首先要确定被加工齿轮是一次进给切出全齿高，还是多次进给切出全齿高。提高径向进给量虽然可以减少进给次数，但会增大切削主分力，容易打刀；进给次数增多虽不易打刀，但会降低生产效率。进给次数的选择还应根据加工余量、零件材料等加工工艺要求进行。本零件采用二次进给切出全齿高较为合适。第一次进给可采用较大的轴向进给量、较低的切削速度，第二次进给用较小的轴向进给量、较高的切削速度，以保证齿轮的加工精度。滚切齿轮时，总的径向进给量为2.25倍模数，但是齿坯外圆的精度通常不高，以外圆为基准进行径向进给只能作为参考。加工模数较大或精度要求很高的齿轮时，采用分次切削。当采用二次进给切出时，第一次切削后，测量公法线长度，确定第二次切削的径向进给量公式为：

$$t = 1.46(W_1 - W)$$

式中，t 为第二次进给的径向进给量；W_1 为测量所得的公法线长度；W 为图样要求的公法线长度。

对于斜齿圆柱齿轮，公法线长度应在法向测量。

第二次进给的径向进给量可通过测量固定弦齿厚确定，公式如下：

$$t = \frac{S_{c1} - S_c}{0.73}$$

式中，S_{c1} 为第一次进给测量所得的固定弦齿厚；S_c 为图样要求的固定弦齿厚。

4. 注意事项

根据渐开线的形成原理，基圆是决定渐开线形状的唯一参数，而被加工齿轮的基圆是在机床、刀具和工件所组成的工艺系统的相对位置和运动关系中形成的。展成运动关系的误差、滚刀齿形角的误差、工件装夹的几何误差等都会使被加工齿轮的基圆半径产生误差。

抓住这一基本问题，就会对调整中的各种要求认识更加清楚；在整个加工过程中，展成运动传动链和差动运动传动链不可脱开；应根据调整计算的结果结合实际情况综合考虑。

5. 零件的检验

常用的齿轮检测项目及检验方法、使用仪器见表5.1.6。

表5.1.6　齿轮检测项目表

序号	检测项目	检测方法及使用仪器
1	齿圈径向跳动	专用的齿轮跳动检查仪
2	齿距误差	相对测量法和绝对测量法；齿距仪
3	基节误差	点接触式和线接触式检测法；基节仪、万能测齿仪、万能工具显微镜
4	齿形误差	相对测量法、坐标测量法、截面整体误差测量法；渐开线检查仪、齿形齿向测量仪等
5	齿向误差	径向跳动仪、光学分度头、万能工具显微镜等
6	齿厚误差	齿厚游标卡尺、光学测齿仪、各种齿厚卡规等
7	公法线长度	公法线千分尺、公法线杠杆千分尺
8	整体测量	三坐标测量机

三、机床的工装

1. 滚刀的选用

加工直齿圆柱
齿轮滚刀的安装

滚刀按照结构，可分为整体式和镶齿式两大类。对于中小模数滚刀（$m = 1 \sim 10 \text{ mm}$），通常为高速钢整体制造；对于模数较大的滚刀，为了节省刀具材料和保证热处理性能，一般多采用镶齿结构。镶齿滚刀可更换刀片，但刀齿要求非常精密，刀体精度也较高，制造困难。目前，硬质合金齿轮滚刀得到了广泛的应用，它不仅有较高的切削速度，还可以直接滚切淬火齿轮。

选用齿轮滚刀时，滚刀的齿形角和模数应与被加工齿轮的齿形角与法向模数相同。其精度等级也要和被加工齿轮的精度等级相适应。滚刀精度等级和齿轮精度等级的关系见表 5.1.7。

表 5.1.7　滚刀精度等级和齿轮精度等级的关系

滚刀精度等级	AAA	AA	A	B	C
齿轮精度等级	6	7 ~ 8	8 ~ 9	9	10

2. 滚刀安装角的确定

滚切齿轮时，为了切出准确的齿形，应使滚刀和工件处于正确的位置，滚刀在切削点处的螺旋线方向应与被加工齿轮的轮齿方向一致。为此，将滚刀轴线与工件顶面安装成一定的角度，这个角称为滚刀的安装角，一般用 δ 表示。根据加工要求即可确定滚刀安装角的大小与滚刀架的扳转方向。

加工直齿圆柱齿轮时，滚刀刀齿是沿螺旋线分布的，螺旋升角为 ω。为了使滚刀刀齿排列方向与被切齿轮的齿槽方向一致，滚刀轴线与被切齿轮端面之间的滚刀安装角 δ，等于滚刀的螺旋升角 ω。用右旋滚刀加工直齿齿轮的安装角，如图 5.1.8（a）所示，用左旋滚刀时，如图 5.1.8（b）所示。图中虚线表示滚刀与齿坯接触一侧的滚刀螺旋线方向。

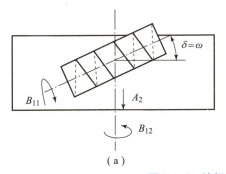 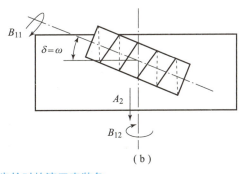

（a）　　　　　　　　　　　　　　　　（b）

图 5.1.8　滚切直齿圆柱齿轮时的滚刀安装角

加工斜齿圆柱齿轮时，像滚切直齿圆柱齿轮那样，为了使滚刀的螺旋线方向和被加工齿轮的轮齿方向一致，加工前，要调整滚刀的安装角。它不仅与滚刀的螺旋线方向及螺旋升角 ω 有关，而且还与被加工齿轮的螺旋线方向及螺旋角 β 有关。当滚刀与齿轮的螺旋线方向相同时，滚刀的安装角 $\delta = \beta - \omega$。图 5.1.9（a）表示用右旋滚刀加工右旋齿轮的情况。当滚刀与齿轮的螺旋线方向相反时，滚刀的安装角 $\delta = \beta + \omega$。图 5.1.9（b）表示用右旋滚刀加工左旋齿轮的情况。

滚切斜齿圆柱齿轮时，应尽量采用与工件螺旋方向相同的滚刀，使滚刀的安装角较小，有利于提高机床运动的平稳性和加工精度。

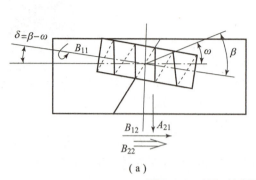

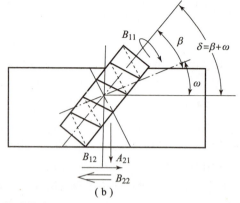

（a）　　　　　　　　　　　　　　（b）

图 5.1.9　滚切斜齿圆柱齿轮时的滚刀安装角

滚切斜齿圆柱齿轮时，还应注意工件附加转动的方向。为了形成螺旋线，工件附加转动 B_{22} 的方向也同时与滚刀的螺旋线方向及被加工齿轮的螺旋线方向有关。当用右旋滚刀加工右旋齿轮时（图 5.1.9（a）），形成齿轮螺旋线的过程如图 5.1.10（a）所示。图中 ac' 是斜齿圆柱齿轮轮齿齿线，滚刀在位置Ⅰ时，切削点正好是 a 点。

当滚刀下降 Δf 距离到达位置Ⅱ时，要切削的直齿圆柱齿轮轮齿的 b 点正对着滚刀的切削点。但对滚切右旋斜齿轮来说，需要切削的是 b' 点，而不是 b 点。因此，在滚刀直线下降 Δf 的过程中，工件的转速应比滚切直齿轮时要快一些，也就是把要切削的 b' 点转到现在图中滚刀对着的 b 点位置上。当滚刀移动一个螺旋线导程时，工件应在展成运动 B_{12} 的基础上多转一周，即附加 +1 周（B_{22}）。同理，用右旋滚刀加工左旋斜齿圆柱齿轮时（图 5.1.9（b）），形成轮齿齿线的过程如图 5.1.10（b）所示。由于旋向相反，滚刀竖直移动一个螺旋线导程时，工件应少转一周，即附加 −1 周。

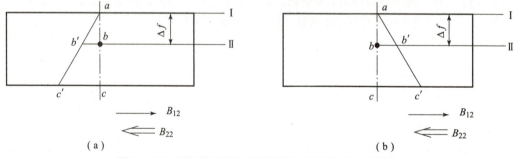

图 5.1.10　滚切斜齿圆柱齿轮时的工件附加转动的方向

通过类似的分析可知，滚刀竖直移动工件螺旋线导程的过程中，当滚刀与齿轮螺旋线方向相同时，工件应多转一周；当滚刀与齿轮螺旋线方向相反时，工件应少转一周。工件做展成运动 B_{12} 和附加转动 B_{22} 的方向如图中箭头所示。

3. 滚刀刀杆的安装

要保证滚刀的安装精度，必须先保证滚刀刀杆的安装精度，刀杆安装到滚刀主轴上之后，应按图 5.1.6 所示检验刀杆在 a、b 位置的径向圆跳动，c 位置的端面轴向窜动，使其符合相应的要求。

滚切斜齿圆柱齿轮
滚刀的安装

4. 滚刀的安装

刀杆安装合格后，装上滚刀、刀垫和活动支架。如图 5.1.7 所示，应检查滚刀凸台 a、b 位置的径向圆跳动和 c 位置的端面轴向窜动。

在滚刀安装过程中，为保证被加工齿轮齿形对称，需调整滚刀轴向位置，使之对中。对中时，滚刀的前刀面处于水平位置，同时，使一个刀齿（或刀槽）的对称中心线通过齿坯的中心，如图5.1.11所示。滚刀的对中是通过调整主轴部件的位置来实现的。

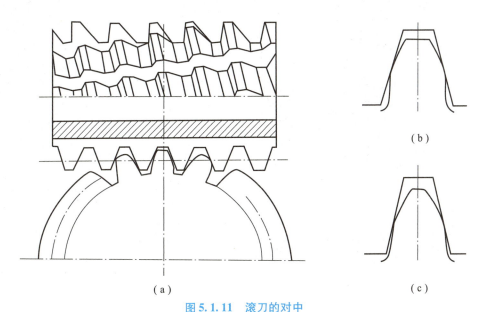

图5.1.11 滚刀的对中
（a）滚切加工示意图；（b）对中后切出的齿形；（c）没有对中切出的齿形

为使滚刀的磨损不过于集中在局部长度上，而是沿全长均匀地磨损以提高其使用寿命，需要进行串刀调整，即调整滚刀轴向位置。在进行对中或串刀时，先松开压板螺钉，然后用手柄转动方头轴，经方头轴上的小齿轮和主轴套筒上的齿条带动主轴套筒连同滚刀主轴一起轴向移动。调整完成后，拧紧压板螺钉。

5. 工件的装夹

工件的安装如图5.1.12所示。先将底座1用它的圆柱表面与工作台上中心孔表面进行配合安装，并用T形螺钉2通过T形槽紧固在工作台上。工件心轴3通过莫氏锥孔配合，安装在底座1上，用其上的压紧螺母5压紧，用锁紧套4两旁的螺钉锁紧，以防加工过程中松动。

心轴安装后，必须进行检测（图5.1.13），保证 a、b、c 三点的跳动量符合加工要求。

加工较小直径的齿轮时，可将工件直接装夹在心轴上，用压紧螺母锁紧（图5.1.14（a））；当加工较大直径的齿轮时，一般采用直径较大的底座，并在靠近加工部位的轮缘处夹紧（图5.1.14（b））。在被加工齿轮的两端面中，至少应有一个端面为定位端面，如图5.1.14中的 E 面。装夹齿轮坯时，所使用的垫

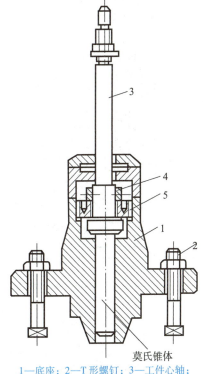

莫氏锥体

1—底座；2—T形螺钉；3—工件心轴；
4—锁紧套；5—压紧螺母。

图5.1.12 工件与机床的连接与安装

237

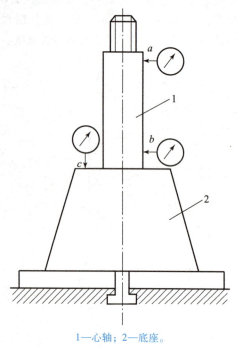

1—心轴；2—底座。

图 5.1.13 心轴的精度检验

圈和垫套等，其两端面平行度误差应小于 0.005 mm，压紧螺母接触端面与轴线的垂直度误差应小于 0.02 mm，以保证工件装夹的精度。

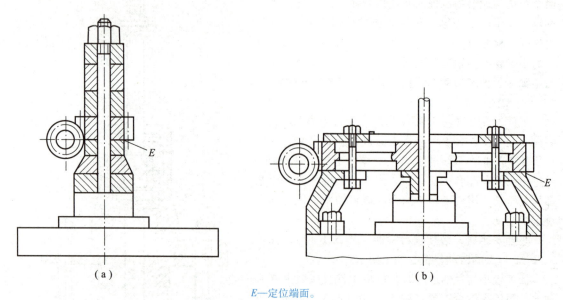

（a）   （b）

E—定位端面。

图 5.1.14 工件装夹示意图

（a）较小直径齿轮的装夹；（b）较大直径齿轮的装夹

任务 5.1.3　机床常见故障诊断与排除

一、典型结构的认知

1. Y3150E 滚齿机的滚刀刀架结构

图 5.1.15 为 Y3150E 型滚齿机滚刀刀架的结构。刀架体 1 用装在环状 T 形槽内的六个螺钉 4 固定在刀架溜板上。调整滚刀安装角时，应先将螺钉 4 松开，然后用扳手转动刀架溜板上的方头 P_5，经蜗杆蜗轮副 $\frac{1}{30}$ 及齿轮 z_{16} 带动固定在刀架体上的齿轮 z_{148}，使刀架体回转至所需的位置。

运动合成机构

滚刀主轴 14 前（左）端用内锥外圆的滑动轴承 13 支承，以承受径向力，并用两个推力球轴承 11 承受轴向力。主轴后（右）端通过铜套 8 及套筒 9 支承在两个圆锥滚子轴承 6 上。轴承 13 及 11 安装在轴承座 15 内，15 用六个螺钉 2 通过两块压板压紧在刀架上。

滚刀主轴以其后端的花键与套筒 9 内的花键孔连接，由齿轮 5 带动旋转。这种主轴在传动过程中只受扭矩作用而不受弯矩作用的结构称为主轴卸荷。

滚刀刀杆 17 用锥柄安装在主轴前端的锥孔内，并用方头螺杆 7 将其拉紧。刀杆左端装在支架 16 上的内锥套支承孔内，支架 16 可在刀架体上沿主轴轴线方向调整位置，并用压板固定在所需的位置上。

安装滚刀时，为使滚刀的刀齿（或齿槽）对称于工件的轴线，以保证加工出的齿廓两侧齿面对称；另外，为了使滚刀沿全长均匀地磨损，以提高滚刀使用寿命，需调整滚刀轴向位置，即串刀。调整时，先放松压板螺钉 2，然后用手柄转动方头轴 3，通过方头轴 3 上的齿轮，经轴承座 15 上的齿条，带动轴承座连同滚刀主轴一起轴向移动。调整妥当后，应拧紧压板螺钉。Y3150E 型滚齿机滚刀最大串刀量为 55 mm。

当滚刀主轴前端的滑动轴承 13 磨损，引起主轴径向跳动超过允许值时，可拆下垫片 10 及 12，磨去相同的厚度，调配至符合要求时为止。若仅调整主轴的轴向窜动，则可将垫片 10 适当磨薄。

2. Y3150E 型滚齿机的工作台结构

图 5.1.16 为工作台结构图。工作台采用双圆环导轨支承和长锥形滑动轴承定心的结构型式，它的轴向载荷由工作台溜板上的圆环导轨 M 和承受，径向载荷由长锥形滑动轴承承受。机床长期使用后，滑动轴承磨损，间隙增大，影响加工精度，必须对此进行调整。

调整的方法为：先拆下垫片（该垫片为两个半圆），然后根据轴承间隙的大小，将垫片磨到一定的厚度再装上。这样可使轴承略向上移，利用其内孔与工作台下部的圆锥面配合，使间隙得到调整。

由蜗杆带动分度蜗轮，从而带动工作台旋转。蜗轮和工作台之间由圆锥销定位，用螺钉紧固。蜗杆由两个 P5 级精度的圆锥滚子轴承 32210/P5 和两个 P5 级精度的单列深沟球轴承 6210/P5 支承在支架上，支架用螺钉装在工作台底座的侧面，配磨垫片保证蜗杆与蜗轮间合适的啮合间隙。蜗轮副采用压力喷油润滑。工件心轴底座的内孔为莫氏锥度，与工件心轴的锥柄配合。

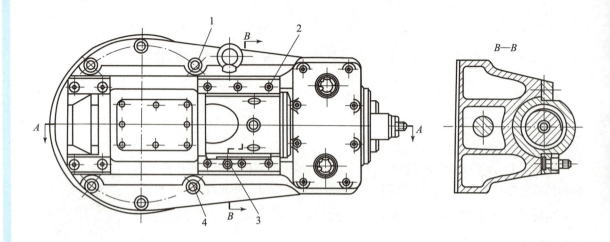

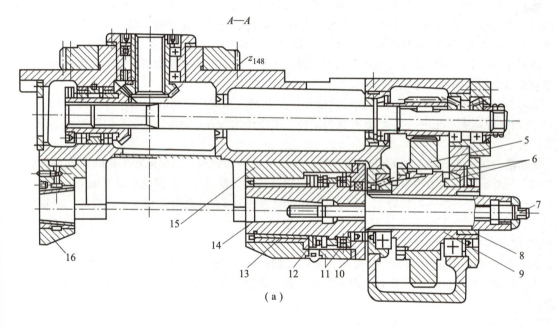

（a）

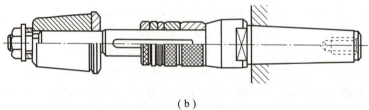

（b）

1—刀架体；2、4—螺钉；3—方头轴；5—齿轮；6—圆锥滚子轴承；7—方头螺杆；8—铜套；9—花键套筒；
10、12—垫片；11—推力球轴承；13—滑动轴承；14—主轴；15—轴承座；16—支架。

图 5.1.15 Y3150E 型滚齿机滚刀刀架的结构

（a）刀架结构；（b）刀杆结构

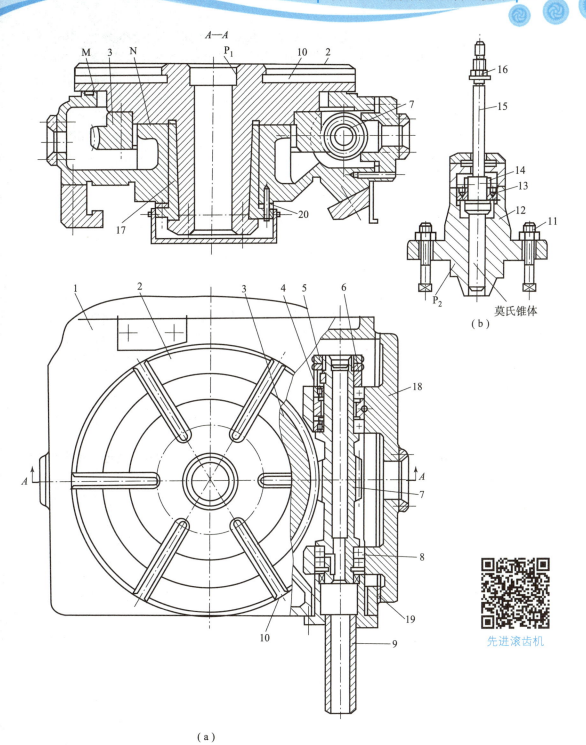

（a）

1—溜板；2—工作台；3—分度蜗轮；4—圆锥滚子轴承；5—双螺母；6—隔套；7—蜗杆；8—角接触球轴承；
9—套筒；10—T形槽；11—T形螺钉；12—底座；13、16—压紧螺母；14—锁紧套；15—工件心轴；17—锥体滑动
轴承；18—支架；19、20—垫片；M、N—环形平面导轨；P_1—工作台中心孔上的面；P_2—底座上的圆柱表面。

图5.1.16　Y3150E型滚齿机的工作台结构

（a）工作台；（b）工件夹紧装置

先进滚齿机

莫氏锥体
（b）

Y3150E 型滚齿机的工作台装有快速移动液压缸。当成批加工同一规格的齿轮时，为了缩短机床调整时间，可使用液压缸快速移动工作台。加工第一个齿轮时，精确调整滚刀和工件的中心距离，加工好第一个齿轮后，转动"工作台快速移动"旋钮至"退后"位置，则工作台在快速液压缸的活塞带动下快速退出。当装好第二个齿坯后，将"工作台快速移动"旋钮转到"向前"位置，工作台又快速返回原来位置，这时就可以进行第二个齿轮的加工了。在调整工作台时，应先使工作台快速移动后，再用手动调整滚刀和工作台之间的中心距，否则可能发生操作事故。

二、常见故障诊断与排除

1. 机床运转时不平稳，有振动和噪声产生

（1）故障原因分析

①机床安装失去水平精度。

②机床各部分发生变形或紧固螺钉定位锥销松动而产生位移。

③各滑动部件的压板磨损了，空隙增大。

（2）故障排除方法

将发生变形和移位的部件及部位调整到正确位置，来保证机床安装的水平精度。重新调整条和压板，消除过大的间隙，根据发生问题的地方找出原因，调整并更换这些零件。

2. 各手动操纵机构不灵活或失去作用

（1）故障原因分析

①各操作机构中零件磨损、松脱断折等。

②床身立柱导轨的变形或磨损。

（2）故障排除方法

根据发生部位，检查操作元件，如发现失去精度、松脱、断折等问题，应进行更换和重新调整。

3. 液压不起压，压力不稳定

（1）故障原因分析

①压力油不清洁，黏度太大，油路中有空气。

②管路的破裂漏油、油缸上接盘的密封不够。

③压力油泵内支持阀失去压力。

（2）故障排除方法

①更换清洁的符合规格的压力油，放掉油路中的空气。

②更换破裂的油管，消除漏油，达到应有的密封性。

③重新调整油泵内支持阀的压力。

4. 切出齿轮的齿数不正确

（1）故障原因分析

①分齿挂轮调整不正确。

②滚刀的模数和线数及方向不对。

③齿坯尺寸不正确。

④工作与滚刀的转向不配合。

（2）故障排除方法

①重新计算和按分齿挂轮选取正确的变换齿轮数。

②选用正确的滚刀（如螺旋方向不对，须在分齿挂轮架上漆惰轮）。

③更换符合计算尺寸的齿坯，调整速度挂轮的位置。

5. 切出齿轮不是直齿

（1）故障原因分析

①分度挂轮调整得不正确。

②工件未夹紧。

（2）故障排除方法

①重新计算和分齿挂轮选取正确的齿数。

②重新校正夹紧工件。

任务 5.1.4　机床维护保养

一、机床的维护保养

1. 日常保养

齿轮加工机床的日常维护保养如下：

①严格遵守操作规程。

②熟悉机床性能和使用范围，不超负荷工作。

③若发现机床有异常现象，则应立即停机检查。

④工作台、导轨面上不准乱放工具、工件或杂物，毛坯工件直接装夹在工作台上时，应用垫片。

⑤工作前，应先检查各手柄是否处在规定位置，然后开空车数分钟，观察机床是否正常运转。

⑥工作完毕后，应将机床擦拭干净，并注润滑油。做到每天一小擦，每周一大擦，定期一级保养。

⑦检查油路，加注各部润滑油。

2. 机床的润滑

在开动机床之前，必须认真清除机床的防锈油和脏物，然后用润滑油注满所有的润滑孔和油箱。在工作中，为了避免床身导轨或刀架立柱因润滑不良而卡住，应进行良好的润滑，可用油枪通过刀架滑板上的镶条油孔及工作台上的球形油眼把油压入润滑面，润滑油应当去酸水及杂质，最好选用 10 号车用机油。

机床内部是自动润滑，依靠油泵打上来的油通过机床的三通分别润滑传动箱、立柱和床身的差动机构。

滚刀牙箱需事先注油至油标线位置，工作台注油超出油标线即可。用于润滑分度蜗轮时，应加油润滑滚刀主轴承和刀架上的中心齿轴，并在工作台旁油盒内每班至少加油（注满）一次，以保证工作环形面的润滑。

机床使用后，第一次换油应在机床工作 300 h 后进行。以后可以每隔半年换油一次，在主传动箱下方的床身内装润滑油。

其他日常维护加油可参照机床润滑标牌和机床说明书进行。

二、安全文明生产

1. 齿轮加工机床操作规程

齿轮加工机床操作规程如下：

①操作者要熟悉本机床的一般性能和结构，禁止超性能使用。

②开机前应按润滑规定加油，并检查油标、油窗，以及油路是否畅通。

③开机前必须检查各部手柄是否在规定位置。

④机床上的保险防护装置不准任意拆下。

⑤机床未经保管人员同意，不得私自开机。

⑥机床发生故障或者发生不正常现象时，应立即停机排除。

⑦在粗加工时，用小的切削速度、大的进给量；当精加工时，恰好相反。

⑧使用相同的进给量和切削速度的情况下，采用多线滚刀比单线滚刀节省时间，但会降低滚出齿轮的精度。

2. 安全文明生产要求

安全文明生产要求如下：

①按要求穿戴合适的劳保用具，严禁戴手套、饰品等进行危险作业。

②机床应经常保持清洁，遵守清扫规定，下班前清扫机床，每周末大扫。

③操作者对周围场地应保持整洁，地上无油污、积水、积油。

④操作时，工具与量具应分类整齐地安放在工具架上，不要随便乱放在工作台上或与切屑等混在一起。

⑤高速切削或冲注切削液时，应加放挡板，以防切屑飞出及切削液外溢。

⑥严禁在机床上堆放工、卡、量、刃具等物。工件加工完毕后，应安放整齐，不乱丢乱放，以免碰伤工件表面。

⑦机床附件要妥善保管，保持完整与良好。

⑧保持图样或工艺工件的清洁完整。

教学任务单

专业			班级	
学号		姓名		日期	
项目名称	齿轮加工设备的使用		任务名称	斜齿圆柱齿轮滚齿加工设备的使用

◎【学习步骤】

以斜齿圆柱齿轮滚齿加工工序卡片提出任务，在加工斜齿圆柱齿轮的准备工作中学会分析工序卡片及图样，根据分析选择合适的机床型号，对选定的机床的参数及其运动进行分析，掌握本机床的调整及操作方法，掌握刀、夹、附具及工件与机床的连接和安装，最后完成工序卡片零件加工操作及检验，掌握对一般机床故障的分析与排除能力，学会本类机床的操作规程维护及其保养。

◎【任务实施】

一、读懂工序卡片

请根据任务工序卡填写表5.1.8。

表5.1.8 工序卡识读

序号	项目名称	内容填写	备注
1	零件的外形特点		
2	主要加工表面及加工精度		
3	生产批量		
4	备选的机床类型		

出现的问题：

_____

_____

解决措施及经验总结：

_____

_____

二、选择合适的机床型号

1. 为什么优先选择滚齿机进行零件的加工？

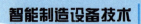

2. 滚齿机的组成是什么?

3. 请列出你选定的机床型号并解释其含义。

出现的问题:

_____

_____

解决措施及经验总结:

_____

_____

三、完成刀具、工件、夹具以及机床的安装

1. 加工斜齿圆柱齿轮滚刀的安装角如何确定?

2. 请根据内容,思考滚刀如何安装。

出现的问题:

_____

_____

解决措施及经验总结:

_____

_____

四、调整操作机床

请根据加工内容,将工件的加工步骤填入表5.1.9。

表5.1.9　工件加工表

序号	内容	备注
1		
2		

序号	内容	备注
3		
4		
5		
6		
7		
8		

出现的问题：

_____

解决措施及经验总结：

_____

五、完成斜齿圆柱齿轮的加工

请根据工序图的要求完成斜齿圆柱齿轮的加工，并记录加工过程中出现的问题及解决问题的措施。

出现的问题：

_____

解决措施及经验总结：

_____

六、产品检测

请完成斜齿圆柱齿轮的检验并填写表 5.1.10。

表 5.1.10　检测记录表

序号	检测项目	使用工具	测量数据	备注

出现的问题：

_____

_____

解决措施及经验总结：

_____

_____

【任务考核】

评分标准

序号	考核评价项目		考核内容	学生自检	小组互检	教师终检	配分	成绩
			任务5.1　斜齿圆柱齿轮加工设备的使用					
1	过程考核	素养目标	业务精干，无私奉献；热爱劳动，服务国防				15	
2		知识目标	滚齿机的加工原理；滚齿机的调整与操作				25	
3		能力目标	操作滚齿机，解决生产实际问题，以及维修和保养机床				30	
4	常规考核		任务完成情况				10	
5			回答问题				15	
6			其他				5	

【任务总结】

_____

_____

_____

_____

【大国工匠】顾秋亮

　　中国船舶重工的钳工顾秋亮的"绝活"也在手上。他凭着精到丝级的手艺，为海底的探索者7 000 m级潜水器"蛟龙号"安装特殊的"眼睛"，他安装的"眼睛"可以承受海底每平方米数千吨的压力，在无底黑暗中神光如炬。深海一直是人类所知甚少的冥茫世界。2012年7月，中国的"蛟龙号"深海潜水器来到了地球上最深的马里亚纳海沟，这里的深度是11 034 m。"蛟龙号"的观察窗与海水直接接触。面积大约0.2 m²的窗玻璃此刻承受的压力有1 400吨重。而观察窗的玻璃与金属窗座是异体镶嵌，如果二者贴合的精度不够，窗玻璃处就会产生渗漏。安装"蛟龙号"观察窗玻璃的时候，顾秋亮必须把玻璃与金属窗座之间的缝隙控制在0.2丝以下，这是不容降低的设计要求。顾秋亮和工友们把安装的精度标准视为生命线。0.2丝约为一根头发丝的 1/50，这么小的安装间隙却不能用任何金属仪器接触测量。因为观察窗玻璃一旦摩擦出细小划痕，到深海重压之下，就可能成为引发玻璃爆裂的起点。靠着眼睛观察和手上的触摸感觉，能够判断一根头发丝 1/50 的 0.2 丝误差，这的确是神技。不仅如此，即便是在摇晃的大海上，顾邱亮纯手工打磨维修的"蛟龙号"密封面平整度也能控制在 2 丝以内，因而人们称呼有这个能力的顾秋亮为"顾两丝"。

为了练成这门功夫，顾秋亮把一块块铁板用手工逐渐锉薄，在铁板一层层变薄的过程中，用手不断捏捻搓摸，让自己的手形成对厚薄的精准感受力。手指上的纹理磨光了，但这双失去纹理的手却成了心灵感知力的精准延伸器。

任务 5.2　双联齿轮插齿加工设备的使用

任务描述

某企业要加工一批双联齿轮零件，为了更好地服务企业日常生产运作，请你通过查阅相关资料和文献了解 Y5132 型插齿机的工艺范围，能加工圆柱内齿轮，并能根据传动链做相应的调整计算和工作调整。

任务要求

1. 根据要求合理选用齿轮加工机床；掌握滚刀的安装与调试、工件的装夹。
2. 使用 Y5132 型插齿机加工圆柱内齿轮。

学习目标

素质目标：

1. 培养学生爱岗敬业、业务精干、无私奉献等良好的职业道德素质；
2. 培养学生独立分析问题和处理问题的能力。

知识目标：

1. 了解 Y5132 型插齿机的工艺范围和主要技术参数；
2. 掌握 Y5132 型插齿机的主要结构及工作原理，并能进行简单的故障诊断和排除；
3. 掌握插齿机加工圆柱内齿轮时传动链的调整计算和工作调整。

能力目标：

1. 能合理选用齿轮加工机床并读懂说明书，正确使用刀具、夹具及其他附件；
2. 能使用 Y5132 型插齿机加工圆柱内齿轮；了解机床结构并能对机床传动链进行调整计算和工作调整；
3. 具备较强的识图能力，能根据典型结构理解其工作原理，对常见简单故障进行分析、诊断、排除；
4. 能安全文明生产，能使用合适的方法、仪器对工件进行检验。

工艺分析 NEWST

陕西国防学院	机械加工工序卡片		产品型号		零件图号				
			产品名称		零件名称	齿轮	共 页	第 页	

$\phi60$ Ra1.6 Ra3.2 12

模数	2
齿数	30
分度圆直径	60
压力角	20°
精度等级	8-7-7-DC
卡尺工作跨度	21.504
齿高系数	1
配合齿数	45W4180
卡入齿数	4
修正量	

车间	工序号		工序名称		材料牌号
机加			插齿		45钢
毛坯种类	毛坯外形尺寸		每毛坯可制件数		每台件数
			1		1
设备名称	设备型号		设备编号		同时加工件数
夹具编号		夹具名称		切削液	
				水溶液	
工位器具编号		工位器具名称		工序工时/min	
				准终	单件

工步号	工 步 内 容	工 艺 装 备	主轴转速	切削速度	进给量	切削深度	进给次数	工步工时	
			r·min⁻¹	m·min⁻¹	mm·r⁻¹	mm		机动	辅助
1	装夹								
2	粗加工插齿	心轴、插齿刀、	96	26	3.8	4.8			
3	精加工插齿	公法线千分尺等	96	26	1.0				
4									
5									
		设计（日期）	校对（日期）		审核（日期）	标准化（日期）		会签（日期）	

1. 加工精度分析

根据零件图可知，所加工的零件是双联直齿圆柱齿轮，其法向模数 $m_n = 2$，法向压力角 $\alpha_n = 20°$，分度圆螺旋角 $\beta = 16°55'$，其中一个齿数 $z = 30$，8级精度。

2. 表面粗糙度分析

齿轮的表面粗糙度 Ra 均为 $3.2~\mu m$，以齿轮中心处内孔为定位基准使用 Y5132 型插齿机便能达到零件的加工要求。

3. 材料分析

齿轮材料为 45 钢，调质硬度为 $210 \sim 230$ HBS，45 钢为优质碳素结构钢，硬度不高，易切削加工，切削性能好，可选用碗形直齿插齿刀进行加工。

问题引导

问题 1：加工双联齿轮零件，如何选择机床的类型和型号？

问题 2：加工双联齿轮零件，如何选择合适的刀具和夹具？

问题 3：加工双联齿轮零件，如何对机床进行调整？

问题 4：插齿机的运动有哪些？

问题 5：滚齿机和插齿机加工齿轮的区别是什么？

任务 5.2.1　机床选用

一、机床选型及型号确定

滚齿机加工双联齿轮时会发生干涉现象，所以本项目零件适合使用插齿机进行加工。加工齿轮的直径也小于 320 mm，所以选用 Y5132 型插齿机进行加工。

Y5132 型插齿机机床型号解读：

Y 为机床类型代号，读作"牙"，意为齿轮加工机床；

5 为组代号，1 为系代号，5 组 1 系的齿轮加工机床为插齿机；

32 为主参数，由于折算系数为 1/10，加工最大工件直径为 320 mm。

Y5132 型插齿机的技术参数见表 5.2.1。

表 5.2.1　Y5132 型插齿机的技术参数

项目名称	机床参数	项目名称	机床参数
加工外齿轮最大直径/mm	320	工作台最大快速移动量/mm	160
工件最大加工宽度/mm	80	插齿刀主轴每分钟往复冲程数/mm	160 ~ 1 000
加工内齿轮最大直径/mm	500	每分钟径向进给量（无级变速）/mm	2 ~ 16
工件最大加工宽度/mm	50	插齿刀主轴最高位置的让刀量/mm	160
工件最大模数/mm	8	主电动机/（kW，r·min⁻¹）	7.5，1 500
加工齿数	10 ~ 200	机床外形尺寸（长×宽×高）/（mm×mm×mm）	2 370×1 670×2 483
工作台面直径/mm	380	机床质量/kg	约 6 000

二、结构布局及工作原理的认识

1. 机床结构布局的认知

常见的圆柱齿轮加工机床除滚齿机外，还有插齿机。插齿机主要用于加工直齿圆柱齿轮，尤其适用于加工在滚齿机上不能滚切的内齿轮和多联齿轮。

Y5132 型插齿机外形如图 5.2.1 所示。它由床身 1、立柱 2、刀架 3、插齿刀主轴 4、工作台 5 和工作台溜板 7 等部件组成。

Y5132 型插齿机加工外齿轮最大分度圆直径为 320 mm，最大加工齿轮宽度为 80 mm，加工内齿轮最大直径为 500 mm，最大宽度为 50 mm。

2. 机床工作原理的认识

本项目零件依旧选择展成法进行加工。

在齿轮加工中，展成法较成形法应用更为广泛。插齿加工属于展成法加工，其优点是：用同一把刀具可以加工相同模数而任意齿数的齿轮；生产率和加工精度都比较高。

插齿刀实质上是一个端面磨有前角，齿顶及齿侧均磨有后角的齿轮（图 5.2.2（a））。插齿时，插齿刀沿工件轴向做直线往复运动，以完成切削主运动。在刀具与工件轮坯做无间隙啮合运动过程中，在轮坯上渐渐切出轮廓。加工过程中，刀具每往复一次，仅切出工件齿槽的一小部分，齿廓曲线是在插齿刀刀刃多次相继切削中，由刀刃各瞬时位置的包络线所形成的（图 5.2.2（b））。

三、插齿与滚齿的区别

插齿和滚齿相比，在加工质量、生产率和应用范围等方面具有如下不同：

1. 加工质量方面

①插齿的齿形精度比滚齿的高。滚齿时，形成齿形包络线的切线数量只与

插齿机的外形

滚刀容屑槽的数目及基本蜗杆的头数有关，它不能通过改变加工条件而增减；但插齿时，形成齿形包络线的切线数量由圆周进给量的大小决定，并可以选择。此外，制造齿轮滚刀时，是用近似造型的蜗杆来替代渐开线基本蜗杆，这就有造型误差。而插齿刀的齿形比较简单，可通过高精度磨齿获得精确的渐开线齿形。所以插齿可以得到较高的齿形精度。

②插齿后齿面的粗糙度比滚齿的细。滚齿时，滚刀在齿向方向上做间断切削，形成如图 5.2.3（a）所示的波纹；而插齿时，插齿刀沿齿向方向的切削是连续的，如图 5.2.3（b）所示，所以，插齿时齿面粗糙度较小。

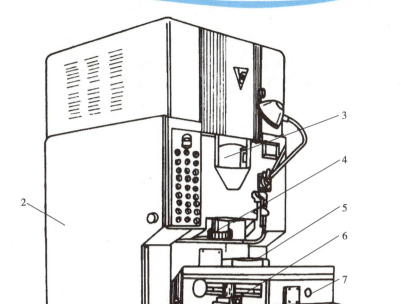

1—床身；2—立柱；3—刀架；4—插齿刀主轴；5—工作台；6—挡块支架；7—工作台溜板。

图 5.2.1　Y5132 型插齿机外形结构

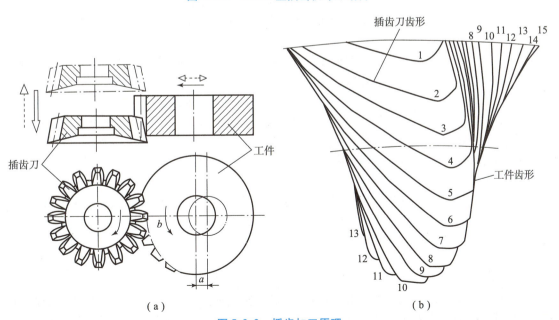

（a）

图 5.2.2　插齿加工原理

（a）插齿原理；（b）齿廓曲线

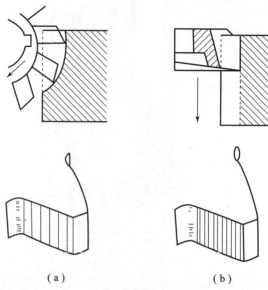

图 5.2.3　滚齿和插齿齿面的比较

（a）滚齿；（b）插齿

③插齿的运动精度比滚齿的差。这是因为插齿机的传动链比滚齿机多了一个刀具蜗轮副，即多了一部分传动误差。另外，插齿刀的一个刀齿相应切削工件的一个齿槽，因此，插齿刀本身的周节累积误差必然会反映到工件上。而滚齿时，因为工件的每一个齿槽都是由滚刀刀齿加工出来的，故滚刀的齿距累积误差不影响被加工齿轮的齿距精度，所以滚齿的运动精度比插齿的高。

插齿加工

④插齿的齿向误差比滚齿的大。插齿时的齿向误差主要取决于插齿机主轴回转轴线与工作台回转轴线的平行度误差。由于插齿刀工作时往复运动的频率高，使得主轴与套筒之间的磨损大，因此插齿的齿向误差比滚齿的大。

所以，就加工精度来说，对运动精度要求不高的齿轮，可直接用插齿进行齿形精加工，而对于运动精度要求较高的齿轮，则用滚齿较为有利。

2. 生产率方面

切制模数较大的齿轮时，插齿速度要受到插齿刀主轴往复运动惯性和机床刚性的制约；切削过程又有空程的时间损失，故生产率不如滚齿的高。只有在加工小模数、多齿数并且齿宽较窄的齿轮时，插齿的生产率才比滚齿的高。

3. 应用范围方面

①加工带有台肩的齿轮以及空刀槽很窄的双联或多联齿轮只能用插齿。这是因为：插齿刀"切出"时，只需要很小的空间，而滚齿时，滚刀会与大直径部位发生干涉。

②加工无空刀槽的人字齿轮只能用插齿。

③加工内齿轮只能用插齿。

④加工蜗轮只能用滚齿。

⑤加工斜齿圆柱齿轮两者都可用，但滚齿比较方便。插制斜齿轮时，插齿机的刀具主轴上须设有螺旋导轨，来提供插齿刀的螺旋运动，并且要使用专门的斜齿插齿刀，所以很不方便。

任务 5.2.2 机床调整与加工

插齿机的运动

一、机床运动分析

1. 主运动分析

插齿机的主运动是插齿刀沿其轴线（也是工件的轴线）所做的直线往复运动。在一般立式插齿机上，刀具垂直向下运动时称为工作行程，向上运动时称为空行程。

2. 展成运动分析

加工过程中，插齿刀与工件轮坯应保持一对圆柱齿轮的啮合运动关系，即在插齿刀转过一个齿时，工件也转过一个齿；或者说，插齿刀转过 $1/z_刀$ 转（$z_刀$ 为插齿刀齿数）时，工件转过 $1/z_工$ 转（$z_工$ 为工件齿数），这两个运动组成一个复合运动——展成运动。

3. 圆周进给运动分析

插齿刀转动的快慢决定了工件轮坯转动的快慢，同时也决定了插齿刀每一次切削的切削复合，所以称插齿刀的转动为圆周进给运动。圆周进给运动的大小，用插齿每次往复行程中，刀具在分度圆圆周上所转过的弧长表示，圆周进给量的单位为 mm/往复行程。降低圆周进给量会增加形成齿廓的刀刃切削次数，从而提高齿廓曲线精度。

4. 让刀运动分析

插齿刀向上进行空行程运动时，为了避免擦伤工件齿面和减少刀具磨损，刀具和工件之间应让开一定的距离，一般这个距离为 0.5 mm 左右。在向下进行工作行程之前应迅速复位，以便进行下一次切削。这种让开和恢复原位的运动称为让刀运动。

插齿机的让刀运动一般有两种方式：一种由安装工件的工作台移动来实现，另外一种由刀具主轴摆动来实现。由于工件和工作台的惯性比刀具主轴的大，让刀移动产生的振动也大，不利于提高切削速度，所以大尺寸及新型号的中小尺寸插齿机普遍采用刀具主轴摆动来实现让刀运动。

5. 径向切入运动分析

开始插齿时，如果插齿刀立即径向切入工件至全齿深，将会因切削负荷过大而损坏刀具和工件。为了避免这种情况的发生，工件应逐渐向插齿刀（或者插齿刀向工件）做径向切入运动。开始工作时，工件外圆上的 a 点（图 5.2.4）与插齿刀外圆相切，在插齿刀和工件做展成运动的同时，工件相对于插齿刀做径向切入运动。当刀具切入工件至全齿深后（即到达 b 点），径向切入运动停止，然后工件再旋转一整转，便能加工出全部完整的齿廓。根据工件材料、模数、精度等条件的不同，也可以采用两次和三次径向切入法，即刀具切入工件全齿深分 2~3 次完成。每次径向运动结束后，都需要将工件转过一整圈。径向进给量的大小用插齿刀每次往复行程中的工件或刀具径向切入的距离表示，其单位为 mm/往复行程。

二、机床传动系统分析

Y5132 型插齿机传动系统图如图 5.2.4 所示。

根据传动系统图进行分析即可得到插齿机的主运动传动链、展成运动传动链和圆周进给运动传动链的调整计算公式，在此不再一一进行计算。分析方法和滚齿机传动链分析方法相似。

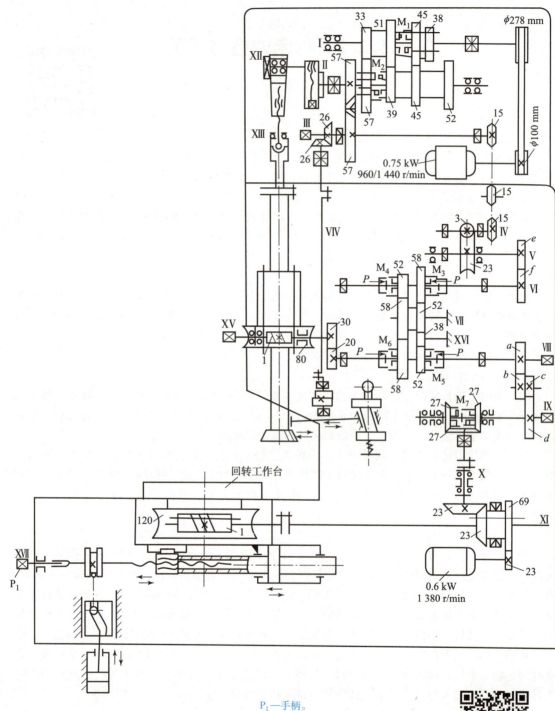

P₁—手柄。

图 5.2.4　Y5132 型插齿机传动系统图

插齿机的传动系统

三、机床的调整与操作

选择 Y5132 插齿机，用碗形直齿插齿刀对项目零件进行加工。具体调整与操作步骤参考如下：

插齿机的传动原理

1. 插齿刀的选择和安装

插齿刀的选择除了根据被切齿轮的种类外，还要使插齿刀的模数、齿形角和被切齿轮的模数、齿形角相等，并根据被切齿轮参数进行必要的校验，以防切齿时发生根切、顶切和过渡曲线干涉等。根据表 5.2.3，插齿刀可选择 A 级精度的碗形直齿插齿刀，模数为 2（介于 1～3.5 之间），齿数为 25，d_0 为 50，d_1 为 20。

安装插齿刀前，应先将道具清理干净，插齿刀应安装牢靠，不得松动，刀刃朝下。为使插齿刀安装得牢靠，其垫圈必须有足够的直径和厚度。

2. 心轴的选用和工件的安装

装夹工件的心轴应选择小端向上的圆锥体，它由下床身插入工作台主轴孔内。工件用心轴来定位，并支持于垫板上，垫板两端面需经精加工，且平行度为在 100 mm 上允许 0.005 mm。在垫板孔和心轴之间必须有一定的空隙，在工件上方垫圈，以心轴上的锁紧螺母将工件压紧。垫板和垫圈直径应小于工件的根圆直径，以免妨碍插齿刀工作。

检查心轴用的千分表支架必须紧靠在上床身导轨上，检查心轴在离工作台端面 200 mm 处的跳动不得超过 0.01 mm。心轴与工作台法兰盘锥孔的接触面应靠近小端。在开动辅助电动机使心轴旋转前，要关闭主驱动电动机并使分齿挂轮架脱开。检查完毕后，要关闭辅助电动机。

工件要装夹牢靠，不得松动。插削一个或几个齿轮时，应用千分表检查齿轮的外圆跳动。根据齿轮的模数、直径和精度等级的不同，一般控制在 0.02～0.06 mm 之间。检查后，把工件卡紧在心轴上，使其在插削时不致移动。然后开动辅助电动机，做第二次外圆跳动检查，并注意工件端面与孔轴线的垂直度。如果此次检查的度数大于第一次的读数或超差，应取下工件，进行补充加工，否则齿轮就会不精准。检查完毕后，关闭回转工作台的辅助电动机。

3. 选择插齿刀的双行程数

插齿刀的双行程数取决于插齿刀的行程长度和插削速度。插削速度由工件模数和材料决定，插齿刀的行程长度由齿轮宽度决定。本插齿机具有以下四种双行程数：125、179、253、359。插齿刀每分钟的双行程数 n 的计算公式如下：

$$n = \frac{v \times 1\,000}{2L}$$

式中，v 为插削的平均速度，单位为 m/min；L 为插齿刀的行程长度，单位为 mm。

插齿刀的行程数长度可以通过曲柄连杆机构圆盘上的标尺进行测量。

插齿刀行程数长度 L 的计算公式如下：

$$L = 工件的宽度 + 刀具的超越行程$$

超越行程可按工件宽度根据表 5.2.2 进行查找。

表 5.2.2　插齿刀超越行程速查表

工件宽度/mm	25	50	75	100	125
超越行程/mm	4.8	8.3	12	15.5	19

调整插齿刀行程长度时，可先松开曲柄圆盘上的螺母，并用扳手转动调整螺钉，直到圆盘标尺指到所需长度为止。所要求的插齿刀行程长度确定以后，即将螺母拧紧。

根据表 5.2.2 可推算出当工件宽度为 12 mm 时，超越行程为 3 mm。代入插齿刀双行程数 n

的计算公式得：

$$n = \frac{v \times 1\,000}{2L} = \frac{3.7 \times 1\,000}{2 \times (12 + 3)} \approx 125$$

故选择插齿刀每分钟的双行程数为125。

除计算外，插齿刀每分钟的双行程数还可以通过相应的机床说明书进行选取和查询。

4. 插齿刀行程位置的调整和插削深度的调整

（1）按工件调整插齿刀的行程位置

把工件安装到工作台上和确定插齿刀行程后，应按工件调整插齿刀的行程位置，即检查插齿刀对工件上下面位置的对称性。插齿刀对工件的超越行程应符合表5.2.2。齿轮宽度为12 mm时，超越行程为3 mm，上下超越行程各为1.5 mm，以保证插齿刀对工件上下面位置的对称性。当插齿刀上下位置调整对称后，插齿刀至工件端面的距离不得少于5 mm。

（2）调整插齿刀的插削深度

当加工模数小于2 mm的齿轮时，可使用一次进给凸轮的办法进行加工，但要注意机床刀具与工件心轴间的最小距离。当加工模数大于2 mm的齿轮、高精度齿轮或较硬材料齿轮时，可根据工件的模数、材质和精度要求采用两次或三次进给凸轮的办法进行加工。但是考虑到刀具磨损及刃磨后尺寸的变化，故采用安全系数进行控制，安全系数为$0.1m$（m为工件或刀具的模数），所以刀具的径向位移为：齿高减去安全系数。

零件加工时，刀具的径向位移$= 2.25m -$安全系数$= 2.15m = 4.3$（mm）。

5. 零件的检验

齿轮外观可依靠目测或触感进行检验：齿轮表面光洁，不得有生锈、变形，不得有毛刺、磕碰伤和热处理的熔化痕迹。噪声检查可通过啮合机或者标准封样齿轮进行。齿部硬度使用硬度计进行检验。齿距误差使用齿距仪进行检查。公法线长度使用公法线千分尺进行检查。节圆跳动使用齿轮径向跳动检测仪进行检查。

四、机床的工装

1. 插齿刀的选用

插齿刀的形状很像齿轮，它的模数和名义齿形角等于被加工齿轮的模数和齿形角，不同的是，插齿刀有切削刃和前后角。插齿刀分为AA、A、B三级精度，分别加工6、7、8级精度的齿轮。选用插齿刀时，除了根据被切齿轮的种类选定插齿刀的类型，使插齿刀的模数、齿形角和被切齿轮的模数、齿形角相等外，还需根据被切齿轮参数进行必要的校验，以防切齿时发生根切、顶切和过渡曲线干涉等。插齿刀的类型及应用范围见表5.2.3。

表5.2.3　插齿刀的类型及应用范围

类型	示意图	应用	规格		d_1 或莫氏锥度	精度等级
			d_0	m		
盘形直齿插齿刀		加工普通直齿外齿轮和大直径内齿轮	63	$0.3 \sim 1$	31.743	AA、A、B
			75	$1 \sim 4$		
			100	$1 \sim 6$		
			125	$4 \sim 8$		
			160	$6 \sim 10$	88.90	
			200	$8 \sim 12$	101.60	

类型	示意图	应用	规格		d_1 或 莫氏锥度	精度 等级
			d_0	m		
碗形 直齿 插齿刀		加工塔形、双联、 三联直齿轮	50	1~3.5	20	AA、 A、B
			75	1~4	31.743	
			100	1~6		
			125	4~8		
锥柄 直齿 插齿刀		加工直齿内齿轮	25	0.3~1	莫氏 2 号	A、B
			25	1~2.75		
			38	1~3.75	莫氏 3 号	

2. 工件的安装

　　齿轮在插齿机上的安装和齿轮在滚齿机上的安装相类似，都以齿轮中心处内孔为定位基准，使用心轴作为定位组件。简单地说，要求工件安装在心轴上，心轴末端插入工作台主轴孔内并紧固。

　　工件的安装可参考图 5.1.12，先将底座用它的圆柱表面与工作台上中心孔表面进行配合安装，并用 T 形螺钉通过 T 形槽紧固在工作台上。工件心轴通过莫氏锥孔配合，安装在底座上，用其上的压紧螺母压紧，用锁紧套两旁的螺钉锁紧，以防加工过程中松动。心轴的径向尺寸如和齿轮内孔尺寸不相符，可在两者间选用安装合适的套筒，以满足加工装配的需要。心轴的安装要牢固可靠，施加的夹紧力要均布对称，以免心轴因受力不均引起变形而影响正常加工和齿轮精度。心轴安装好后，必须进行检测，保证图 5.2.4 中 a、b、c 三点的跳动量符合加工要求。

任务 5.2.3　机床常见故障诊断与排除

一、典型结构的认知

1. Y5132 型插齿机的刀具主轴和让刀机构

　　Y5132 型插齿机的刀具主轴和让刀机构如图 5.2.5 所示。根据机床运动分析，插齿刀的主运动为直线往复运动，而圆周进给运动为旋转运动。因此，机床的刀具主轴结构必须满足既能旋转又能上下往复运动的要求。

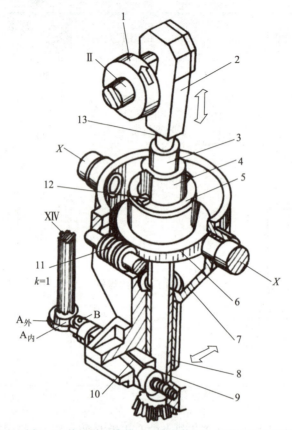

1—曲柄机构；2—连杆；3—接杆；4—套筒；5—蜗轮体；6—蜗轮；7—刀架体；8—导向套；
9—插齿刀杆；10—让刀楔子；11—蜗杆；12—滑键；13—拉杆；A—让刀凸轮；B—让刀滚子；k—蜗杆线数。

图 5.2.5　Y5132 型插齿机刀具主轴和让刀机构

　　Y5132 型插齿机的让刀运动是由刀具摆动来实现的。让刀机构主要由让刀凸轮 A、让刀滚子 B、让刀楔子 10 等组成。当插齿刀向上移动时，与轴 XIV 同时转动的让刀凸轮 A 以它的工作曲线推动让刀滚子 B，使让刀楔子 10 移动，从而使刀架体 7 连同插齿刀杆 9 绕刀架体的回转曲线 X—X 摆动，实现让刀运动。让刀凸轮 A 有两个，$A_{外}$ 用于插削外齿轮，$A_{内}$ 用于插削内齿轮。由于插削内外齿轮时的让刀方向相反，所以两个凸轮的工作曲线相差 $180°$。

2. Y5132 插齿机的径向切入机构

　　插齿时，插齿刀要相对于工件做径向切入运动，直至全齿深时刀具与工件再继续对滚至工件转一圈，全部轮齿即切削完毕，这种方法称为一次切入。此外，还有两次切入和三次切入。用两次切入时，第一次切入量为全齿深的 90%，为粗切。在第一次切入结束时，工件和插齿刀对滚至工件转一圈。其余部分第二次切完，为精切。三次切入和两次切入相似，第一次切入全齿深的 70%，第二次为 27%，其余部分第三次切完。

　　Y5132 型插齿机的径向切入运动是由工作台带动工件向插齿刀移动实现的。加工时，工作台首先快速移动一大段距离使工件接近插齿刀，然后再进行径向切入运动。当工件加工完毕后，工作台又快速退回原位。工作台的运动是由液压操作系统实现的。

　　Y5132 型插齿机的径向切入机构原理图如图 5.2.6 所示。开始径向切入时，液压缸 1 推动活塞和凸轮板 2 移动，使滚子 3 沿着凸轮板的直槽 a 进入斜槽 b，使丝杠 4、螺母 5 和活塞杆 8 一起向右移动，从而推动缸体和工作台向前移动，实现径向切入运动。当滚子 3 进入直槽 c 时，切至全齿深位置，径向切入停止。当插齿刀和工件对滚至工件转一圈后，工作台退出。径向切入液压缸 1 的液压操作系统可提供快、慢两种速度。两种速度的转换由调整挡块控制。快速用于移进和退出，慢速用于切入时的工作行程。

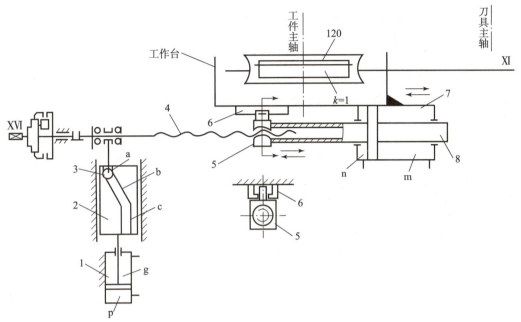

1、7—液压缸；2—凸轮板；3—滚子；4—丝杠；5—螺母；6—止转板；8—活塞杆；
m—液压缸右腔；n—液压缸左腔；g—液压缸前腔；p—液压缸后腔；
a、c—凸轮板的直槽；b—凸轮板的斜槽；k—蜗杆线数。

图 5.2.6　Y5132 型插齿机径向切入机构原理图

二、常见故障诊断与排除

打刀故障由多种因素产生，必须详细了解和分析机床的传动原理。机床的主要运动方式有刀具轴向往复运动、（刀具及工件）圆周进给运动、分齿滚切运动、（工件）径向进给运动、（刀架）让刀运动、工作台快速回转运动和刀具上停运动。针对加工过程中发生打刀的问题，从机床的传动和加工原理，结合现场实际维修时观察到的故障形态这两方面来看，主要是由刀架的机械传动部分、工作台进给运动的液压系统部分，以及电气系统的故障引起的，现将故障原因及现场实际维修方法进行分析介绍。

1. 刀架机械传动故障

刀架的运动由刀具主轴往复冲程运动、刀具主轴的让刀运动、刀具主轴上停让刀运动及圆周进给运动组成。

①刀具主轴的往复冲程运动。刀具主轴闷车打刀，刀具一般会崩掉刀齿，此故障分为主传动皮带过度磨损或切削负荷过载，致使皮带断裂或打滑；另外就是主轴皮带轮内波形套长期使用磨损，无法涨紧皮带轮造成传动打滑。维修方法是更换已磨损的皮带轮波形套，或对波形套的内外孔电镀再配磨到尺寸；切削负荷过载原因一般为冲程选用不合适、切削用量分配不均、工作台慢进速度过快等，根据原因进行处理。

插齿机的径向切入机构

②驱动箱主轴轴承间隙大，使切削时不连续，造成打刀。此故障在空车时能听到驱动箱有异响，切削时异响较大，切削不断屑，有积屑瘤，切屑为带状而不是片状，刀具损坏形式为崩齿和崩刀尖，早期加工的零件表面粗糙度较差。产生原因是机床长期运转，驱动箱主轴轴承磨损产生间隙，或由于轴承锁紧螺母预紧力不足而松动，使得驱动箱主轴径向间隙变大，刀具主轴行程变化造成打刀。维修方法是更换轴承或调整轴承工作间隙。

③刀具主轴球头部件间隙大造成打刀。此故障表现形式基本相同，只是噪声较大。产生原因是刀具主轴球头部件运转一定周期后，球头磨损产生间隙，刀具主轴轴向窜动，造成刀具主轴行程变化而打刀。维修方法更换球头部件或配磨调整垫消除间隙。

④曲柄调整螺钉断裂造成曲柄回转半径改变，刀具主轴往复冲程发生变化，造成打刀。故障表现为被加工零件的齿宽超差。产生原因是机床长时间使用，螺钉疲劳。维修方法是更换螺钉，调整曲柄回转半径。

2. 切削让刀造成的打刀

此故障表现为切削时噪声大，工作台因主轴无让刀动作而出现退让和抖动，刀具前刀面及刀尖过度磨损，加工的零件有毛刺和飞边，且齿面粗糙度差。产生的原因有让刀同步齿形带脱齿或断裂，让刀量不足或让刀动作反向。维修办法是更换让刀皮带，调整让刀机构，保证让刀动作正确。

3. 刀具主轴上停让刀造成打刀

此故障一般多出现在内啮合切削加工，由于刀具没有上停让刀，致使工作台加工完零件退回时撞上刀具。产生的原因是让刀同步齿形带坏，或是上停原位开关坏。维修办法是更换同步齿形带或原位开关。

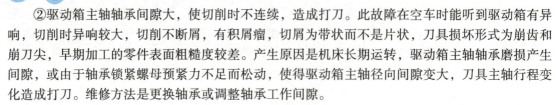

任务 5.2.4 　机床维护保养

维护保养、安全操作规程与文明生产请参考滚齿机的相关部分。机床润滑时，应注意如下要点：机床大部分都是利用储油器和毛细作用润滑，但对刀架与上床身、刀架与丝杠，应根据需要用油壶或油枪润滑；圆周进给交换齿轮和分交换齿轮应每班用油壶或油枪润滑两次。刀架移动导轨选用专用的导轨油。变速箱、圆周进给机构、径向进给机构等均采用 30 号机油进行润滑。液压让刀用油在常温下选用 30 号机油，温度偏低时可选用 15 号机油。其他部位的日常维护润滑、加油量等应按照机床标牌和机床说明书进行。

教学任务单

专业			班级		
学号		姓名		日期	
项目名称	齿轮加工设备的使用		任务名称		双联齿轮插齿加工设备的使用

◉【学习步骤】

　　以双联齿轮插齿加工工序卡片提出任务，在加工双联齿轮的准备工作中学会分析工序卡片及图样，根据分析选择合适的机床型号，对选定的机床的参数及其运动进行分析，掌握本机床的调整及操作方法，掌握刀、夹、附具及工件与机床的连接和安装，最后完成工序卡片零件加工操作及检验，掌握对一般机床故障的分析与排除能力，学会本类机床的操作规程维护及其保养。

◉【任务实施】

一、读懂工序卡片

　　请根据任务工序卡填写表5.2.4。

表5.2.4　工序卡识读

序号	项目名称	内容填写	备注
1	零件的外形特点		
2	主要加工表面及加工精度		
3	生产批量		
4	备选的机床类型		

　　出现的问题：

_____

_____

　　解决措施及经验总结：

_____

_____

二、调整操作机床

　　请根据加工内容，将工件的加工步骤填入表5.2.5。

表5.2.5　工件加工表

序号	内容	备注
1		
2		

序号	内容	备注
3		
4		
5		
6		
7		
8		

出现的问题：

_____

_____

解决措施及经验总结：

_____

_____

三、完成双联齿轮的加工

请根据工序图的要求完成双联齿轮的加工，并记录加工过程中出现的问题及解决问题的措施。

出现的问题：

_____

_____

解决措施及经验总结：

_____

_____

【任务考核】

评分标准

任务 5.2　双联齿轮插齿加工设备的使用								
序号	考核评价项目		考核内容	学生自检	小组互检	教师终检	配分	成绩
1	过程考核	素养目标	业务精干，无私奉献；热爱劳动，服务国防				15	
2		知识目标	插齿机的加工原理、插齿机的运动				25	
3		能力目标	操作插齿机，解决生产实际问题，以及维修和保养机床				30	

续表

任务5.2 双联齿轮插齿加工设备的使用							
序号	考核评价项目		考核内容	学生自检	小组互检	教师终检	配分	成绩
4	常规考核		任务完成情况				10	
5			回答问题				15	
6			其他				5	

【任务总结】

_____

_____

_____

_____

_____

【大国工匠】 宁允展

　　宁允展，男，汉族，1972年3月生，中共党员，中车青岛四方机车车辆股份有限公司高级技师。宁允展是国内最早从事高铁列车转向架"定位臂"精细研磨的蓝领工人，凭着追求极致和完美的大国匠心，在细如发丝的空间内练就绝活，所制造产品11年无次品，为中国高铁当好"一带一路"国家战略先锋军添助"一臂之力"，被称为"高铁首席研磨师"。2006年，宁允展被万里挑一，成为第一位学习380A型列车转向架"定位臂"精细研磨技术的蓝领工人。转向架是高速动车组九大关键技术之一，定位臂则是转向架的核心部位。高速动车组在高速运行的状态下，定位臂不足10 cm^{2}的接触面要承受近30吨的冲击力。为保证列车安全运行，定位臂和轮对节点必须有75%以上的接触面间隙小于0.05 mm，比头发丝还要细。宁允展就是在这细如发丝的空间里施展着自己的绝技。磨小了，转向架落不下去；磨大了，价值十几万元的主板就报废了。同事说："0.1 mm的时候，国内大概有十几个人能干。到了0.05 mm，别人都干不了，目前就只有宁允展能干。"高速动车组进入批量生产后，转向架研磨效率跟不上生产进度，他大胆摒弃外方研磨工艺，采用更加精准、科学的方法，将研磨效率提升1倍，研磨精度也有极大提高。宁允展自学焊工、电工，将几个工种融会贯通，自主创新发明"精加工表面缺陷焊修方法""折断丝攻、螺栓的堆焊取出"等30多项"绝招绝技"和工装，多项发明获得国家专利，每年可为公司节约创效300万元。为专心搞技术，他辞去了管理职务，甚至将家中30多平方米的小院改造成一个"小工厂"，自费购置车床和零部件，利用工余时间研发设计出10余套工装，成为企业万众创新、节约创效的工匠典范。在不断攻关技术难题、提升专业素质的同时，宁允展将经验绝活传授给年轻人，每年培育数百名优质人才，为行业发展注入原动力。宁允展荣获全国职工职业道德建设标兵个人等称号，被授予全国五一劳动奖章，荣登"中国好人榜"。

项目六

油缸套筒智能制造加工设备的使用

任务描述

按油缸套筒图纸完成油缸套筒智能制造设备应用加工过程。

任务要求

读懂工艺要求，选择合适的机床型号，完成刀具、工件和夹具与机床的安装，调整操作机床，完成零件加工过程。

学习目标

素质目标：

1. 培养学生爱岗敬业、业务精干、无私奉献等良好的职业道德素质；
2. 培养学生独立分析问题和处理问题的能力；
3. 培养学生积极探索新技术、新工艺、新方法的创新精神；
4. 激发学生科技报国的理想信念；
5. 提升学生专业自信、职业认同感。

知识目标：

1. 掌握 FMS 的基本概念与组成；
2. 熟悉搬运机器人；
3. 熟悉 AGV 小车结构特点。

能力目标：

1. 理解搬运机器人运动原理；
2. 熟悉 AGV 小车运动程序编制；
3. 熟悉柔性制造系统常见故障诊断与维修。

工艺分析 NEWS

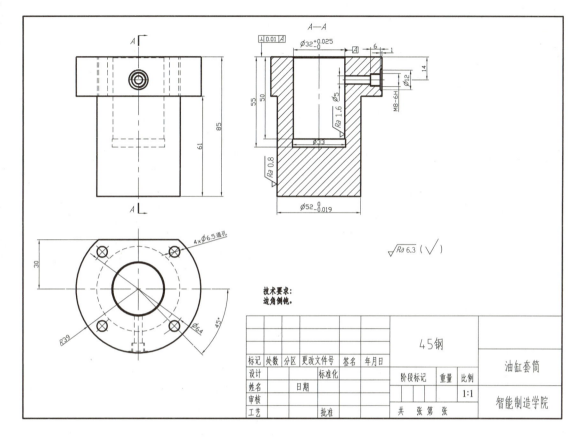

油缸套筒材质为 45 钢，毛坯质量为 1.4 kg，毛坯采用半成品，具备零件基本轮廓。加工成品零件包含粗精车平面、钻底孔、攻螺纹和铣侧面等。

为实现油缸套筒的加工，切削加工智能制造单元使用 FANUC 工业机器人实现工件的周转和机床的上下料动作，数控车床和立式加工中心保障了油缸套筒工件的加工生产。

任务 6.1　智能制造加工设备选用

一、柔性制造系统 FMS

1. FMS 的概念

柔性加工生产线

柔性制造技术也称性集成制造技术，是现代先进制造技术的统称。柔性制造技术集自动化技术、信息技术和制作加工技术于一体，把以往工厂企业中相互孤立的工程设计、制造、经营管理等过程，在计算机及其软件和数据库的支持下，构成一个覆盖整个企业的有机系统。

图 6.1.1 所示为机械零件柔性制造常见系统，该系统包含了计算机管理、加工状态监视、检测单元、零件搬运、加工物识别、切割处理、零件存储、准备工位、车削加工、铣削加工、磨削加工、其他加工等。

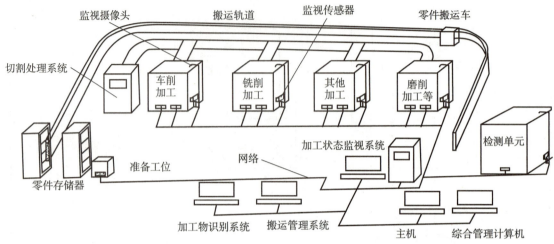

图 6.1.1　机械零件柔性制造常见系统

一个零件根据图纸和技术要求，通过管理系统计算机进行材料选择或者下料。根据零件形状，如果是回转体的轴类和套类零件，管理中心编写数控车削、铣削等程序并且安排数控车床进行加工，车削加工完成后，根据图纸要求进行铣削加工（例如铣六方、铣键槽、铣凸轮轮廓等），有的还需要安排其他加工（例如花键加工、齿轮加工）。根据精度要求，有的零件需要经过热处理和磨削加工才能达到技术要求。在整个制造过程中，管理中心都可以通过摄像头和传感器监视加工过程，每一道工序都要经过检测，合格以后才能进入下一道工序。零件在流动环节是通过管理中心调用搬运车和机器人（机械手），并且配合各类传感器完成的。加工合格的零件最后进行入库存储和统计，管理中心可以根据零件的订单、计划和入库、出库等通过互联网进行交易和管理。

2. 柔性制造系统 FMS 组成

柔性制造系统由硬件系统和软件系统构成，柔性制造系统的主要组成：工作站、物料传送系统、计算机控制系统、管理及控制软件、其他重要单元，如图 6.1.2 和图 6.1.3 所示。

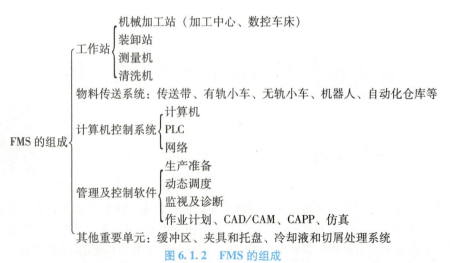

图 6.1.2　FMS 的组成

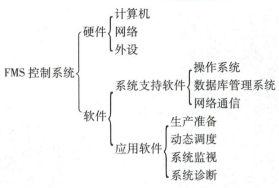

图 6.1.3　FMS 控制系统硬件、软件组成

（1）硬件系统主要构成

制造设备：数控加工设备（如加工中心、数控车床）、测量机、清洗机等。

自动化储运设备：传送带、有轨小车、无轨智能小车、AGV、搬运机器人、机械手立体库、中央托盘库、物料或刀具装卸站、中央刀库等。

除制造设备和储运设备外，还包括计算机控制系统及网络通信系统。

（2）软件系统主要构成

系统支持软件：操作系统、网络操作系统、数据库管理系统等。

FMS 运行控制系统：动态调度系统、实时故障诊断系统、生产准备系统、物料（工件和刀具）管理控制系统等。

在此基础上，可以根据具体需求选择不同的辅助工具，如监控工作站、测量工作站等。为了实现制造系统的柔性，FMS 必须包括如图 6.1.4 所示组成部分。

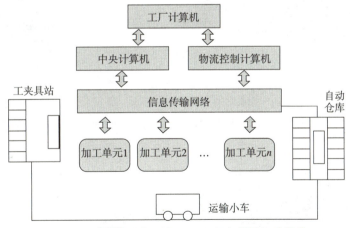

图 6.1.4　柔性制造系统 FMS 必须包括的组成部分

3. 柔性制造系统硬件组成

柔性制造系统硬件组成主要包括数控车床、加工中心、立体仓库、机床上下料机器人、视觉检测分拣机器人、AGV 自动搬运小车、中控系统安装与调试等。

①自动化立体仓库的基本组成：货架（图 6.1.5），用于存储货物的钢结构，主要有焊接式货架和组合式货架两种基本形式；托盘（图 6.1.6），用于承载货物的器具，也称工位器具。

柔性加工单元

269

图 6.1.5　货架

图 6.1.6　托盘

②巷道堆垛机（图6.1.7），用于自动存取货物的设备，按结构形式，分为单立柱和双立柱两种；按服务方式，分为直道、弯道和转移车三种基本形式。

图 6.1.7　巷道堆垛机

智能仓储

③输送机系统（图6.1.8），立体库的主要外围设备，负责将货物运送到堆垛机或从堆垛机将货物移走。输送机种类多，常见的有辊道输送机、链条输送机、升降台、分配车、提升机、皮带机等。

图 6.1.8　输送机系统

④AGV 系统（图 6.1.9），即自动导向小车，根据其导向方式，分为感应式导向小车和激光导向小车。

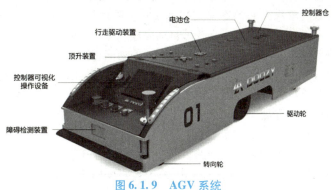

图 6.1.9　AGV 系统

⑤自动控制系统（图 6.1.10），即驱动自动化立体库系统各设备的自动控制系统，以采用现场总线方式为控制模式为主。

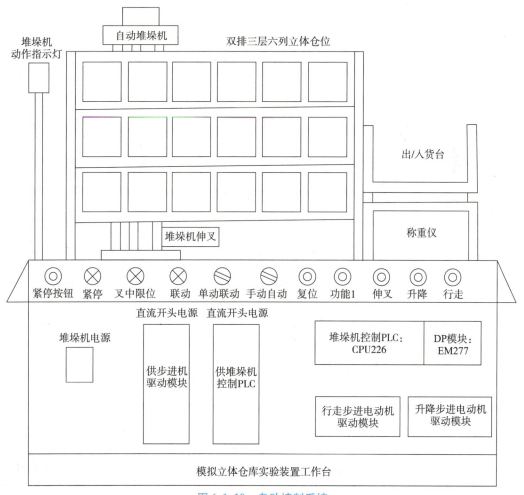

图 6.1.10　自动控制系统

控制系统采用现场控制总线直接通信的方式，真正做到计算机只监不控，所有的决策、作业调度和现场信息等均由堆垛机、出入库输送机等现场设备通过相互间的通信来协调完成。每个货位的托盘号分别记录在堆垛机和计算机的数据库里，管理员可利用对比功能来比较计算机的记录和堆垛机里的记录，并进行修改，修改可自动完成或手动完成。系统软、硬件功能齐全，用户界面清晰，便于操作维护。堆垛机有自动召回原点的功能，即无论任何情况，只要货叉居中且水平运行正常，就可按照下达的命令自动返回原点。这意味着操作人员和维护人员可以尽量不进入巷道。智能的控制系统，可以实现真正的自动盘库功能，避免了以往繁重的人工盘库工作，减轻了仓库管理人员的工作强度，同时保证了出库作业的出错率为零。

⑥存储信息管理系统（图6.1.11），也称中央计算机管理系统，是全自动化立体库系统的核心。典型的自动化立体库系统均采用大型的数据库系统（如 ORACLE、SYBASE 等）构筑典型的客户机/服务器体系，可以与其他系统（如 ERP 系统等）联网或集成。

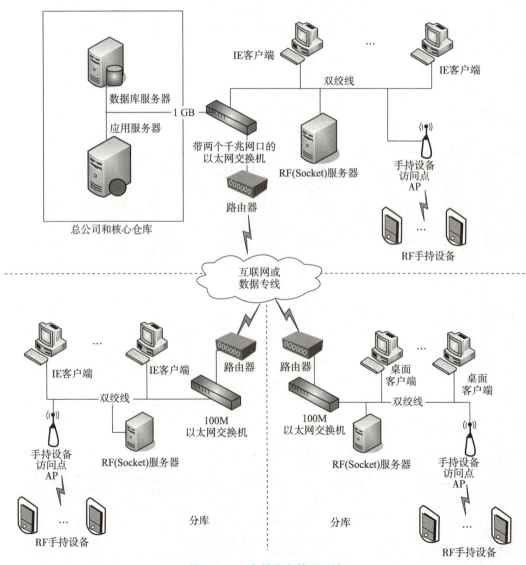

图 6.1.11　存储信息管理系统

二、切削加工智能制造单元设备

切削加工智能制造单元生产设备介绍见表6.1.1。

表6.1.1　智能制造单元生产设备

序号	设备名称	型号或规格
1	主控系统	BFM－ZZ01
2	数控车床	NL201HA
3	立式加工中心	VM740S
4	固定机器人	M－20iD25

（1）数控车床

数控车床的结构如图6.1.12所示，采用FANUC 0i－TF PLUS数控系统的NL201HA滚动导轨型数控卧式车床。其具有45°整体的床身，并行贴塑导轨，高刚性，易排屑。配备高精度主轴，跳动小，主轴最高转速为6 000 r/min。刀架为液压刀架，工作平稳、转位速度快、可靠性高，可实现油缸套筒工件的外圆倒角加工。

（2）立式加工中心

采用FANUC 0i－MF PLUS数控系统的VM740S高效型立式加工中心。其配备高速主轴单元，主轴测试温升小、热变形小、加工精度高；高精度丝杠，长寿命轴承，重切削、高速切削导轨；刀库有嵌入"卡刀一键复原功能"，有效提高刀库故障解除效率；大功率、大扭矩主轴电动机，可选配德国进口的ZF减速箱，增加输出转矩。立式加工中心还配备第四转台。加工中心可以实现油缸套筒工件的钻底孔、攻螺纹和铣侧面加工。图6.1.13所示是加工中心的第四转台示意图。

图6.1.12　数控车床的结构

图6.1.13　第四转台示意图

（3）固定机器人

固定机器人采用FANUC的M－20iD25固定关节型机器人，总控轴数为6轴。它安装在切削加工单元的固定位置，机器人双爪用于工件的拾取及上下料，有较高的定位精度和抓持稳定性，用于实现整个单元系统的机床上下料动作。

（4）主控系统

主控系统采用西门子 S7–1200 PLC 控制器，运用人机界面对整个系统的运行状态进行监控，实现系统中实时和非实时数据的传输，具有高度可靠性和可维护性。主控系统装载了 MES 生产执行系统，在从接收订单开始到完成成品期间，通过与上层业务计划层（ERP）和底层过程控制层（CNC、PLC、Robot）进行信息交互，实现生产过程的优化。图 6.1.14 所示是主控系统图。安全设备采用门开关，作为机器人工作区域的安全防护，完全做到人机隔离，确保系统在自动运行中的人员安全。

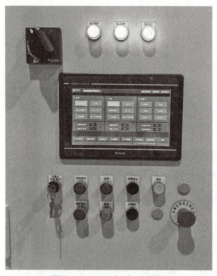

图 6.1.14　主控系统图

任务 6.2　智能制造设备调整操作

码垛机器人

一、搬运机器人

1. 机器人组成

机器人广泛应用于物流搬运、机床上下料、冲压自动化、装配、打磨、抛光等，其外形结构如图 6.2.1 所示。

机器人本体与中控系统的电器由机器人本体、控制柜、示教盒三部分通过线缆连接而成，如图 6.2.2 所示。

控制柜（图 6.2.3）的正面左侧装有主电源开关和门锁，右上角有电源指示灯、报警指示灯、急停开关，报警指示灯下方的挂钩用来悬挂示教盒。控制柜内部包含 GR–C 控制系统主机、机器人电动机驱动装置、抱闸释放装置、I/O 装置等部件，未经允许或不具备整改资格的人员严禁对控制柜内的电器元件、线路进行增添或变更等操作。

图 6.2.1　RB50 机器人外形

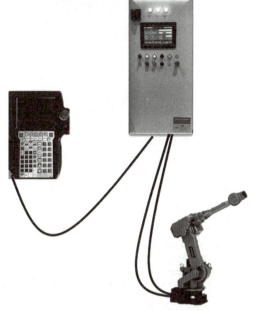

图 6.2.2 整体结构示意图

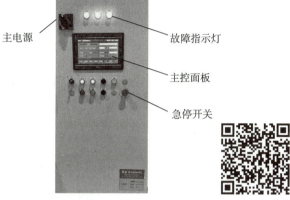

图 6.2.3 控制柜 　　　示教器

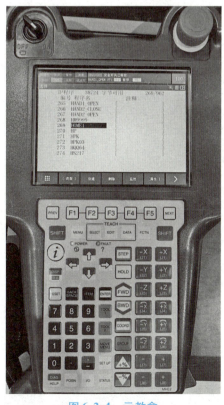

图 6.2.4 示教盒

控制系统的示教盒（图 6.2.4）为 GR－C 系统的人机交互装置。GR－C 系统主机在控制柜内，示教盒为用户提供了数据交换接口及友好可靠的人机接口界面，可以对机器人进行示教操作，对程序文件进行编辑、管理、示教检查及再现运行，监控坐标值、变量和输入/输出，实现系统设置、参数设置和机器设置，及时显示报警信息及必要的操作提示等。

2. 机器人程序格式

（1）程序数据

程序数据是在程序模块或系统模块中设定的值和定义的一些环境数据。创建的程序数据由同一个模块或其他模块中的指令进行引用，例如图 6.2.5 所示的常用机器人关节运动指令就调用了 4 个程序数据。

Movel	P10,V200,Z10,Tool1\\Wobj:=Wobl;
运动指令	程序数据

图 6.2.5 运动指令常见格式

说明，程序数据包括：①运动目标位置数据；②运动速度数据；③运动转弯数据；④工具数据 TCP。

程序数据建立一般可以分为两种形式：一种是直接在示教器中的程序数据画面中建立；另一种是在建立程序指令时，同时自动生成对应的程序数据。

（2）GSK 机器人 MOVL/MOVJ 运动指令格式（图6.2.6）

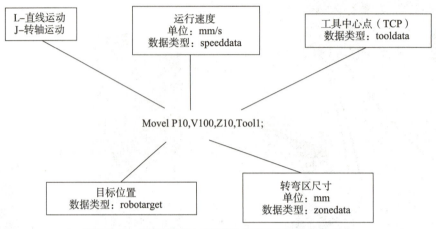

图 6.2.6　GSK 机器人 MOVL/MOVJ 运动指令格式

（3）GSK 机器人 MOVC 运动指令格式（图6.2.7）

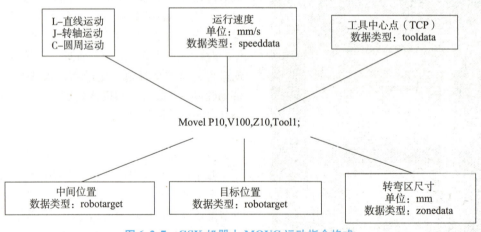

图 6.2.7　GSK 机器人 MOVC 运动指令格式

（4）编程示例

GSK 机器人机械手通过平移从 P_1 点运动到 P_4 点（位置配合示教器确定），如图6.2.8 所示。

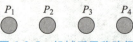

图 6.2.8　机械手平移路径

MAIN;	程序开始；
MOVJ P0,V60,Z1;	程序安全点；
DOUT OT1,OFF;	手抓 2 松开；
DOUT OT2,ON;	
WAIT IN1,ON,TO;	手抓 2 松开到位；

```
DOUT OT3,OFF;                手抓 1 松开；
DOUT OT4,ON;                 手抓 1 松开到位；
WAIT IN3,ON,T0；             手抓 1 松开到位；
SET R0,0；                   清零；
R1 = 0；                     将变量 R1 清零；
MSHIFT PX0,P001,P002；       获取平移量；
PX1 = PX1 - PX1；            将平移量 PX1 清零；
LAB2；                       标签 2；
SHIFTON PX1；                平移开始；
MOVL P1,V10,Z0；             移到示教点 1；
SHIFTOFF；                   平移结束；
PX1 = PX1 + PX0；            每次多加 PX0 的平移量；
INC R1；                     计算变量 R1 每次加 1；
JUMP LAB2,IF R1 < 3；        控制平移四次；
END；                        程序结束。
```

三、AGV 自动搬运小车

1. AGV 系统技术指标

带有同步跟踪和举升机构的 AGV 如图 6.2.9 所示，其重要技术指标如下。

AGV 小车

图 6.2.9　带有同步跟踪和举升机构的 AGV

①AGVS 控制方式：控制站集中调度、监控、管理 AGV 系统的运行状态。

②AGV 控制方式具备的功能：全自动/半自动/手动。

③通信方式：无线局域网。

④AGV 导航方式：磁导航。

⑤AGV 驱动方式：双舵轮驱动。

⑥负载能力：2 000 kg（以最终设计为准）。

⑦AGV 自重：2 000 kg（以最终设计为准）。

⑧同步跟踪精度：±10 mm。

⑨运动方向：全方位（所占用运行空间最小化）。

⑩最大速度：直线 60 m/min，侧移 30 m/min。

⑪导航精度：±10 mm。

⑫停车精度：±10 mm。

⑬工作时间：24 h 连续（三班）。

⑭防碰装置：四周安装接触式保险杠，前后另安装激光防碰装置。

⑮举升装置：双举升机构，可以同步举升或单独举升。

⑯托盘夹具：按照实际需要设计（本方案中不含该部分内容）。

⑰电池组：48 V/100 A·h，正常使用，寿命大于 3 年。

⑱充电方式：全自动充电器实现在线自动充电，保证连续 24 h 工作。

⑲操作高度：装配人员站在 AGV 提供的脚踏板上，相对静止进行零部件装配，脚踏板到地面高度为 200 mm。

⑳车体尺寸：4 800 mm×1 800 mm×900 mm（长×宽×高）（举升前）。

2. 导航系统

装配型 AGV 使用磁导航，在 AGV 下方装有磁传感器专业公司为其专门设计的磁导航传感器，如图 6.2.10 所示。该传感器结构紧凑、使用简单、导航范围宽、导航精度高、灵敏度高、抗干扰性好；AGV 地标传感器使用同一系列的横向产品，安装尺寸更小，可与导航传感器使用相同的信号磁条。

AGV 地面导航线有两种铺设方式：一种为铺设在地面上的，导航线由长 500 mm、宽 50 mm、厚 1 mm 的磁性橡胶铺设而成，由于该铺设方式更改性较好，一般应用在装配工艺路线未完全确定时；另一种方式为埋于地下，导航磁条由长 1 000 mm、宽 10 mm、厚 15 mm 的磁性橡胶组成，此种方法一般在装配工艺确定后实施，如图 6.2.11 所示。

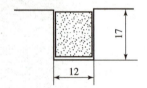

图 6.2.10　传感器工作示意图　　　　图 6.2.11　埋于地下的导航剖面图

3. AGV 系统构成

电气控制系统是物流系统中设备执行的控制核心，包含设备控制层和监控层。向上连接物流系统的调度计算机，接收物料的输送指令；向下连接输送设备，实现底层输送设备的驱动、输送物料的检测与识别，完成物料输送及过程控制信息的传递。此外，还提供内容丰富、形象生动的人机界面，以及安全保护措施和多种操作模式，辅助工作人员进行设备操作和维护。

AGV 通过控制台负责与立库管理计算机交换信息，根据所要输送的铝箔托盘的信息生成 AGV 的运行任务，同时，解决运行中多 AGV 之间的避碰问题。AGV 控制台在调度管理过程中将 AGV 系统的状态反馈给仓库的中心控制管理系统。AGV 控制台和各 AGV 之间组成无线局域网，AGV 与控制台之间采用无线局域网进行信息交换。通过多个无线接入点的组合，覆盖 AGV 运行的区域，使 AGV 在跨越不同的区域时实现自动漫游，实现无缝连接。

由于采用集中控制的方式，控制台将成为 AGV 系统的核心。它与生产调度管理计算机系统留有接口，可以接收调度命令和报告 AGV 的运行情况。控制台应满足工业现场环境要求，有足够的运算速度和管理能力；控制台主要功能包括通信管理、AGV 运行状态、数据采集和运行状态显示；控制台在实时调度在线 AGV 的同时，将在屏幕上显示系统工作状态，包括在线 AGV 的数量、位置（包括 AGV 处于的地标位置）状态、已完成的装配数量等；控制台负责 AGV 运行中的交通管理，保证运行中的 AGV 与 AGV 间不发生碰撞和追尾等事故；控制台将对进入系统和退出系统的 AGV 进行管理，以保证系统安全运行。常见 AGV 系统构成如图 6.2.12 所示。

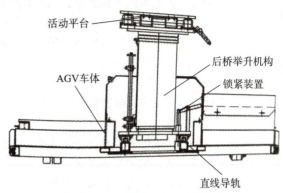

图 6.2.12　常见 AGV 系统构成

任务 6.3　智能制造加工设备的故障排除与维护保养

一、堆垛机常见故障与排除

1. 货物外形不规则导致的堆垛机故障

报警原因分析与对策：一般情况下，堆垛机外形报警是由货物箱破损引起的，所以，在货物入库时，应该检查货物箱是否符合规格，对于不符合规格的货物箱，重新进行整理捆扎，对于破损的货物箱，进行加固。

2. 电气或者机械原因导致的堆垛机故障

X 号库 Y 号堆垛机在运行中频繁报警：变频器异常。

（1）故障原因分析

Y 号堆垛机在正常入库、出库运行中，堆垛机突然停止运行，故障指示灯闪烁，查询触摸屏显示报警代码，为变频器异常。

（2）故障排除方法

①变频器报警：参数调整不当，根据报警代码重新调整参数。

②检查堆垛机轨道螺钉是否紧固，检查堆垛机供电线路（滑触线）是否水平，是否有明显变形和损伤，检查堆垛机集电器与滑触线接触是否良好，检查集电器电刷磨损情况，发现磨损严重时，需更换电刷。

③检查堆垛机行走、升降电动机的接触器触点有无过度磨耗，如果有明显磨耗，将会引起电动机电流不稳定而导致变频器启动保护功能，必须更换接触器排除故障。

④测量行走、升降电动机的变频器主电路电源输入端子（R/S/T）之间电压是否正常，检查变频器控制电路的接线有无损伤。

⑤检查变频器输出端子（U/V/W）之间有无短路，任何一组之间有短路都会导致变频器故障。

⑥确认电动机电磁刹车的开放状态，便于判断堆垛机有无因机械方面原因而导致的超负荷。

⑦检查装载的货物重量是否超过额定值。

⑧更换行走编码器，检查堆垛机接口板是否接触不良或者损坏。

3. X号库Y号堆垛机报升降位偏离故障

（1）故障原因分析

Y号堆垛机出库时报警，报警代码为升降位偏离。

（2）故障排除方法

①检查堆垛机定位光电开关是否正常工作，调整定位光电位置。

②用水平仪检查货位横梁是否水平、是否变形，不在水平方向时，需要调整或更换横梁。

③检查堆垛机升降位置光电开关工作是否正常。

④检查升降定位挡块是否松动脱落，调整并紧固。

⑤更换升降编码器，确认堆垛机接口板是否损坏。

4. 堆垛机运行中突然掉电

（1）故障原因分析

堆垛机在正常运行过程中突然掉电。

（2）故障排除方法

①超速保护钢丝绳断绳开关动作，调整行程开关与撞尺间隙，收紧钢丝绳。

②过载保护开关动作，调整行程开关与撞尺间隙。

③集电器与滑触线接触处破损引起短路，更换集电器。

④集电器瞬间断电，更换集电器或检查滑触线接头。

⑤滑触线接头螺栓松动，检查、紧固滑触线接头。

5. 信息通信原因导致的堆垛机故障

（1）故障原因分析

仓库控制系统通过以太网连接至工业级路由网关，堆垛机、PLC和HMI通过各自的以太网接口连接至路由网关，接收上位机（WCS）的出、入库分配指令，以及向上位机传送运载和载荷或报警状态。在信号传输过程中，由于受到外界环境干扰，会出现信号传输失败的现象，主要有三种情况：

①堆垛机与上位机无法联机。

②配方库货物重复入库。

③配方库堆垛机空取货物。

（2）故障排除方法

根据现场情况，排查并且尽量消除外界环境干扰源，采用带有屏蔽功能的电缆，屏蔽进行可靠接地，接地电阻小于8Ω，避免出现信号传输失败现象。

6. 软件相关的故障

典型故障：子站控制的输送链全部无法运转，对应接口模块上BF灯闪烁，电源指示灯绿色亮。

（1）故障原因分析

通常从站BF灯闪烁，就是主站与这个从站没有数据交换，属于软件问题，因此，可以初步判定接口模块未组态或组态错误，造成DP主站与接口模块之间没有进行数据交换。

（2）故障排除方法

①检查接口模块 DP 地址与组态中的地址是否匹配。

②检查硬件组态和参数分配。

③检查接口模块本身是否正常。

二、机器人常见故障与排除

1. 机器人本体备用电池的更换

若机器人出现电池电压低报警，可能会使机器人原点丢失，这时就需要更换本体备用电池。

更换步骤：

①操作机器人回到原点，切换到坐标监控界面，查看机器人各轴的关节坐标值是否为零。

②拆开机器人本体电池后盖，将指定的电池组安装到备用的电池组插座中，再拆除旧电池组（确保编码器不会因更换电池而瞬间掉电）。

③电池组更换好后，需再次确认机器人各轴的关节坐标值是否为零，为零，机器人原点正确；不为零，须重新设置机器人原点。

2. 常见报警与处理

报警代码：1；报警名称：超速

（1）故障原因分析

①控制电路板故障、编码器故障。

②输入指令脉冲频率过高。

③加/减速时间常数太小，使速度超调量过大。

④输入电子齿轮比太大。

⑤编码器故障。

⑥编码器电缆不良。

⑦伺服系统不稳定，引起超调。

⑧负载惯量过大。

⑨编码器零点错误。

（2）故障排除方法

①更换伺服驱动单元、伺服电动机。

②正确设定输入指令脉冲。

③增大加/减速时间常数。

④正确设置。

⑤更换伺服电动机。

⑥更换编码器电缆。

⑦重新设定有关增益，如果增益不能设置到合适值，则减小负载转动惯量比例。

⑧减小负载惯量，更换大功率的驱动单元和电动机。

⑨更换伺服电动机，请厂家重调编码器零点。

报警代码：5；报警名称：电动机过热

（1）故障原因分析

①指令脉冲频率太高。

②电路板故障。

③电缆断线。

④电动机内部温度继电器损坏。

⑤电动机过负载。

（2）故障排除方法

①降低频率。

②更换伺服驱动单元。

③检查电缆。

④检查电动机。

⑤减小负载，降低启停频率，减小转矩限制值，减小有关增益，换更大功率驱动单元和电动机。

报警代码：12；报警名称：过电流

（1）故障原因分析

①驱动单元 U、V、W 之间短路。

②接地不良。

③电动机绝缘损坏。

④驱动单元损坏。

（2）故障排除方法

①检查接线。

②正确接地。

③更换电动机。

④更换驱动单元。

报警代码：17；报警名称：制动时间过长

（1）故障原因分析

①输入电源电压长时间过高。

②无制动电阻或制动电阻偏大，在制动过程中，能量无法及时释放，造成内部直流电压的升高。

（2）故障排除方法

①接入满足伺服单元工作要求的电源。

②连接正确的制动电阻。

报警代码：26；报警名称：外部电池报警

（1）故障原因分析

外部电池低于 3.1 V。

（2）故障排除方法

更换外部电池。

报警代码：30；报警名称：编码器 Z 脉冲丢失

（1）故障原因分析

①Z 脉冲不存在，编码器损坏。

②电缆不良。

③电缆屏蔽不良。

④屏蔽地线未连好。

⑤编码器接口电路故障。

（2）故障排除方法

①更换编码器。

②检查编码器接口电路。

三、PLC 总控柜常见故障与排除

1. 外围电路元器件故障

此类故障在 PLC 控制柜工作一定时间后经常发生。在 PLC 控制回路中，如果出现元器件损坏故障，PLC 控制柜的控制系统就会立即自动停止工作。

输入电路是 PLC 接收开关量、模拟量等输入信号的端口，其元器件质量的优劣、接线方式及是否牢靠也是影响控制系统可靠性的重要因素。

对于开关量输出来说，PLC 的输出有继电器输出、晶闸管输出、晶体管输出三种形式，具体选择哪种形式的输出，应根据负载要求来决定，选择不当会使系统可靠性降低，严重时导致系统不能正常工作。

此外，PLC 控制柜的输出端子带负载能力是有限的，如果超过了规定的较大限值，必须外接继电器或接触器才能正常工作。

外接继电器、接触器、电磁阀等执行元件的质量，是影响系统可靠性的重要因素。常见的故障有线圈短路、机械故障造成触点不动或接触不良。

2. 端子接线接触不良

此类故障在 PLC 控制柜工作一定时间后，随着设备动作频率的升高而出现。由于控制柜配线缺陷或者使用中的振动加剧及机械寿命等原因，接线头或元器件接线柱易产生松动、锈蚀而引起接触不良。

这类故障的排除方法是使用万用表和一些专用仪器来进行检查，借助控制系统原理图或者是 PLC 控制柜逻辑梯形图进行故障诊断维修。对于某些比较重要的外设接线端子的接线，要保证连接可靠，连接方式一般采用焊接冷压片或冷压插针的方法处理，最好每年检查一次以上。

3. 系统故障分析及处理

（1）PLC 主机系统

PLC 主机系统最容易发生故障的地方一般为电源系统和通信网络系统，是因为电源在连续工作、散热过程中，电压和电流的波动冲击是不可避免的。通信及网络受外部干扰的可能性大，外部环境是造成通信外部设备故障的最大因素之一。系统总线损坏主要是由于现在 PLC 多为插件结构，长期使用插拔模块会造成局部印制板或底板、接插件接口等处的总线损坏，在空气温度变化、湿度变化的影响下，总线的塑料老化、印制线路的老化、接触点的氧化等都是系统总线损耗的原因。所以，在系统设计和处理系统故障的时候，要考虑到空气、尘埃、紫外线等因素对设备的破坏。目前 PLC 的主存储器大多采用可擦写 ROM，其使用寿命除了主要与制作工艺相关外，还和底板的供电、CPU 模块工艺水平有关。而 PLC 的中央处理器目前都采用高性能的处理芯片，故障率已经大大下降。对于 PLC 主机系统故障的预防及处理，主要是提高集中控制室的管理水平，加装降温措施，定期除尘，使 PLC 的外部环境符合其安装运行要求；同时，在系统维修时，严格按照操作规程进行操作，谨防人为地对主机系统造成损害。

（2）PLC 的 I/O 端口

PLC 最薄弱的环节在 I/O 端口。PLC 的技术优势在于其 I/O 端口，在主机系统的技术水平相差无几的情况下，I/O 模块是体现 PLC 性能的关键部件，因此它也是 PLC 损坏中的突出环节。要减少 I/O 模块的故障，就要减少外部各种干扰对其的影响，首先要按照其使用的要求进行使用，不可随意减少其外部保护设备，其次分析主要的干扰因素，对主要干扰源要进行隔离或处理。

（3）现场控制设备

①继电器、接触器类。

PLC控制系统的日常维护中，电气备件消耗量最大的为各类继电器或空气开关。主要原因除产品本身外，就是现场环境比较恶劣，接触器触点易打火或氧化，然后发热变形，直至不能使用。生产线上所有现场的控制箱都是选用密闭性较好的盘柜，其内部元器件较其他采用敞开式盘柜内元器件的使用寿命明显要长。所以，减少此类故障应尽量选用高性能继电器，改善元器件使用环境，减少更换的频率，以减少其对系统运行的影响。

②阀门或闸板类。

因为这类设备的关键执行部位相对位移一般较大，要经过电气转换等几个步骤才能完成阀门或闸板的位置转换，或者利用电动执行机构推拉阀门或闸板的位置转换，所以机械、电气、液压等各环节稍有不到位，就会产生误差或故障。长期使用缺乏维护，机械、电气失灵是故障产生的主要原因，因此，在系统运行时，要加强对此类设备的巡检，发现问题及时处理。对此类设备建立了严格的点检制度，经常检查阀门是否变形，执行机构是否灵活可用，控制器是否有效等，很好地保证了整个控制系统的有效性。

③开关、极限位置类。

此类故障出现在安全保护和现场操作的一些元件或设备上，其原因可能是长期磨损，也可能是长期不用而锈蚀老化。如生产线窑尾料球储库上的布料行走车来回移动频繁，而且现场粉尘较大，所以接近开关触点出现变形、氧化、粉尘堵塞等，从而导致触点接触不好或机构动作不灵敏。对于这类设备故障的处理，主要体现在定期维护上，要使设备时刻处于完好状态。对于限位开关，尤其是重型设备上的限位开关，除了定期检修外，还要在设计的过程中加入多重的保护措施。

④接线盒、线端子、螺栓螺母等。

这类故障的产生，除了设备本身的制作工艺原因外，还和安装工艺有关，如电线和螺钉连接是压得越紧越好，但在二次维修时很容易导致拆卸困难，大力拆卸时，容易造成连接件及其附近部件的损害。长期的打火、锈蚀等也是造成故障的原因。这类故障一般是很难发现和维修的，所以，在设备的安装和维修中，一定要按照安装要求的安装工艺进行，不留设备隐患。

⑤传感器和仪表类。

这类故障在控制系统中一般反映在信号不正常上。设备安装时，信号线的屏蔽层应单端可靠接地，并尽量与动力电缆分开敷设，特别是高干扰的变频器输出电缆，而且要在PIC内部进行软件滤波。这类故障的发现及处理也和日常点巡检有关，发现问题应及时处理。

⑥电源、地线和信号线的噪声（干扰）。

这一类问题的改善或解决主要在于工程设计时的经验和日常维护中的观察分析。总线接地电阻一般要求小于8 Ω，要求高的小于4 Ω，检查时，要使用专用接地电阻测量仪器进行测量。对于信号干扰，在设计规划时，应尽量远离、避开容易引起干扰的设备，如中频、高频加热设备，同时，使用的电缆应尽量采用带屏蔽层的，并且保证屏蔽层可靠接地。

教学任务单

专业			班级		
学号		姓名		日期	
项目名称	油缸套筒智能制造加工设备使用		任务名称	油缸套筒智能制造加工设备使用	

【学习步骤】

以油缸套筒加工提出任务，在加工准备工作中掌握分析工序卡片及图样，根据分析选择合适的智能制造加工设备，对选定的设备工作原理及结构进行分析，掌握设备的调整及操作方法，掌握对设备故障的分析与排除能力，学会本类设备的操作规程维护及其保养。

【任务实施】

一、读懂零件图

请根据零件图及任务要求填写表6.3.1。

表6.3.1　零件图识读

序号	项目名称	内容填写	备注
1	零件的外形特点		
2	主要加工表面及加工精度		
3	生产批量		
4	备选的机床类型		

出现的问题：

_____

_____

解决措施及经验总结：

_____

_____

二、柔性制造系统的认识

1. 柔性制造系统的组成及应用是什么？

2. FMS 控制系统组成是什么？

3. 智能制造切削加工单元设备组成是什么？

出现的问题：

解决措施及经验总结：

三、完成智能制造设备调整

1. 按照油缸套筒加工要求完成机器人操作编程。

2. 完成示教器的主要操作步骤，填入表 6.3.2。

表 6.3.2　示教器操作步骤

序号	内容	备注
1		
2		
3		
4		
5		
6		

出现的问题：

解决措施及经验总结：

【任务考核】

评分标准

序号	考核评价项目		考核内容	学生自检	小组互检	教师终检	配分	成绩
	项目六　油缸套筒智能制造加工设备使用							
1	过程考核	素养目标	爱岗敬业；团队协作、开拓创新；热爱劳动，服务国防				20	
2		知识目标	柔性制造系统组成、智能制造单元设备组成及应用				35	
3		能力目标	机器人操作、编程，智能制造单元调整操作				30	
4	常规考核		作业				5	
5			回答问题				5	
6			其他				5	

【任务总结】

_____

_____

_____

_____

_____

【大国工匠】 黄维祥

　　勤能补拙是良训，一分辛苦一分才。2003 年，一汽集团举办高技能人才考试，黄维祥脱颖而出，以优异成绩杀入前 30 名，被选拔进入数控维修技术培训班。利用太网技术将数控机床进行联网，实现了对设备的实时网络系统监控和对故障的软件智能化分析，大幅提高了设备管理水平。10 年来，黄维祥改进、改造设备 130 余台，攻克维修难题 300 多项，并制作了 60 种数控机床软件的备份，累计为企业节创价值 1 500 余万元。长春市金牌工人、吉林省十大工匠、中央企业优秀员工、全国五一劳动奖章获得者……众多荣誉接踵而至。

附录1 车工国家职业技能标准（节选）

一、申报条件

具备以下条件之一者可申报五级/初级工：

（1）累计从事本职业或相关职业工作1年（含）以上。

（2）本职业或相关职业学徒期满。

具备以下条件之一者可申报四级/中级工：

（1）取得本职业或相关职业五级/初级工职业资格证书（技能等级证书）后，累计从事本职业或相关职业工作4年（含）以上。

（2）累计从事本职业或相关职业工作6年（含）以上。

（3）取得技工学校本专业或相关专业毕业证书（含尚未取得毕业证书的在校应届毕业生）或取得经评估论证、以中级技能为培养目标的中等及以上职业学校本专业或相关专业毕业证书（含尚未取得毕业证书的在校应届毕业生）。

具备以下条件之一者可申报三级/高级工：

（1）取得本职业或相关职业四级/中级工职业资格证书（技能等级证书）后累计从事本职业或相关职业工作5年（含）以上。

（2）取得本职业或相关职业四级/中级工职业资格证书（技能等级证书），并具有高级技工学校、技师学院毕业证书（含尚未取得毕业证书的在校应届毕业生）；或取得本职业或相关职业四级/中级工职业资格证书（技能等级证书）并具有经评估论证、以高级技能为培养目标的高等职业学校本专业或相关专业毕业证书（含尚未取得毕业证书的在校应届毕业生）。

（3）具有大专及以上本专业或相关专业毕业证书，并取得本职业或相关职业四级/中级工职业资格证书（技能等级证书）后累计从事本职业或相关职业工作2年（含）以上。

具备以下条件之一者可申报二级/技师：

（1）取得本职业或相关职业三级/高级工职业资格证书（技能等级证书）后累计从事本职业或相关职业工作4年（含）以上。

（2）取得本职业或相关职业三级/高级工职业资格证书（技能等级证书）的高级技工学校、技师学院毕业生，累计从事本职业或相关职业工作3年（含）以上，或取得本职业或相关职业预备技师证书的技师学院毕业生，累计从事本职业或相关职业工作2年（含）以上。

具备以下条件者，可申报一级/高级技师：

取得本职业或相关职业二级/技师职业资格证书（技能等级证书）后，累计从事本职业或相关职业工作4年（含）以上。

二、工作要求

本标准对五级/初级工、四级/中级工、三级/高级工、二级/技师、一级/高级技师的技能要求和相关知识要求依次递进，高级别涵盖低级别的要求。

在"工作内容"栏内未标注"普通车床"或"数控车床"的，为两者通用内容。

四级/中级工：

职业功能	工作内容		技能要求	相关知识要求
1　轴类工件加工	1.1　工艺准备		1.1.1　能识读台阶轴、细长轴等中等复杂轴类工件的零件图 1.1.2　能编写中等复杂轴类工件的车削工艺卡 1.1.3　能使用中心架或跟刀架装夹细长轴工件 1.1.4　能根据工件材料、加工精度和工作效率要求，选择刀具种类、材料及几何角度	1.1.1　中等复杂轴类工件零件图的识读方法 1.1.2　台阶轴、细长轴工件的车削加工工艺知识 1.1.3　细长轴定位夹紧的原理和方法、车削时防止工件变形的方法 1.1.4　车削细长轴工件刀具的种类、材料及几何角度的选择原则
	1.2　工件加工	普通车床	1.2.1　能车削细长轴类工件，并达到以下要求： （1）长径比：$L/D \geq 25 \sim 60$ （2）表面粗糙度：$Ra\ 3.2\ \mu m$ （3）公差等级：IT9 （4）直线度公差等级：$9 \sim 12$ 1.2.2　能车削3个以上台阶轴并达到以下要求： （1）表面粗糙度：$Ra\ 1.6\ \mu m$ （2）公差等级：IT7	1.2.1　细长轴的车削加工特点和加工方法 1.2.2　车削细长轴切削用量的选择方法
		数控车床	1.2.3　能车削3个以上台阶轴并达到以下要求： （1）表面粗糙度：$Ra\ 1.6\ \mu m$ （2）公差等级：IT7	1.2.3　台阶轴加工程序的编写知识 1.2.4　控制台阶轴精度的方法
	1.3　精度检验与误差分析		1.3.1　能使用通用量具检验公差等级IT7级工件的尺寸精度 1.3.2　能使用杠杆百分表检验工件跳动精度 1.3.3　能对中等复杂轴类工件车削产生的误差进行分析	1.3.1　通用量具的读数原理、使用方法和保养方法 1.3.2　杠杆百分表的读数原理、使用方法和保养方法 1.3.3　车削细长轴工件产生误差的种类、原因及预防方法

职业功能	工作内容		技能要求	相关知识要求
2　套类工件加工	2.1　工艺准备		2.1.1　能识读套类、薄壁工件的零件图 2.1.2　能编写套类、薄壁工件的车削工艺卡 2.1.3　能使用自制心轴等专用夹具装夹套类、薄壁工件 2.1.4　能根据工件材料、加工精度和工作效率要求，选择刀具种类、材料及几何角度	2.1.1　套类、薄壁零件图的识读方法 2.1.2　套类、薄壁工件的车削加工工艺知识 2.1.3　套类、薄壁工件定位夹紧的原理和方法、车削时防止工件变形的方法 2.1.4　车削套类、薄壁工件刀具的种类、材料及几何角度的选择原则
	2.2　工件加工	普通车床	2.2.1　能车削薄壁工件，并达到以下要求： （1）表面粗糙度：Ra 1.6 μm （2）轴颈公差等级：IT8 （3）孔径公差等级：IT9 （4）圆度公差等级：9	2.2.1　薄壁工件的车削加工特点和加工方法 2.2.2　薄壁工件车削时切削用量的选择方法
		数控车床	2.2.2　能车削 3 个以上台阶孔并达到以下要求： （1）表面粗糙度：Ra 1.6 μm （2）公差等级：IT7	2.2.3　台阶孔加工程序的编写知识 2.2.4　控制台阶孔加工精度的方法
	2.3　精度检验与误差分析		2.3.1　能使用内径百分表、内测千分尺、塞规等量具检验工件尺寸精度 2.3.2　能使用杠杆百分表检验工件同轴度精度 2.3.3　能对套类、薄壁工件车削产生的误差进行分析	2.3.1　内径百分表、杠杆百分表、内测千分尺的读数原理、使用方法和保养方法 2.3.2　车削套类、薄壁工件产生误差的种类、原因及预防方法

职业功能	工作内容	技能要求	相关知识要求
3　偏心工件及曲轴加工	3.1　工艺准备	3.1.1　能识读偏心轴、偏心套工件的零件图 3.1.2　能编写偏心轴、偏心套工件的车削工艺卡 3.1.3　能使用三爪自定心卡盘、四爪单动卡盘、两顶尖、偏心卡盘及专用夹具装夹偏心轴、偏心套工件 3.1.4　能对单拐曲轴进行划线、钻中心孔、装夹和配重	3.1.1　偏心轴、偏心套工件零件图的表达方法 3.1.2　偏心轴、偏心套工件的车削加工工艺知识 3.1.3　偏心轴、偏心套工件定位夹紧的原理和方法、车削时防止工件变形的方法 3.1.4　单拐曲轴的装夹方法
	3.2　工件加工	3.2.1　能车削偏心轴、偏心套工件，并达到以下要求： （1）轴径公差等级：IT7，孔径公差等级：IT8 （2）表面粗糙度：Ra 1.6 μm （3）偏心距公差等级：IT9 （4）轴线平行度公差等级：8 3.2.2　能车削单拐曲轴，并达到以下要求： （1）表面粗糙度：Ra 1.6 μm （2）轴颈公差等级：IT8 （3）偏心距公差等级：IT11	3.2.1　偏心轴、偏心套工件车削加工特点和加工方法 3.2.2　单拐曲轴车削加工特点和加工方法
	3.3　精度检验与误差分析	3.3.1　能使用百分表检验工件偏心距精度 3.3.2　能检验单拐曲轴的轴颈、偏心距、主轴颈与曲柄颈的平行度等精度 3.3.3　能对偏心工件、单拐曲轴车削产生的误差进行分析	3.3.1　使用百分表测量偏心距的方法 3.3.2　单拐曲轴偏心距的测量方法 3.3.3　车削偏心工件、单拐曲轴产生误差的种类、原因及预防方法

续表

职业功能	工作内容		技能要求	相关知识要求
4 螺纹加工	4.1 工艺准备		4.1.1 能识读普通螺纹、管螺纹、梯形螺纹、美制螺纹、单线蜗杆工件的零件图 4.1.2 能查表计算螺纹各部分尺寸 4.1.3 能刃磨各类螺纹车刀 4.1.4 能根据加工需要选择机夹螺纹车刀	4.1.1 各类螺纹工件的标记及表达方法 4.1.2 各类螺纹的尺寸计算 4.1.3 各类螺纹车刀的刃磨方法 4.1.4 螺纹车刀几何参数的选择原则
	4.2 工件加工	普通车床	4.2.1 能车削普通螺纹、管螺纹、梯形螺纹、美制螺纹、单线蜗杆等螺纹工件 4.2.2 能车削双线普通螺纹和双线梯形螺纹	4.2.1 螺纹车削加工特点和加工方法 4.2.2 双线螺纹的分线方法
		数控车床	4.2.3 能车削普通螺纹、管螺纹、梯形螺纹、美制螺纹等螺纹工件	4.2.3 螺纹加工程序的编写知识 4.2.4 控制螺纹加工精度的方法
	4.3 精度检验与误差分析		4.3.1 能使用螺纹千分尺测量螺纹中径误差 4.3.2 能使用三针测量法测量螺纹中径误差 4.3.3 能使用齿厚游标卡尺测量蜗杆法向齿厚误差 4.3.4 能对梯形螺纹、单线蜗杆车削产生的误差进行分析	4.3.1 螺纹千分尺的结构、读数原理、调整和测量方法 4.3.2 三针测量法的检验原理、计算和测量方法 4.3.3 齿厚游标卡尺的结构、读数原理、调整和测量方法 4.3.4 车削梯形螺纹、单线蜗杆产生误差的种类、原因及预防方法
5 畸形工件加工	5.1 工艺准备		5.1.1 能识读畸形工件的零件图 5.1.2 能制定畸形工件的切削加工工艺	5.1.1 畸形工件零件图的识读方法 5.1.2 畸形工件的工艺制定方法

职业功能	工作内容		技能要求	相关知识要求
	5.2 工件加工		5.2.1 能在工件上划加工轮廓线，并能按线找正工件 5.2.2 能在四爪单动卡盘上找正、装夹工件 5.2.3 能在四爪单动卡盘上车削畸形工件上的孔，并保证孔的轴线与各面的垂直度或平行度	5.2.1 工件划线方法 5.2.2 在四爪单动卡盘上找正工件的方法 5.2.3 保证孔的轴线与各面的垂直度或平行度的方法
	5.3 精度检验与误差分析		5.3.1 能使用百分表、平板和方箱等检验工件平面垂直度精度 5.3.2 能使用杠杆表和量块检验孔的位置精度 5.3.3 能对畸形工件车削产生的误差进行分析	5.3.1 平面垂直度精度的检验原理和方法 5.3.2 孔的位置精度的检验原理和方法 5.3.3 车削畸形工件产生误差的种类、原因及预防方法
6 设备维护与保养	6.1 车床的维护	普通车床	6.1.1 能根据加工需要对普通车床进行调整 6.1.2 能在加工前对普通车床进行常规检查，并能发现普通车床的一般故障	6.1.1 普通车床的结构、传动原理及加工前的调整知识 6.1.2 普通车床常见的故障现象
		数控车床	6.1.3 能在加工前对数控车床的机、电、气、液开关进行常规检查，并能发现数控车床的一般故障	6.1.3 数控车床的结构、传动原理 6.1.4 数控车床常见的故障现象
	6.2 车床的保养	普通车床	6.2.1 能对普通车床进行二级保养	6.2.1 普通车床二级保养的内容及方法
		数控车床	6.2.2 能对数控车床进行日常保养	6.2.2 数控车床日常保养的内容及方法

附录2 铣工国家职业技能标准（节选）

一、申报条件

具备以下条件之一者，可申报五级/初级工：

（1）累计从事本职业或相关职业工作1年（含）以上。

（2）本职业或相关职业学徒期满。

具备以下条件之一者可申报四级/中级工：

（1）取得本职业或相关职业五级/初级工职业资格证书（技能等级证书）后累计从事本职业或相关职业工作4年（含）以上。

（2）累计从事本职业或相关职业工作6年（含）以上。

（3）取得技工学校本专业或相关专业毕业证书（含尚未取得毕业证书的在校应届毕业生）：或取得经评估论证、以中级技能为培养目标的中等及以上职业学校本专业或相关专业毕业证书（含尚未取得毕业证书的在校应届毕业生）。

具备以下条件之一者可申报三级/高级工：

（1）取得本职业或相关职业四级/中级工职业资格证书（技能等级证书）后累计从事本职业或相关职业工作5年（含）以上。

（2）取得本职业或相关职业四级/中级工职业资格证书（技能等级证书）并具有高级技工学校、技师学院毕业证书（含尚未取得毕业证书的在校应届毕业生）或取得本职业或相关职业四级/中级工职业资格证书（技能等级证书）并取得经评估论证、以高级技能为培养目标的高等职业学校本专业或相关专业毕业证书（含尚未取得毕业证书的在校应届毕业生）。

（3）具有大专及以上相关专业毕业证书并取得本职业或相关职业四级/中级工职业资格证书（技能等级证书）后累计从事本职业或相关职业工作2年（含）以上。

具备以下条件之一者，可申报二级/技师：

（1）取得本职业或相关职业三级/高级工职业资格证书（技能等级证书）后累计从事本职业或相关职业工作4年（含）以上。

（2）取得本职业或相关职业三级/高级工职业资格证书（技能等级证书）的高级技工学校、技师学院毕业生，累计从事本职业或相关职业工作3年（含）以上或取得本职业或相关职业预备技师证书的技师学院毕业生累计从事本职业或相关职业工作2年（含）以上。

具备以下条件之一者可申报一级/高级技师：

取得本职业或相关职业二级/技师职业资格证书（技能等级证书）后累计从事本职业或相关职业工作4年（含）以上。

二、工作要求

本标准对五级/初级工、四级/中级工、三级/高级工、二级/技师、一级/高级技师的技能要求和相关知识要求依次递进，高级别涵盖低级别的要求。

在"工作内容"栏内未标注"普通铣床"或"数控铣床"的，为两者通用内容。

四级/中级工：

职业功能	工作内容		技能要求	相关知识要求
1. 平面和连接面加工	1.1 工艺准备	普通铣床	1.1.1 能确定平面、连接面的加工顺序 1.1.2 能选择定位基准 1.1.3 能使用找正盘、百分表等找正工件 1.1.4 能调整组合铣刀	1.1.1 确定加工顺序的基本原则 1.1.2 选择定位基准的原则 1.1.3 组合铣刀的调整方法
		数控铣床	1.1.5 能根据铣削工艺文件选择、安装和调整常用刀具 1.1.6 能选择刀具及其几何参数，并确定切削参数和切削用量 1.1.7 能利用数控机床的功能，借助通用量具或对刀仪测量刀具的半径和长度 1.1.8 能通过操作面板输入、编辑和修改加工程序 1.1.9 能通过多种途径（DNC、数据卡）传输加工程序 1.1.10 能设定和使用工件坐标系 1.1.11 能进行程序检验及试切 1.1.12 能选择及输入有关数控系统参数	1.1.4 数控铣床的基本结构及工作原理 1.1.5 控制系统、伺服系统的组成及控制原理 1.1.6 数控铣床说明书 1.1.7 使用杠杆表找正工件的方法 1.1.8 寻边器的种类及使用方法 1.1.9 坐标系及工件坐标系的设定方法 1.1.10 常用刀具的种类、结构、性能及用途 1.1.11 对刀方法 1.1.12 直线插补和圆弧插补的原理 1.1.13 节点的计算方法 1.1.14 数控加工程序的编辑方法和输入方法 1.1.15 数控系统中相关参数的输入方法 1.1.16 程序调试的方法

职业功能	工作内容		技能要求	相关知识要求
1. 平面和连接面加工	1.2 铣削矩形工件	普通铣床	1.2.1 能使用端铣刀、圆柱铣刀、立铣刀铣削矩形工件，并达到以下要求： （1）尺寸公差等级：IT7 （2）平面度、垂直度、平行度公差等级：7 （3）表面粗糙度：Ra 1.6 μm 1.2.2 能使用端铣刀、圆柱铣刀、立铣刀铣削连接面，并达到以下要求： （1）尺寸公差等级：IT7 （2）平面度、垂直度、平行度公差等级：7 （3）表面粗糙度：Ra 1.6 μm	1.2.1 不同形状毛坯的装夹方法 1.2.2 提高平面和连接面加工精度、表面质量、工作效率的工艺措施
	1.3 铣削斜面及角度面		1.3.1 能采用工件倾斜装夹、铣床主轴扳转角度、平口钳扳转角度和分度头旋转角度等方式铣削单一斜面，并达到以下要求： （1）尺寸公差等级：IT10 （2）倾斜度公差等级：9 （3）表面粗糙度：Ra 1.6 μm 1.3.2 能铣削多角度面、非对称角度面，并达到以下要求： （1）尺寸公差等级：IT8 （2）角度公差：±5′ （3）表面粗糙度：Ra 1.6 μm	1.3.1 工件倾斜装夹的找正方法 1.3.2 主轴扳转角度、平口钳扳转角度的找正方法 1.3.3 提高斜面铣削精度的措施 1.3.4 铣削多角度面的加工步骤 1.3.5 提高角度面铣削精度的措施 1.3.6 万能分度头的差动分度法
	1.4 平面加工	数控铣床	1.4.1 能运用平面、垂直面、阶梯面的数控加工程序进行铣削，并达到以下要求： （1）尺寸公差等级：IT7 （2）形状、位置公差等级：8 （3）表面粗糙度：Ra 3.2 μm 1.4.2 能运用多边形面、斜面铣削的数控加工程序进行铣削，并达到以下要求： （1）尺寸公差等级：IT7 （2）倾斜度公差：±4′ （3）表面粗糙度：Ra 3.2 μm	1.4.1 铣削平面的基本知识 1.4.2 刀具长度补偿、半径补偿等刀具参数的设置知识 1.4.3 斜面的铣削方法 1.4.4 刃倾角对工件加工质量的影响 1.4.5 切入角的概念及对刀具使用寿命的影响

职业功能	工作内容	技能要求	相关知识要求
1. 平面和连接面加工	1.5 精度检验及误差分析	1.5.1 能使用正弦规、量块等检验平面、连接面、斜面、角度面的平面度、垂直度、角度等精度 1.5.2 能分析工件产生平面度、垂直度、角度误差的原因	1.5.1 正弦规的结构、工作原理及使用方法 1.5.2 铣削平面、连接面、角度面时，减小平面度、垂直度、角度误差的方法
2. 台阶和槽加工	2.1 工艺准备	2.1.1 能测量奇数刃立铣刀的外径尺寸和圆柱度 2.1.2 能修磨键槽铣刀 2.1.3 能确定台阶、槽的加工顺序	2.1.1 奇数刃铣刀外径尺寸和圆柱度的测量方法 2.1.2 键槽铣刀的修磨方法 2.1.3 铣削台阶、槽的工艺知识
	2.2 铣削台阶 普通铣床	2.2.1 能铣削非对称台阶，并达到以下要求： （1）尺寸公差等级：IT8 （2）形状、位置公差等级：8 （3）表面粗糙度：Ra 1.6 μm 2.2.2 能使用成组铣刀铣削多级台阶，并达到以下要求： （1）尺寸公差等级：IT8 （2）形状、位置公差等级：8 （3）表面粗糙度：Ra 1.6 μm	2.2.1 提高台阶铣削精度的措施 2.2.2 成组铣刀的调整方法
	2.3 铣削键槽	2.3.1 能铣削通键槽、半封闭键槽、半圆键槽，并达到以下要求： （1）尺寸公差等级：IT8 （2）平行度、对称度公差等级：8 （3）表面粗糙度：键槽两侧面 Ra 1.6 μm 2.3.2 能铣削对称键槽，并达到以下要求： （1）尺寸公差等级：IT8 （2）平行度、对称度公差等级：8 （3）表面粗糙度：键槽两侧面 Ra 1.6 μm	2.3.1 铣削键槽易产生的缺陷及预防措施 2.3.2 提高键槽铣削精度的工艺措施

职业功能	工作内容		技能要求	相关知识要求
2. 台阶和槽加工	2.4 铣削直角沟槽	普通铣床	2.4.1 能铣削直角沟槽，并达到以下要求： （1）尺寸公差等级：IT8 （2）平行度、对称度公差等级：8 （3）表面粗糙度：$Ra\,1.6\,\mu m$ 2.4.2 能铣削直角斜槽，并达到以下要求： （1）尺寸公差等级：IT8 （2）平行度、对称度公差等级：8 （3）倾斜度公差等级：9 （4）表面粗糙度：$Ra\,1.6\,\mu m$	2.4.1 提高直角沟槽铣削精度的方法及避免铣削缺陷的措施 2.4.2 铣削直角斜槽的对刀方法及相关计算知识
	2.5 铣削特形沟槽		2.5.1 能铣削 V 形槽、T 形槽，并达到以下要求： （1）尺寸公差等级：IT8 （2）平行度、对称度公差等级：8 （3）表面粗糙度：$Ra\,3.2\,\mu m$ 2.5.2 能铣削燕尾块、燕尾槽，并达以下要求： （1）尺寸公差等级：IT8 （2）平行度、对称度公差等级：8 级 （3）表面粗糙度：$Ra\,3.2\,\mu m$	2.5.1 提高特形沟槽铣削精度的措施 2.5.2 燕尾块、燕尾槽的铣削方法
	2.6 台阶与沟槽加工	数控铣床	2.6.1 能运用手工编程方法，编制由直线、圆弧组成的二维轮廓槽的加工程序 2.6.2 能运用加工程序铣削槽，并达到以下要求： （1）尺寸公差等级：IT8 （2）形状、位置公差等级：8 （3）侧壁表面粗糙度：$Ra\,1.6\,\mu m$ （4）底面粗糙度：$Ra\,3.2\,\mu m$	2.6.1 立铣刀让刀的概念 2.6.2 进刀和退刀的方法 2.6.3 提高槽位置精度的加工方法
	2.7 精度检验及误差分析		2.7.1 能使用万能角度尺对台阶面之间的垂直度进行精度检验 2.7.2 能使用游标卡尺、游标高度尺、辅助测量圆棒对槽的尺寸和对称度进行精度检验 2.7.3 能根据台阶和槽的检测结果，分析产生垂直度、对称度误差的原因	铣削台阶和槽产生误差的分析方法

职业功能	工作内容		技能要求	相关知识要求
3 刻线与工件切断		普通铣床	3.1.1 能找正平口钳转角、分度头仰角 3.1.2 能刃磨刻线刀具 3.1.3 能确定刻线、工件切断的加工顺序	3.1.1 平口钳转角、分度头仰角的找正方法 3.1.2 刻线刀具的刃磨方法 3.1.3 确定刻线、工件切断加工顺序的原则
	3.1 工艺准备			
	3.2 工件刻线		3.2.1 能使用光学分度头在圆柱面、圆锥面上刻线，并达到以下要求： （1）尺寸公差等级：IT8 （2）对称度公差等级：8 （3）角度公差：±3′ 3.2.2 能在平面上刻线，并达到以下要求： （1）尺寸公差等级 IT8 （2）对称度公差等级：8 （3）角度公差：±3′	3.2.1 光学分度头的结构与使用方法 3.2.2 提高刻线精度的方法
	3.3 工件切断及窄槽铣削		3.3.1 能切断工件，并达到以下要求： （1）尺寸公差等级：IT8 （2）平行度公差等级：8 （3）表面粗糙度：$Ra\,3.2\,\mu m$ 3.3.2 能使用成组锯片铣刀铣削多排窄槽，并达到以下要求： （1）尺寸公差等级：IT8 （2）平行度、对称度公差等级：8 （3）表面粗糙度：$Ra\,3.2\,\mu m$	3.3.1 提高切断精度的措施 3.3.2 提高窄槽铣削精度的措施 3.3.3 成组锯片铣刀的调整方法 3.3.4 预防多排窄槽工件变形的措施
	3.4 精度检验及误差分析		3.4.1 能使用万能分度头和游标高度尺测量圆柱面、圆锥面上刻线的角度 3.4.2 能分析刻线产生角度误差的原因 3.1.3 能使用游标卡尺、游标高度尺、百分表对多排窄槽的尺寸和形状、位置进行精度检验 3.4.4 能分析多排窄槽产生形状、位置误差的原因	3.4.1 刻线产生角度误差的分析方法 3.4.2 铣削多排窄槽产生形状、位置误差的分析方法

职业功能	工作内容		技能要求	相关知识要求
4 齿形加工	4.1 工艺准备		4.1.1 能装夹及找正圆柱齿轮、齿条毛坯，并选择铣削刀具、调整机床 4.1.2 能装夹、找正直齿锥齿轮齿坯，并选择铣削刀具 4.1.3 能根据滚子链链轮和齿形链链轮的加工精度、技术要求和外形尺寸选择铣削机床和装夹形式，并进行调整 4.1.4 能装夹、找正牙嵌式离合器，并选择铣削刀具 4.1.5 能确定齿形类工件的铣削顺序	4.1.1 圆柱齿轮、齿条毛坯的装夹方法和铣削刀具的选择方法 4.1.2 直齿锥齿轮的装夹方法和铣削刀具的选择方法 4.1.3 链轮的装夹及调整方法 4.1.4 牙嵌式离合器装夹方法和铣削刀具的选择方法 4.1.5 齿形类工件铣削工艺的确定原则
	4.2 铣削齿轮、齿条、链轮	普通铣床	4.2.1 能铣削直齿和斜齿圆柱齿轮，并达到以下要求： （1）精度等级：10FJ （2）表面粗糙度：Ra 1.6 μm 4.2.2 能铣削直齿和斜齿条，并达到以下要求： （1）精度等级：10FJ （2）表面粗糙度：Ra 1.6 μm 4.2.3 能使用分度头铣削直齿锥齿轮，并达到以下要求： （1）精度等级：a12 （2）表面粗糙度：Ra 1.6 μm 4.2.4 能铣削滚子链链轮和齿形链链轮，并达到以下要求： （1）精度等级：10FJ （2）表面粗糙度：Ra 1.6 μm	4.2.1 直齿圆柱齿轮、斜齿圆柱齿轮的铣削方法及相关计算 4.2.2 直齿条和斜齿条的铣削方法及相关计算 4.2.3 直齿锥齿轮的铣削方法及相关计算 4.2.4 各类链轮的铣削方法及相关计算
	4.3 铣削花键轴		4.3.1 能使用三面刃铣刀半精铣、精铣花键两侧面 4.3.2 能使用锯片铣刀铣削花键轴根部圆弧 4.3.3 能用成形铣刀半精铣和精铣花键轴以上加工达到以下要求： （1）键宽尺寸公差等级：IT9 （2）不等分累积误差：≤5′ （3）平行度、对称度公差等级：8 （4）表面粗糙度：两侧面 Ra 1.6 μm，根部圆弧面 Ra 3.2 μm	4.3.1 花键轴的技术标准 4.3.2 花键根部圆弧的铣削方法 4.3.3 提高花键轴铣削精度的方法

职业功能	工作内容		技能要求	相关知识要求
4　齿形加工	4.4　铣削牙嵌式离合器	普通铣床	4.4.1　能铣削矩形齿、尖形齿、梯形齿离合器并达到以下要求： （1）等分误差：≤12′ （2）表面粗糙度：齿侧面 Ra 1.6 μm，齿底面 Ra 3.2 μm 　4.4.2　能铣削螺旋齿离合器，并达到以下要求： （1）等分误差：≤12′ （2）表面粗糙度：齿侧面 Ra 1.6 μm，齿底面 Ra 3.2 μm （3）螺旋齿离合器导程误差：≤0.1 mm	4.4.1　矩形齿离合器的铣削方法 　4.4.2　尖齿形离合器的铣削方法 　4.4.3　梯形齿离合器的铣削方法 　4.4.4　螺旋齿离合器的铣削方法
	4.5　精度检验及误差分析		4.5.1　能检验齿轮的齿距、齿向和分度圆弦齿厚精度 　4.5.2　能检验齿条的齿厚、齿距和齿向精度 　4.5.3　能检验花键轴花键的对称度和角度精度 　4.5.4　能检验牙嵌式离合器的齿形、位置精度 　4.5.5　能分析锥齿轮、齿条、链轮、牙嵌式离合器加工产生尺寸和形状、位置误差的原因	4.5.1　齿轮的齿距、齿向和分度圆弦齿厚精度的检验方法 　4.5.2　齿条的齿厚、齿距和齿向精度的检验方法 　4.5.3　链轮的齿形、位置精度的检验方法 　4.5.4　花键轴花键的对称度和角度精度的检验方法 　4.5.5　牙嵌式离合器的齿形、位置精度的检验方法 　4.5.6　铣削锥齿轮、齿条、链轮、牙嵌式离合器产生尺寸和形状、位置误差的原因
5　孔加工	5.1　工艺准备		5.1.1　能刃磨标准麻花钻 　5.1.2　能根据工件材料选择镗刀的刀具材料，并刃磨镗削刀具 　5.1.3　能对工件所要镗削的孔进行孔位划线 　5.1.4　能选择铰刀 　5.1.5　能确定孔加工的加工顺序	5.1.1　标准麻花钻的刃磨方法 　5.1.2　镗削刀具的刃磨方法 　5.1.3　划线工具及使用方法 　5.1.4　铰刀的种类 　5.1.5　孔的加工工艺
	5.2　钻、扩、铰、镗孔及加工坐标孔系		5.2.1　能进行钻孔、扩孔、铰、镗孔，并达到以下要求： （1）孔径尺寸公差等级：IT8 （2）圆度、圆柱度公差等级：8 （3）表面粗糙度：Ra 1.6 μm 　5.2.2　能在铣床上镗削与轴线平行的孔系（两孔或不在同一直线上的三个孔等），并达到以下要求： （1）孔径尺寸公差等级：IT8 （2）孔中心距公差等级：IT9 （3）圆度、圆柱度公差等级：8 （4）表面粗糙度：Ra 1.6 μm	5.2.1　钻孔、扩孔、铰孔、镗孔的切削用量确定原则 　5.2.2　铰刀的使用方法 　5.2.3　镗刀的调整方法 　5.2.4　提高坐标孔系孔距精度的方法 　5.2.5　平行孔系的镗削方法

职业功能	工作内容		技能要求	相关知识要求
5 孔加工	5.3 椭圆孔及椭圆柱面的加工	普通铣床	5.3.1 能镗削椭圆孔，并达到下要求： （1）尺寸公差等级：IT8 （2）表面粗糙度：Ra 1.6 μm 5.3.2 能镗削椭圆柱面，并达到以下要求： （1）尺寸公差等级：IT8 （2）表面粗糙度：Ra 1.6 μm	5.3.1 椭圆孔、椭圆柱面的加工原理及相关计算 5.3.2 镗削椭圆孔、椭圆柱面的刀具调整和镗削方法
	5.4 孔系加工	数控铣床	5.4.1 能运用固定循环、子程序、增量进行钻孔、镗孔加工程序的编制 5.4.2 能运用固定循环功能进行孔加工，并达到以下要求： （1）尺寸公差等级：IT7 （2）形状、位置公差等级：8 （3）表面粗糙度：Ra 1.6 μm	5.4.1 麻花钻、扩孔钻、镗刀、铰刀的使用方法 5.4.2 固定循环、子程序等功能的使用方法 5.4.3 孔系的数控加工工艺
	5.5 精度检验及误差分析		5.5.1 能使用内径千分尺、内径百分表检验孔的尺寸、圆度、圆柱度精度及椭圆孔的尺寸精度 5.5.2 能使用外径千分尺检验椭圆柱的尺寸精度 5.5.3 能分析孔系产生尺寸误差和形状、位置误差的原因	5.5.1 孔的精度检验方法及量具的选择和使用方法 5.5.2 椭圆孔、椭圆柱的尺寸精度检验方法 5.5.3 孔系加工产生尺寸误差和形状、位置误差的原因
6 成形面、螺旋面和曲面加工	6.1 工艺准备	普通铣床	6.1.1 能使用万能分度头或回转工作台装夹盘形凸轮、圆柱凸轮 6.1.2 能计算凸轮的工作曲线导程 6.1.3 能使用万能分度头装夹球形工件	6.1.1 盘形凸轮、圆柱凸轮的加工工艺知识 6.1.2 凸轮工作曲线导程的计算 6.1.3 球形工件的加工工艺知识
	6.2 铣削凸轮		6.2.1 能铣削等速盘形凸轮，并达到以下要求： （1）尺寸公差等级：IT9 （2）表面粗糙度：Ra 1.6 μm （3）形状公差（包括导程）：≤0.1 mm 6.2.2 能铣削等速圆柱凸轮，并达到以下要求： （1）尺寸公差等级：IT9 （2）表面粗糙度：Ra 1.6 μm （3）形状公差（包括导程）：≤0.1 mm	6.2.1 等速盘形凸轮的铣削方法 6.2.2 等速圆柱凸轮的铣削方法 6.2.3 万能分度头交换齿轮的计算

职业功能	工作内容		技能要求	相关知识要求
6　成形面、螺旋面和曲面加工	6.3　铣削螺旋槽	普通铣床	6.3.1　能使用万能分度头铣削圆柱螺旋槽，并达到以下要求： （1）尺寸公差等级：IT9 （2）表面粗糙度：Ra 1.6 μm （3）成形面形状公差（包括导程）：≤0.1 mm 6.3.2　能使用回转工作台铣削平面螺旋槽，并达到以下要求： （1）尺寸公差等级：IT9 （2）表面粗糙度：Ra 1.6 μm （3）成形面形状公差（包括导程）：≤0.1 mm	6.3.1　圆柱螺旋槽的铣削方法 6.3.2　平面螺旋槽的铣削方法
	6.4　铣削成形面		6.4.1　能手动铣削曲面，并达到以下要求： （1）尺寸公差等级：IT10 （2）表面粗糙度：Ra 3.2 μm （3）形状公差：≤0.15 mm 6.4.2　能使用成形铣刀、仿形装置及仿形铣床铣削成形面，并达到以下要求： （1）尺寸公差等级：IT9 （2）表面粗糙度：Ra 3.2 μm （3）成形面形状公差：≤0.05 mm	6.4.1　手动铣削曲面的操作要点 6.4.2　成形面的铣削方法
	6.5　铣削球面		6.5.1　能铣削内球面，并达到以下要求： （1）尺寸公差等级：IT9 （2）表面粗糙度：Ra 3.2 μm 6.5.2　能铣削外球面，并达到以下要求： （1）尺寸公差等级：IT9 （2）表面粗糙度：Ra 3.2 μm	6.5.1　球面的展成原理和相关铣削计算 6.5.2　内、外球面的铣削方法

续表

职业功能	工作内容		技能要求	相关知识要求
6 成形面、螺旋面和曲面加工	6.6 轮廓加工	数控铣床	6.6.1 能手工编制直线、圆弧组成的平面轮廓的加工程序 6.6.2 能使用 CAD/CAM 软件绘制二维零件图 6.6.3 能使用 CAD/CAM 软件编制平面轮廓的铣削程序 6.6.4 能进行平面轮廓加工，达到以下要求： （1）尺寸公差等级：IT8 （2）形状、位置公差等级：8 级 （3）表面粗糙度：$Ra\ 1.6\ \mu m$	6.6.1 平面轮廓铣削的基本知识 6.6.2 过切的概念及处理方法 6.6.3 CAD/CAM 软件的基本功能 6.6.4 平面轮廓的绘制与加工代码生成方法
	6.7 曲面加工		6.7.1 能手工编制铣削圆锥面、圆柱面的加工程序 6.7.2 能使用立铣刀、球头铣刀铣削圆锥面、圆柱面，并达到以下要求： （1）尺寸公差等级：IT8 （2）形状、位置公差等级：8 级 （3）表面粗糙度：$Ra\ 3.2\ \mu m$	6.7.1 变量的概念与宏程序的编程方法 6.7.2 球头刀具的切削特点
	6.8 精度检验及误差分析		6.8.1 能使用常用量具、量仪并借助万能分度头、回转工作台检验凸轮的几何形状和工作曲线精度 6.8.2 能检验螺旋槽的槽宽和导程精度 6.8.3 能检验曲面等成形面的形状精度 6.8.4 能检验球面尺寸、形状精度 6.8.5 能分析凸轮、螺旋槽、成形面加工产生形状、位置误差的原因	6.8.1 凸轮的精度检验方法及量具的选择和使用方法 6.8.2 螺旋槽的精度检验方法 6.8.3 仿形法加工成形面的误差分析方法 6.8.4 内、外球面的精度检验方法及量具的选择和使用方法 6.8.5 分析凸轮、螺旋槽、成形面产生形状、位置误差的原因

职业功能	工作内容		技能要求	相关知识要求
7 刀具齿槽加工	7.1 工艺准备	普通铣床	7.1.1 能装夹刀具坯件，并找正轴线、圆跳动等 7.1.2 能选择铣削刀具和切削参数	7.1.1 加工刀具的工艺知识 7.1.2 确定加工刀具和切削参数的原则与方法
	7.2 铣削圆盘直齿刀具的齿槽		7.2.1 能使用单角铣刀铣削圆盘直齿刀具的齿槽，并达到以下要求： （1）刀具前角公差：≤2° （2）刀齿处棱边尺寸公差等级：IT15 7.2.2 能使用双角铣刀铣削圆盘直齿刀具的齿槽，并达到以下要求： （1）刀具前角公差：≤2° （2）刀齿处棱边尺寸公差等级：IT15	7.2.1 圆盘直齿刀具齿槽的铣削方法 7.2.2 圆盘直齿刀具齿槽的精度检验方法及量具的选择和使用方法
	7.3 铣削圆柱直齿刀具的齿槽		7.3.1 能使用单角铣刀铣削圆柱直齿刀具齿槽，并达到以下要求： （1）刀具前角公差：≤2° （2）刀齿处棱边尺寸公差等级：IT15 7.3.2 能使用双角铣刀铣削圆柱直齿刀具齿槽，并达到以下要求： （1）刀具前角公差：≤2° （2）刀齿处棱边尺寸公差等级：IT15	7.3.1 圆柱直齿刀具齿槽的铣削方法 7.3.2 铣削刀具的调整方法
	7.4 精度检验及误差分析		7.4.1 能对圆盘直齿刀具齿槽、圆柱直齿刀具齿槽的前角、后角、螺旋角等进行精度检验 7.4.2 能分析刀具齿槽加工产生角度误差、导程误差的原因	7.4.1 圆盘直齿刀具齿槽、圆柱直齿刀具齿槽的精度检验方法及量具、量仪的选择方法 7.4.2 铣削刀具齿槽产生角度误差、导程误差的原因
8 设备维护与保养	8.1 铣床的精度检验及调整		8.1.1 能调整铣床传动丝杠螺母副的间隙 8.1.2 能根据加工需要对机床与机床附件（分度头、回转工作台）的机动连接装置进行调整	8.1.1 铣床的种类、型号及加工范围 8.1.2 铣床的结构、传动原理 8.1.3 机床附件的结构、工作原理

职业功能	工作内容		技能要求	相关知识要求
8 设备维护与保养	8.2 铣床的日常保养	普通铣床	8.2.1 能按说明书要求对铣床部件进行检查 8.2.2 能对铣床进行一级保养	铣床一级保养的内容
	8.3 数控铣床的维护保养	数控铣床	8.3.1 能对数控铣床的机械、电、气、液、冷却、数控系统进行检查及维护保养 8.3.2 能识读数控系统的报警信息 8.3.3 能更换系统电池	8.3.1 数控铣床说明书 8.3.2 数控铣床日常保养方法 8.3.3 数控系统说明书 8.3.4 数控系统的报警信息表的使用方法

参 考 文 献

[1] 刘苍林. 金属切削机床实训教程［M］. 天津：天津大学出版社，2013.
[2] 李凡国. 普通机床零件加工［M］. 北京：北京邮电大学出版社，2012.
[3] 张普礼，杨琳. 机械加工设备［M］. 北京：机械工业出版社，2015.
[4] 徐洪义. 车工［M］. 3 版. 北京：中国劳动社会保障出版社，2011.
[5] 陈伟栋. 机械加工设备［M］. 北京：北京大学出版社，2010.
[6] 陈宏均. 车工速查速算手册［M］. 北京：机械工业出版社，2011.
[7] 陈宏均. 铣工速查速算手册［M］. 北京：机械工业出版社，2011.
[8] 周增宾. 磨削加工速查手册［M］. 北京：机械工业出版社，2010.
[9] 赵明久. 普通铣床操作与加工实训［M］. 北京：电子工业出版社，2010.
[10] 王先逵. 车削、镗削加工［M］. 北京：机械工业出版社，2018.